U0127355

感人、鼓舞人心……痛苦屏息……極具創意！你一定得讀讀！

——《華盛頓郵報》書世界專欄

富娛樂性……令人耳目一新……精準的諷刺與專業的切入點……《公民文斯》帶著崇高的讚譽降臨……書中融合的幽默、犯罪和政治，已足夠作為推薦元素！

——珍娜・瑪斯林《紐約時報》

我剛讀了傑斯・沃爾特的一流顫慄小說：《公民文斯》，一個身在證人保護計畫中的男子的故事，輔以一九八〇年大選的次情節……沒來由地，我發覺自己渴望投票！

——莎拉・沃威爾《紐約時報》

精彩的寫作……令人折服……文斯・肯頓難以忘懷。《公民文斯》將讓許多讀者要求作者沃爾特趕緊出版下一部作品！

——史卡特・莫理斯《洛杉磯時報》

傑斯・沃爾特巧妙地結合了娛樂、犯罪、恐怖小說與諷刺的社會評論，且明顯擁有不一樣的結構編排。

——迪克・艾德勒《芝加哥論壇報》

一本富有思想性的書，具有了不起的娛樂性……傑斯・沃爾特持續地令人印象深刻。

——《倫敦電訊報》

絢爛……又十分可信……《公民文斯》是個大躍進！一本講述無形事物的小說，例如希望與救贖，且權威地描繪了幫派、妓女、高風險的撲克牌局。在粗獷的角色、諷刺的對話、輕快的散文體、寬大的胸懷與適當調和的情節下，本書顯得豐富。

——亞當・伍格《西雅圖時報》

《公民文斯》既新鮮又與眾不同：一個與背叛有關的勇敢故事，一個對生命、死亡與政治的廣泛瀏覽。顯而易見，沃爾特是文學上的天才！

——哈利・艾佛倫《波士頓環球報》

一部極妙的小說……既輕快、有趣，又黑暗、感人。傑斯・沃爾特顯然是位值得注意的作家！

——尼克・宏比《亞特蘭大新聞憲政報》

精彩的著作……驚人的共鳴……一部雅致、有趣的小說，它所投出的曲線球，足以令讀者舒適擺動。

——《多倫多星報》

精心融合憐憫與喜劇因子，這部小說完美捕捉了美國人的核心與逃避情愫：那種對第二次機會與重新開始的渴望。

——迪恩・貝克鮑洛斯《密爾瓦基哨兵周刊》

《公民文斯》的魔力來自主角的個性和他發現自己身處的境地。

——《發言人評論報》

《公民文斯》快速、冷峻、考慮周全又有趣。我愛這部小說！它似乎知道我需要的是速度、暖度、幽默與技巧掩飾下的企圖心，好描寫一個比書中角色所在的更大的世界。

——**尼克・宏比《信徒》**

沃爾特掌握了角色與對話的專業手法，並且交織了邪惡的第二幕……加上卡普拉式（Frank Capra，美國電影大師）的精神，呈現出這部不可能救贖的故事。在今年政治競選與時事評論員大量拋出憤世嫉俗的言論之際，這部作品簡直是令人意外滿足的解毒劑。

——**《書單》雜誌**

出乎意料的值得讚賞！一個充滿小驚喜的故事，轉折中可見冷靜與同情，總是引人入勝。堪稱沃爾特至今最棒的作品！

——**《柯克斯書評》**

我很久沒讀到一本像《公民文斯》這樣令人飢渴、無法釋手的書，這裡的人物似乎靠自己的意志過日子，他們說服內在的極大需求，讓自己被熟知、被理解，所顯露出的不只是他們自己的性格，還有對我們偉大但有缺陷的民主的渴望之心。

——**理查・羅素《帝國的崩落》作者**

CITIZEN VINCE

Jess Walter

公民文斯

CITIZEN VINCE

傑斯・沃爾特

獻給安娜

知人者智，自知者明。勝人者有力，自勝者強。

——老子《道德經・第三十三章》

華盛頓州　史坡堪市

一九八〇年十月二十八日，週二，凌晨一點五十九分。

第一章

有一天，你所認識的人，已經死去的會比活著的要多。

當文斯・肯頓從床上坐起時，這樣的念頭閃過腦海。他煩躁不安，掃視四周，想尋找回到現實的證明，但黑暗的房裡只有床頭櫃、梳妝台、菸灰缸與鬧鐘依稀可見。文斯胸膛劇烈起伏，儘管空氣涼爽，他仍淌著汗。這不是夢，他搓揉眼睛，想把眼裡的雜訊揉去，文斯回想醒來前，突然一陣驚恐；這種感覺就像薄如紙片的玻璃霎時爆開，散射紛飛，刺痛了文斯。

文斯動了動下顎，耳下的關節喀啦作響，他伸長手臂關掉恰好停在一點五十九分的鬧鐘。每一天，文斯都會在這個時刻起身，在鬧鐘跳到兩點並發出刺耳鈴聲的前一秒準確地按掉鬧鈴。他感到疑惑：這怎麼可能呢？慢著……如果你有這樣的本事，每天都能夠在鬧鈴響起的前一秒醒來，那麼，數數你認識的人已有多少死去，應該也不是什麼難事吧？

就從祖父母開始好了。這兩人加上外祖父母，還有祖父的第二任老婆，這樣就五個；文斯邊刷牙邊想。還有老爹老媽，七個了。流產掉的姊妹也算嗎？不對，只有曾經活著的人才有資格算得上死亡。當他沖完澡、吹乾頭髮、穿上灰色休閒褲與兩顆鈕釦大開的黑色長袖襯衫後，他已數完整個家族、鄰居以及曾打過交道的人。已經三十四個人了！這個數字多嗎？認識這麼多死者是正常的嗎？

說到「正常」，這個字眼在大部分時間裡和文斯保持著一定的距離。他打開抽屜，拿出一疊偽造信用卡，瞧著上頭的名字：湯瑪斯・史博丁、藍・貝利、瑪格麗特・構德，他想像著瑪格麗特・構德那美好的**正常**生活，她的沙發背上應該會扔著一件針織的阿富汗大衣；瑪格麗特・構德，她會認識多少已死去的人？

文斯挑出十張信用卡，其中包括瑪格麗特・構德的卡，然後將它們放進風衣口袋，另一邊的口袋則塞滿保鮮袋裝的大麻。現在是凌晨兩點十六分，文斯將手表推到手腕處，避免纏住前臂的濃密汗毛。喔，對了！還有戴維・林肯，那個腦筋不太正常的男孩，在附近給考勒提跑腿時總愛把錢含在嘴裡，結果被五十分錢噎死，他是第三十五個。

文斯站在他那小屋中的小門廳裡：如果一個直立衣架和一個送信口組成的空間可稱作門廳的話。文斯拉上風衣拉鍊，接著，如同拉斯維加斯賭場發牌員離開檯桌前般，「唰、唰」兩聲將袖口拉得筆直，踏出門外。

先介紹一下文斯・肯頓這個人：三十六歲、白人、單身、六呎高、重一百六十磅、寬肩、身形瘦削，就像一個馬丁尼杯一樣。在警局紀錄中，他的頭髮和眼睛分別是棕色與藍色。他的嘴朝右邊歪斜上揚，濃密的眉毛雜亂無章，使得他的臉看上去永遠都在假笑。正因為如此，每個和他交往的女人最後的反應都是一樣：手插在臀部上、歪頭喊道：「拜託，認真點！」

文斯在食品業擔任中階管理員的工作，正確來說，是烘焙甜甜圈的部門。一般人會覺得做甜甜圈能有什麼搞頭？但文斯喜歡這份工作，他喜歡在每日凌晨四點三十分上工，在午餐前收工。他覺得自己做了一件了不起的事：離開上班的地方、吃中餐，然後不再回頭。對他來說，這是自我人格一部分的提升。他總渴望去做一件了不起的事：也許，他有異於常人的基因也說不定。

到了外頭，文斯將風衣衣領拉起，遮住了雙頰。十月底的空氣寒冷，或該說是冷得凍人，文斯嘴巴呼出白霧，讓他想到小學時的乾冰實驗，也同時想起了五年級的男老師哈洛。在大家都知道這位老師對自己的女學生表現出異常的愛慕之情後，就上吊了。這是第三十六個。

凌晨兩點二十分的世界是寧靜的，家家戶戶門前的燈火在沉睡氣氛的籠罩下更顯昏暗。人行道將幽暗的草坪區分成一塊塊，草上沾有露水，然而，在寧靜中，夜色仍猙獰地攫獲住文斯，一陣令人顫抖的感覺慢慢爬上身，即使他告訴自己這是不可能的，但他仍感覺到今夜自己已是盤中飧。

「所以，到底……你要不要我做這件事？」

兩名男子在勃艮地葡萄酒色的凱迪拉克塞維利亞車前座對看。駕駛說話了：「做那件事的代價多大？」

坐在副駕駛座、身材較壯的男子不耐煩了，雖然他焦躁不安，但他仍想了想，這是個合理的問題，畢竟現在是一九八〇年，服務業陷在經濟蕭條的泥淖裡。但是，犯罪領域也會跟隨市場的慘澹腳步，經歷通貨膨脹、通貨緊縮、停滯性通膨和衰退嗎？惡棍也會出現兩位數以上的失業率嗎？罪犯也會感到抑鬱不安嗎？

「無償。」副駕駛座的人說。

「無償？」駕駛重複了一遍，在皮革椅中挪了挪身子。

「對！」他頓了一下。「就是不用錢的意思。」

「我知道這是什麼意思，我只是很訝異。那好，你是說你會免費幫我處理和這個傢伙的問題？」

「我的意思是，我們再看看。」

「但我真的不用付什麼代價？」

「我們再看看！」

不過，實際情況是，駕駛凱迪拉克的男子除了不瞭解什麼是**無償**外，他也不曉得這世上沒有白吃的午餐。

史坡堪市擁有八十七座酒吧，服務著三十萬名顧客，卻只有一間計程車行，而這間車行的計程車數：八輛。當週二清晨兩點剛過，最後一批電話響起時，這些為車行帶來生意的人非常特定，你將見到應付不完的醉鬼，他們會湧入人行道，搖搖晃晃，對著自己的車子打哈欠。這些是有車且記得車停在哪兒的人，其餘的會朝著各個方向的鄰區前進：他們從市中心出發，零零落落地散布在橋上、地下道中、高架橋下，或是走上通往宅區的黑暗坡道。在那些孤獨身影的上頭，可見到剛呼出的溫熱氣息或香菸白霧，他們思考、排演著待會兒要說出口的謊言。

當文斯・肯頓逐漸擺脫酒醉與疲勞時，走在街上的他，整個思緒集中在自己身上。在堅硬的市區赤褐色磚造建築後出現的是一連串低房租、低層樓的房子：空手道道館、水床資產清理商、情趣書店、當鋪、亞洲式按摩，接著是一個擁有空倉庫、鐵路、空地、獨棟維多利亞式建築的區域，其中還有一間一般人下班後才開放、既可打牌又有肋排的店：「山姆的地窖」。在文斯開始例行的甜甜圈工作前，這裡是他每晚最常流連的地方。

當山姆死亡時，文斯才在鎮上待沒幾個月。山姆是第三十七個。新的經營者名叫艾迪，但大家仍稱他為山姆。事實上，把一個人的名字改成山姆，比將那老房子的舊招牌從山姆改成艾迪還要簡單。就像老山姆般，新山姆在市區其他的店都關門後才開始營業，當然也晚於「最後的一批電話」。這間店就像城市的排水管，每天凌晨當酒吧關門時，那些在街上打轉的醉鬼、妓女、律師、嫖客、毒蟲、竊賊、警察、賭鬼，全都匯流到店內，怪不得老山姆稱他們為「那群該死的人！」這也是為什麼警察能在那裡泰然自若地賭博，也能違法痛飲。這群人在凌晨三點聚集在同一個地方，這件事令他們安心：那種感覺就像罪犯待在一個龍蛇雜處的英國交誼廳裡一樣。

山姆的地窖潛伏在又高又亂的灌木叢裡，它是這塊空地裡唯一的建築，像最後一顆牙般。後頭一塊刻滿車痕的泥地被當成該店的停車場，同時也是半打「專業」女子的展示廳，她們每晚在這兒聚集，巴望著最後一名恩客。店內，皮條客邊打牌邊等待生意上門。

當文斯轉進山姆的地窖時，鞋下的石粒被踩得喀吱作響。雜草包圍的空地停了六輛車，女孩們在兩輛車前招攬生意，另一輛距文斯五英呎遠的車，車門敞開，一名女子的聲音傳遍長滿雜草的停車場：「放開！」

文斯直盯著前方。**這不關你的事**。

「文斯！跟他說讓我走！」

是貝絲的聲音。在門前的文斯轉身，回頭穿越停車場，朝一輛棕色的普利茅斯德斯特車走去。車內，貝絲．謝爾曼正與一名身穿高領毛衣與海軍運動外套的男子搏鬥。文斯走近時，他見到男子的褲子敞開，且正試圖阻止貝絲離開車內。貝絲將右前臂那磨損、骯髒的石膏朝男子揮去：準頭有待加強。

文斯倚靠車身，打開車門。「嘿，貝絲！發生什麼事？」

男子鬆手，貝絲往後倒，爬出車子退到文斯後頭。文斯再度驚豔於她的美麗：三角形的臉龐、圓眼、平整的瀏海，體重不會超過一百磅。在她的同行中，像她這樣，看起來比實際年齡還小是件稀奇的事，但貝絲就是會被誤認為青少年：至少遠看是如此。只是，如果近看的話，那麼實際年齡就很難被生活方式所掩蓋了！貝絲用打著石膏的手指著車內的傢伙。「他抓了我屁股一把。」

男子不敢置信。「妳是個妓女！」

「我做房地產的！」

「妳剛才含我的屌耶！」

貝絲在文斯的耳邊朝男子大喊：「你會在水電工工作的時候抓他的屁股嗎？」

文斯站到貝絲和嫖客的中間，不帶敵意地朝男子微笑。「瞧，她不喜歡被碰。」

「什麼樣的妓女不喜歡被碰？」

文斯無法反駁這個問題，他只希望男子閉上嘴，因為他知道接下來會發生什麼事。事實上，貝絲也真的如文斯想的，正一邊繞過他一邊摸索著口袋，掏出一張二十元鈔票扔在男子的臉上。

男子抓住二十元鈔票。「我給了妳四十！」

「你享受了一半。」她說。「所以你拿回一半的錢。」

「一半？沒這回事！」他抬頭看文斯。「有一半這種事嗎？」

文斯看看貝絲又瞧瞧男子，嘴微啟，但又避免讓人覺得自己將說出什麼可期待的話。他又看了看貝絲，兩人的視線相交了，時間長到足以讓雙方都意識到對方正望著自己。

若要先談談貝絲．謝爾曼這個人的話，她三十三歲、剛脫離「可愛」的階段、棕色的頭髮和眼睛、經常避開他人的視線。儘管她不喜歡眼神接觸，貝絲卻得到在山姆店周圍工作女性的敬重，大部分的原因來自於一個偉大的事蹟：就在十九個月又兩週前，貝絲在沒有美沙酮（譯註：一種鎮痛藥）的幫助下戒了海洛因，斷得該死的徹底；在下這個決定之前，她發現自己懷孕了。她的小男孩肯揚如今剛過一歲，雖然看起來安然無恙，但每個人都知道貝絲是如何屏息觀察、不斷拿公園裡和幼稚園中其他小孩與肯揚比較，尋找任何發育遲緩的跡象、尋找她最深恐懼成真的一天、也尋找毒品毀了肯揚的徵兆。而當貝絲清楚走在不同於以往的人生之路時，她炒掉了自己的皮條客：不是當面，而是用寫的；此後貝絲仍繼續賣身。也許，對一個高中輟學的人來說，能養活自己與兒子的方法並不多。總之，她不是山姆地窖裡唯一一個用虛構故事介紹自己的妓女。這是一個充滿女演員、按摩治療師、模特兒、學生與社會工作者的地方，但當貝絲說她在做房地產時，實際上人們似乎相信她。

當文斯第一次來此時，他選擇將貝絲帶出場，在此之前，文斯已試過幾個其他的女孩。貝絲的冷漠激起了文斯的興趣，當文斯的手觸摸到貝絲時，她顯出些許微慍。就在六個月前的夜裡，她與文斯在沒有金錢交易下共處了一個晚上、喝了兩瓶酒，然後，事情變得不一樣了：變得更加親密，卻又令人擔憂。貝絲不再微慍，但每件事都顯得不痛快了。貝絲不再收文斯的錢，而文斯則小心翼翼地處理這段感情：與一個有孩子的女人的感情。他們已三個月沒有性關係了，但最糟的部分是：和其他女人在一起時，文斯又有欺騙貝絲的感覺。因此，這可說是蹲苦牢那段時間外，文斯最久一次的無性生活。這整件事證實了文斯在所有專業課堂中聽到的古老格言：免費的性愛毀了一切。

停車場中，貝絲昂首闊步遠離了氣憤又不滿的嫖客，文斯這才發現她的緊身牛仔褲上，是一件只到腹部的短外套。文斯看著她離開後，從口袋裡拿出其中一袋大麻，將它舉到車窗外：《聖經》寫道，即使是和平使者也值得獎勵。嗯，好像是這麼說的吧?!

一秒後，男子聳聳肩，舉起手中的二十元。「好吧！」他說。當兩人做了交易後，男子搖搖頭。「從沒聽過有妓女不想讓人碰的！」

文斯點頭，只是，在他的認知裡，這世界就是由以下幾種怪人組成：抽大麻的條子、會捐出百分之十贓款的小偷、穿著吊帶襪的上流女性、與填充玩具熊一同睡覺的流浪漢、做甜甜圈的罪犯、做房地產的妓女。這讓他想起一個住在老社區的救火員艾文・登弗，患有幽閉恐懼症，被一棟倒塌的起火公寓壓死，他是第三十八個。

「你不能只做一半！要不就做整套，要不就別做。」

「賭一塊，我同意傑克斯的話。如果不能做愛，那有什麼好？」

「我不知道，我想我第一次的時候也只做一半而已。」

「派帝，你那時候幾歲？」

「第一次嗎？十三歲。加一塊。」

「十三？沒吹牛？真希望我有個妹妹。」

「她就是你妹沒錯啊！」

「所以，文斯，你怎麼看？」

文斯很沉默，沒在思考，他的腦中還殘留著前一晚那不平靜的夢。他坐得僵直，身體往前傾，凝望他處，他的牌在面前疊得整整齊齊。山姆的地窖很暗，地上鋪著地毯，在這維多利亞時期的餐廳兼客廳裡，牆壁上掛著天鵝絨布，布上可見留有八字鬍的男人，還有被爆炸頭黑人捏著巨大屁股的女人；光源來自一對吊在天花板上的燈泡以及吧台後的一盞燈，兩個主要的空間裡共有六張桌子：兩張進行著撲克牌遊戲，其他則提供肋排餐點。包括貝絲和她的好朋友安吉拉在內的四名女子坐在吧台，轉動杯中的酒，這些飲料來自艾迪放在吧台下方的瓶裝酒中。

文斯坐起身，將頭髮從眼前撥開。「算我一份。」他捏起一張五塊鈔票丟進賭金堆中，沒看他的牌一眼。他們知道文斯終會加入話題：「你怎麼看？我覺得可以做一半啊，老實說，最初的部分才是最好的部分。有的人說，走到最後，感覺也跟著死亡了，或至少整件事會在那時走下坡。不對，我認為真正有價值的也許只有最初的幾分鐘……能讓他人全神貫注。」

其餘賭客的目光不約而同從自己的牌移到文斯的牌上，他的牌還整齊地疊在桌面，眾人試著回想文斯是否連自己的牌都沒有瞧上一眼。文斯抬頭望著吧台，貝絲也正望著他，她給了文斯半個笑容，接著便看向天花板，好像剛放走一個還不錯的思緒，她看著這個思緒往上飄，就像看著一顆孩童的氣球飄離般。

遊戲結束，文斯成了大贏家，他數著鈔票，這捆鈔票就像一雙捲起的襪子一樣厚。其他人交換眼神，他們都曾聽過關於文斯的傳言：突然出現、紐約口音、熟練的牌技、有過女人，以及，帶了案底在身；這是從他的眨眼與點頭間流露出的過去，也是文斯承受得起的名聲，但他本人從未承認過。

「你那一手牌從哪兒學的？」派帝問。

「烘焙學校。」眾人大笑。文斯丟了兩張五塊錢在桌上，要了飲料，站起身。凌晨四點半了，他開始逐漸擺脫今晨惡夢的糾纏。「各位。」他說，敲了敲手上的那捆鈔票。

在用完肋排並與皮條客協議好後，妓女們在門口成群站著，他們知道，不論文斯贏了牌或輸了牌，在這之前不得打擾他。但今晚文斯贏錢了，他們蜂擁迎向文斯，環抱住他的手臂，用搽了指甲油的手指撫摸他的頭髮，文斯就像一名偶像般經過她們面前。

「文斯，要不要這個？」

「小斯斯，給我們一些卡吧？」

「寶貝，我會讓你飛上天。」

「有抽的嗎？你有可以抽的嗎？」

站在門邊，文斯交易著竊取來的信用卡與袋裝大麻，他在得到金錢的同時也得到熱切的擁抱。雖然他排斥免費贈送與賣身交易，但若要他否認這是他每天最喜歡的部分，那就是在說謊。在山姆店外短暫的交易舞台上，其餘的男人會對文斯投射出羨慕的眼光，而女人則忙著討好文斯，在這一刻，文斯能以竊來的信用卡與無利可圖的大麻拖延住這些女人。

當他的信用卡與大麻銷售一空後，文斯繼續朝大門邁步，走到外頭時，他聽到自己的名字。轉過頭，文斯見到貝絲正看著自己的鞋子。她將目光上移到文斯的臉龐，但下巴仍朝地。這是個甜美又矜持的動作，貝絲未察覺自己舉動的這一幕讓她看起來更加甜美。「文斯，剛才謝了！」她說：「我不知道為什麼自己這麼……」

「沒關係！」文斯說。「妳還在唸書嗎？」當文斯認識貝絲時，她已準備去考房地產執照。雖然她正研讀，但她從未真正報名考試。

「是呀。」她聳肩。「我下週要去參加一個賣房子的活動，可以說是試驗性的。賴瑞有三棟房子，他需要一個人幫他銷售一棟，如果我把房子賣出去，他會讓我抽佣：檯面下的。」

「是嗎？」文斯問。「我會過去。」

「真的？」

「嗯，也許我還可能買間房子。」

「真有趣！」她扭捏雙臂，再次露出甜美的眼神：上下轉動、帶著一絲舒坦，然後轉身回到店內。

幾輛車的車燈打在文斯背上，從他身旁駛過。那個和一群年輕人喝醉酒後被車撞死的高中女孩是誰？安吉・伍爾富，她是第三十九個。

文斯雙手插在風衣口袋中，他的衣領拉高到耳旁。距離甜甜圈烘焙屋只有六個街區的距離，他喜歡走在清爽冰冷空氣中的感覺；在愛達荷州的州界旁，說「太陽出現了！」跟說「狼來了！」沒兩樣。在接近下盞街燈時，文斯的影子放慢了跟隨的腳步。老丹拿諾呢？技術上來講，他的屍體還沒被找到，但那不重要，他是第四十個。

文斯工作地點的名字「讓你餓甜甜圈」帶著惋惜的味道。該店擁有者是一對年老的同性戀伴侶泰德和瑪西，兩人每天都會抽出幾分鐘的時間走進店內，和同性戀老友一同抽菸、喝咖啡，這對文斯來說沒什麼，他的職責是管理這間店，而泰德和瑪西給了他所需的空間。

該店位在車水馬龍的轉角，離市中心只有一英哩遠，建築的牆面色彩繽紛，文斯走近後發現店內的燈亮著：太好了！文斯走進小巷抓起報紙，扯掉橡皮圈，站到閃爍的街燈下好看清頭版的文字：卡特和雷根難分難解，今晚將辯論；伊朗國會召開會議，尋求解決人質危機的辦法。文斯只瞄了一眼頭條但未讀內容，接著翻到體育版。阿拉巴馬再贏密西西比十五分：聽起來真悲哀。

文斯闔上報紙。當他起步走向前門時，有個東西闖進他的周遭領域。

他偏了偏頭，往小巷更深處走去，同時將報紙抓在胸前。遠處的車啟動了，是輛凱迪拉克，車頭燈開始接近，文斯閃了一下身好避開刺眼的光芒，不過內心深處有個聲音要他逃跑，只是這條小巷無處藏身，文斯只能等待。

勃艮地葡萄酒色的凱迪拉克塞維利亞緩慢向他靠近，駕駛座的車窗沉了下來，帶著電動運轉聲。

文斯彎下腰。「我的老天！廉，你在這兒幹嘛？」

廉‧哈金斯的臉聚集了所有不佳的相貌：小玉米狀的牙齒、細瘦的雙唇、塌鼻、長滿痲子的臉頰，以及兩個又濃又黑的大寫L形鬢角（為了配合他的名字「廉」的縮寫，懂了嗎？）。廉經營一間音響店，文斯曾用假信用卡在那間店買東西，還用卡預借現金。廉摘下即使在晚上也會戴的雷朋太陽眼鏡，將眼鏡滑進上衣口袋。

「文斯兄！」他的手伸出車窗外。

「小廉，你在這兒幹嘛？」文斯又問了一次。

「為了我的信用卡呀！兄弟。」

「現在是星期二早上！」

「我知道。」

「我們星期五才做這件事。」

「這我也知道。」

「那你星期二在這兒幹嘛？」

終究，等不到文斯回握的廉，把手收回車裡。「所以，你沒有我的信用卡，這是你的意思嗎？」

「我的意思是，跟我有沒有卡無關，我們星期五才交易，我都不曉得你為什麼這時出現在這兒！」

「我只是想，你可能今天就有卡。」

「那麼，我沒有。」

「好吧！」廉點頭，看了看後照鏡。「沒關係！」

文斯直起身，又彎了彎脖子，看著小巷深處。「你幹嘛這樣做？」

「做什麼？」

「看小巷後面。」

「什麼意思？」

「有人在那兒嗎？」

「哪兒啊？」

文斯指了指小巷深處。「那裡，你一直在看後照鏡。」

廉重新戴上太陽眼鏡。「文斯，你有點神經質喔！」

「好吧，是我神經質。」文斯開始遠離車子。「我們星期五見。」

「我星期五不會在那兒，我必須跟你說，我會派一個新人過去。」

文斯轉身，一陣寒意襲來。「新人？什麼意思？」

「我是說，一個新的人，和舊的人意思相反。」

「這我知道。他是誰？」

「只是一個在事情結束時幫我的人，他叫雷，你會喜歡他的。」

文斯走回開著的車窗旁。「你哪兒來**結束**的時候了，廉？你用我的信用卡買那些垃圾，什麼時候有**結束**了？」

「你哪根筋不對啊？和這個人見面就是了！放輕鬆，文斯。」廉按下開關，車窗浮起。「老兄，你情緒都快失控了！」這是文斯在凱迪拉克駛離前聽到的最後一句話。車子在轉角處一頓，煞車燈閃了一下，接著便轉出巷口，巷子裡只剩文斯一人，他聽著自己的呼吸聲，再看了一次小巷深處，然後走向甜甜圈店。

文斯厭惡小巷。吉米・普朗斯到一間脫衣舞吧外的小巷撇尿後抽起大麻。他們把它偽裝成搶劫的樣子，但每個人都知道吉米是因為在豪爾海灘的點唱機事業上大賺一筆才引來殺機的。這是第幾個了？四十一？還是四十二？好，這下可好了，記不清了！

甜甜圈店的作業流程是如何呢？它是這樣的：文斯在四點四十五分時到達「讓你餓甜甜圈」後，會先到地下室將所有剛到手的錢藏進置物箱裡，接著上樓。他的助手逖克此時已工作一小時了。然後，文斯會打開燈，依據自己的喜好混合甜甜圈原料，預熱烤箱和炸鍋，將糖霜從冷藏庫中取出退冰。逖克大概十八或十九歲，文斯不確定，反正有著一頭又長又細的頭髮，總是不斷將頭髮甩到腦後，文斯從沒見他用過那把放在屁股口袋的長柄梳子。逖克的雙眼下垂，好像擁有用不完又有些神經兮兮的精力。每天晚上，逖克都會喝酒、抽大麻到凌晨三點，然後吃早餐，到甜圈店，接著在上午十點下班後回去睡覺，在傍晚六點起床，周而復始。

當文斯一進門後，遜克說話了。

「文斯先生，我愛我的楓糖棒，我愛他們就像愛我淘氣的女朋友一樣。」

文斯在後頭有個鎖櫃，放著他的工作服和休息時讀的平裝書；文斯正與一本名叫《但丁地獄的體制》的書奮戰中，他打開書，讀了兩行晦澀的句子後，就將書闔上放回原處。他脫下休閒褲和黑色襯衫，換上一身白色工作服。

「我想和楓糖棒在一起，」遜克唸唸有詞：「想帶楓糖棒去舞會，想帶楓糖棒見家人。」

文斯洗手。

「我想和楓糖棒結婚，生個小楓糖棒寶寶，去他們的小甜甜圈棒球賽，和他們的小熊爪、肉桂捲朋友辦睡衣派對……。」

文斯曾附和遜克，甚至打算跟他一搭一唱，但最終都會招來遜克的疑惑與憤怒。從此文斯學乖了，只要將遜克的聲音當作不怎麼悅耳的背景音樂就好。

「討厭炸蘋果餡餅，討厭所有他媽的餡餅家族，我不想在自己家裡的草地見到殺蟲劑，也不想在我的甜甜圈裡見到水果。」

四年前，如果有人對文斯說他很享受這種規律的工作，文斯一定會笑掉大牙。他花了三十六年的時間去迴避這樣的工作，但卻發現自己不偏不倚地就在做這事；更恐怖的是，你無法對未來的自己交代。不過，文斯也在想，像他這樣的人真有能力改變嗎，特別是文斯內心的飢渴與偏見，能真正從本質上改變？

早晨來臨，甜甜圈店因陽光而溫暖起來。上午十點到下午六點可以看到女服務生南西的身影。她總是不發一語地出現，先在廁所花上十分鐘，接著以女僕裝、寬鬆褲的姿態亮相，還帶著一根維珍妮細菸，哼著走調的歌曲。她與逖克可說是惹人惱火的合奏。逖克帶了一盤肉桂捲給文斯，文斯看了看，沒打斷逖克的大聲嚷嚷。這會兒，逖克把矛頭指向政府的計畫。

「也許在地底下的洞或在加拿大或格陵蘭會發現他們在猴子和人身上做實驗但格陵蘭比在地圖上看到的還要小告訴我文斯先生為什麼他們總是讓格陵蘭在地圖上看起來比較大除非他們做了什麼不想讓我們知道的事所以你要我上糖霜還是上糖粉？」

「糖粉。」

「看因為有死人他們要特別小心所以他們把屍體燒掉好讓所有疾病和器官移植的痕跡都消失但你知道他們對猴子做了什麼嗎，文斯先生？知道嗎？知道嗎？你知道嗎？」

文斯不應聲。

「他們把猴子磨碎然後送進肉品供應線所以你根本不知道。你在這個國家一半的餐廳中吃一個墨西哥玉米捲，你知道自己吃了什麼嗎？」

文斯知道最好別答腔。

「猴子，老天，幹，他媽的，猴子。」

所有這些構築出文斯的生活，固定模式浮現：油炸、上糖霜、填果醬，這樣的規律為文斯帶來慰藉，特別是在一個無法停止計算死人的日子裡（阿爾多•吉納利，第四十八個）。油炸、上糖霜、填充，實在找不到理由來反駁這樣的規律會比其他的規律要差；要不然我們說：解剖、吸引、縫合好了；或是：裝箱、封箱、和批發貨車的司機打招呼，這個貨車司機還會一而再、再而三地說這裡味道真香，好像他忘了昨天才來過一樣。

當「營業中」的燈亮起時，店內的日光燈也跟著發亮。第一波客人都是男的：垃圾工、警察、鰥夫與醉漢，他們會朝手呵呵氣，脫下針織手套與毛線帽。文斯為他們準備好熱呼呼的油炸餡餅、楓糖棒與黑咖啡後，等待下一波的來客，同時也是睡得比較沉的人：已婚男子、退休者、上班族，他們要的東西很固定，不是固定的甜甜圈就是固定的咖啡，奶精與糖的分量也如常，坐的位置也如常，吸的菸也如常。文斯喜歡聽著他們天南地北地聊，即使他對談話內容並不關心。這是他從前女友蒂娜身上獲得的喜好，當蒂娜不當哥哥班尼的律師助手時，她是個演員，蒂娜大部分的演出都是在格林威治村和蘇活區的劇院，那裡總是充滿老鼠與蟑螂，不過有一次，蒂娜獲得百老匯一齣大舞台劇的演出機會，在幾幕場景中充當路人。文斯非常驕傲，他每晚都去看戲，每一次都更加喜愛這齣劇。文斯喜歡預知劇情的感覺，他也愛上了那些細微變化：演員可能在下一句台詞前停頓一下，語調的抑揚頓挫可能不同，角色可能早一秒或晚一秒出場。一天晚上，一位演員帶著一杯咖啡出場，就是那樣！咖啡！當劇情開演時（這個故事講述一個經營餐館的家庭，有一個立志當神父的同性戀哥哥，一個未婚懷孕的妹妹），一旁的臨時演員忘情地聊個不停，文斯事後問蒂娜，他們在台上那個人潮眾多的背景餐廳中都聊些什麼，她答道，就只是動動嘴唇說些無關緊要的話、製造出背景噪音。好比蒂娜總會一直重複：**香蕉**、**蘋果**、**草莓**，或有時她會換換順序：**草莓**、**蘋果**、**香蕉**。

因此，這些年來，文斯開始想像街上的人們都在說些什麼：香蕉、蘋果、草莓。文斯似乎更加確定了自己的想法，那些普通人，如學校老師、消防員、會計師，對文斯這樣的人來說，他們都只是舞台上的臨時演員，他們的生活似乎是由一連串無意義的字語及念頭組成：工作、結婚、房貸、牙醫、家長教師聯誼會、露營車。你好嗎？很好。你好嗎？很好。天氣真好。香蕉、蘋果、草莓。油炸、上糖霜、填充。香蕉、蘋果、草莓。

然而今天，文斯真正注意到了普通人的談話。兩個傢伙準備到垃圾場尋找洗衣機、有個男子建議另一人將錢換成黃金；另一頭，一名婦女正在展示她孫子的照片。文斯想了想，垃圾場中也許有還能用的洗衣機、婦女的孫子一定很可愛、黃金是項很好的投資，而過平靜的生活，則需要勇氣。

瑞克斯島（譯註：紐約州監獄的所在地）圖書館的門上曾貼著一張鼓舞人心的海報，海報裡是個夜空，底下寫著：人類社群是由數十億微小星光所組成。

人類社群……在文斯被監禁的夜裡（在監獄裡睡覺就像吃了嗎啡，無夢且寒冷），他的思緒飛到一個真實的地方，一個他能想像得到的城鎮，那城鎮就像老電視劇《天才小麻煩》和《奧齊與哈麗雅特》裡一九五〇年代的城鎮般，大家的父母都健在、房屋周圍有尖木樁的籬笆、警察總是面帶微笑的脫帽致意。

而如今……不就來到這樣一個地方嗎？華盛頓的史坡堪市。

遜克已洗完盤子放在一旁。文斯走到鎖櫃前拿出那本平裝書，他總在休息時閱讀這本書，但這次他卻走到水槽前，放下書，一隻腳踏在小板凳上，點燃香菸，凝望著自己的年輕助理。「遜克，我問你件事？」

突如其來的注目讓遜克不自在。

「你認識的人中多少人已經死了？」

遜克後退一步。

文斯挪了挪身體的重心。其實他原本不打算這麼問的。他將腳從小板凳上收回。「我不是特別指多少死人，我是指，你的腦袋曾塞滿過瘋狂的念頭嗎？像今天，我一直在想自己認識多少死人，你曾這樣嗎？」

遜克往前傾，神情嚴肅。「我他媽的每天都會這樣。」

別讓工作擋在夢想的前頭。這大概是文斯的座右銘吧：如果他相信座右銘的話。中午前，文斯已結束甜甜圈店的工作，關上店門。外頭，在寒冷的藍天下，文斯感覺舒服了些，只是他還無法停止計算死人的念頭，它就像一首老在文斯腦中流轉的流行歌，趕都趕不走。上一個人，安．馬洪尼的父親，已是第五十七個了。他往南走，過了河，再一次轉頭觀望，最後，他踏進一間小巧的磚造店鋪，門上的牌子寫著：道格護照相片店。

一名大學生正在照相，文斯坐到櫃檯邊，抓起一本雜誌，等待道格結束偽造證件的工作。道格身材肥胖，白鬍，紅臉，活像聖誕老人遺留下的壞種。「文斯，混得如何？」

文斯不予理會，逕自讀著雜誌上的福特雅士資訊，這種車一加侖估計可跑四十六英哩，比雪佛蘭還寬敞，現在的車都愈做愈小又四四方方的。是從什麼時候開始的？車子看起來全都像個便當盒，這可苦了偷車賊，他們去哪兒銷掉這些四汽缸的便當盒？

道格密封好那名孩子的新駕照，在空中搧了搧，冷卻後遞給他，接著收下二十元。「有的酒保會識破，你就說你在西雅圖搞到的，懂了嗎？」

這孩子盯著新證件出了神，頭也沒抬，最終，他露齒而笑；露出滿嘴的牙套和酒窩。他離開後，文斯把雜誌放在櫃檯上。

「你有號碼要給我嗎？」道格邊問邊將肥厚的臀部擱在櫃檯後的板凳上。文斯將一張寫得密密麻麻的單子交給他，上頭都是最近一輪竊來的信用卡名字和號碼。

道格用手指掃過名單。「星期一可以嗎？」

「可以。」

道格挪了挪頗具分量的體重，打開抽屜，拿出一疊偽造信用卡，上頭的號碼都是文斯上次給的。

「你這些東西打哪兒來的？你不可能從甜甜圈店偷到這些號碼吧。」

文斯沒答腔。

「他們在東岸都是這樣做嗎？」

文斯沒回答。

道格看了看信用卡上的號碼，惱火了起來。「靠，小子，擺什麼高姿態！」

「我沒有。」

「那你為什麼不告訴我你從哪兒弄來這些號碼？」

聽起來好像只是隨口問問，但實際上不是這麼回事。文斯拿過假信用卡，將一小捆鈔票交到道格手中。

「別這樣，」道格邊說邊點著鈔票。「我有權利知道。」

文斯將卡放進口袋。

「我的意思是，你怎麼做到的，我早就想出來了，」道格說。「你知道嗎？為了弄清楚，我已經六個月沒好好睡了。」

「好吧。」文斯說。「那你何不先告訴我你的答案？」

「嗯，你在**某處**偷了這些卡，你把號碼抄下來，然後把卡歸還給持有者，這樣他們就不會去報遺失，我複製出另一張卡，你拿這些卡去買毒品，然後賣出，最後再賣掉卡。所以你拿了兩次錢，我說對了嗎？」

文斯沒回答，轉身離去。

「別這樣嘛，」道格大笑。「我們是夥伴，你在想什麼？難道我要跟你作對嗎？」

文斯停下，慢慢轉身。「有人要你跟我作對？」

道格收起笑容。「你在說什麼呀？」

「你才在說什麼？」

「我什麼都沒說呀，老天！輕鬆點，文斯，不要這麼神經質。」

又是這個字，文斯瞪了他一下後，走出門。他回過頭看了看玻璃窗內的道格，道格又說了一次神經質。

文斯曾認識一個老男人梅爾斯，暗地裡經營一家拆車廠，他只雇用越南來的新移民，不只工資可以少付，梅爾斯還認為這種人的生活還未穩定，不會背地裡捅他一刀。當時，梅爾斯就坐在大搖椅上看著越南小夥子幫他偷車、拆車，並銷往紐澤西各地，但梅爾斯給他們的回報少得可憐。有一天，梅爾斯消失了。隔日，一個老越南人接手拆車廠，坐進大搖椅中。我們從這個故事得知：做人可能得厚道點，又或者跟搖椅也有關。這是第幾個了？五十八？

文斯・肯頓去哪兒都靠一雙腿。兩年了，他還無法習慣這些車；每個人去哪兒都開車，即使女人也如此。在這鎮上，你可以見到五個男人開著五輛車到酒館，喝點酒後，又坐上那五輛車開三個街區到下一個酒館。這不僅是浪費，簡直是不文明，人們會說，這只是因為史坡堪的冬天嚴寒，它嚴寒的程度可是介於紐約上州和冥王星之間的。但除了佛羅里達和加州的部分地區，其他地方的天氣一樣糟糕透頂，要嘛太熱要嘛太冷，要不就是太潮濕或太怎樣。不，即使在冬天，文斯依然偏愛走路，就像現在，他正遠離道格的店，朝市中心漫步而行，市區已模糊可見，磚石造的矮房簇擁著幾棟嶄新的廿層玻璃鋼筋建築，文斯喜歡像這樣遠遠觀看建築群，只見樑柱，其餘的，就由想像空間來填補。

文斯走進一間小餐館，點了咖啡，揀了一個桌子獨自坐下，凝望窗外，咬著大拇指。一天之內聽到兩次了：神經質。但，當你擔心自己像神經質那樣神經兮兮時，你要怎麼知道自己真的神經質？不過，不完全是因為道格問他從哪兒弄來信用卡，或廉提早兩天出現在小巷中，雖然不論何者都曾讓文斯起疑，但文斯知道是那個起床後就一直揮之不去的念頭，那種被狩獵的感覺，好像他的大限到了。如果死亡就在眼前呢？在一個算好的時間裡等著你走過，就好像一架鋼琴懸在人行道上？他覺得自己像顆棋子，像個孤立無援的「馬」，在棋盤上被敵方的「卒」追逐、四處逃命，雖然他逃過了「卒」的追殺，但他察覺到其他更大、更危險的棋子正在逼近，只有一步、兩步或三步的距離。一分鐘過後，文斯走到餐館前，將一塊二十五美分的硬幣投進公用電話裡，撥號。

「嘿，他在嗎？」

等待。

「我是文斯。你想下棋嗎？」

聆聽。

「噢，拜託！為什麼我要那樣做？」

聆聽。

「我的天，好吧，好吧……我是二〇四一四號（譯註：證人保護計畫代號），我要過去了，老地方，如何？」

聆聽。

「我得見你，今天。」

聆聽。

「當然是急事。怎樣？」

文斯掛上電話，走回桌旁，喝光咖啡，拉上風衣拉鍊，離開店內。他低頭踏步，朝市中心前進。天氣寒冷，陽光耀眼，文斯顫了一下，用鼻子深吸了一口氣後，走上種有光禿細長路樹的黑色柏油大道，這條大道通往市中心。這城市有種獨特的美，沒有太多建築，但顯露出一股與高樓大廈、現代路樹不同的氣氛。河流貫穿其中，城市裡有著少量的水泥、柏油路和磚瓦，為這塊荒涼的地方帶來一些文明氣息。文斯往前走，不如以往，這次他沒有回頭。

如果他真回頭了，將看到不樂見的一幕。在文斯身後的兩個街區，廉・哈金斯的葡萄酒色凱迪拉克正好停在道格的護照相片店前。

道格搓著下巴。「多少錢？」

「他說無償。」小廉取下太陽眼鏡。「意思是不用錢。」

「我知道什麼意思。他是誰？」

「就一個男的嘛，他叫雷。」

「他從哪兒來的？」

「東部，跟文斯一樣，他剛到這兒。」

「他在這兒幹嘛？」

「唉！我不知道，他沒說。」

「他靠這個過活嗎？」

「喔，對呀！他按按鈕的。」

「按鈕？」

「他們都這麼叫。」

「按鈕？」

「是啊，他是這麼說的，他在東部時曾幫過一些大佬。」

「你確定他不是條子？」

「不是啦！道格，他不是。」

「我不知道。」

「聽著，這傢伙無償幫我們做事，我們怎能說不？」

「他做這事不會是沒理由的，廉，他只是不收錢。」

「那又怎樣，聽著，這個雷說，他們在東部是用另一套方式搞信用卡生意的，文斯賺的錢比付給我們的要多得多，這是不對的，然後他又不告訴我們他從哪兒弄到那些卡的，這也是不對的，我們是夥伴，但他卻自己留一手。」

「但是……我喜歡文斯這個人。」

「我也喜歡文斯，每個人都喜歡文斯，這和他這個人無關。」

「那我們要做什麼？」

「沒什麼。」

「沒什麼？」

「只需告訴那傢伙槍口要瞄準哪裡就好。」

不論走在史坡堪的何處，都能從城市結構看出它的發展歷程：一個流動緩慢、具有一百五十年歷史的建屋潮，從河谷開始興起，由西向東，逐漸漲至岩岸、山脊、山丘，它也向外、向上擴散，北邊、南邊、東邊，全面提升。市中心那寬七個街區、長十五個街區的磚木瓦房，占據了第一處的岩脊，在其上方是維多利亞式、都鐸式與工匠式的建築，再上去可見到裝飾風格的房屋、小別墅與平房，再過去是漫遊式房屋、牧場式房屋（譯註：與前述的漫遊式房屋一樣，多半為狹長型房屋，搭配傾度不大的三角屋頂與極簡單的設計）、錯層式房屋（譯註：指一棟房子內的房間處在不同層面上），最遠邊是一些住宅區，從這兒散布到另一側的山丘上。

城市的中央地帶是幾道閃著珍珠光澤的瀑布，四周的建築像牡蠣般緊含著這群珍珠；聯邦法院就在瀑布上方兩個街區，那是一棟簇新的建築，有十層樓高。在六樓的一間辦公室裡，文斯和大塊頭的美國聯邦副司法官大衛・拜斯特正對坐下棋，文斯已走了一步「卒」，拜斯特把一只「馬」捏在手上，考慮如何困住文斯的「卒」；他將整盤棋都掃視一遍，盯著自己的陣，也盯著對方的陣，目光在棋與棋之間來回穿梭。

「你是要移動它還是只摸摸它？」

「等會兒。」大衛說。他年屆五十、體重超標、髮色灰白、面頰與鼻子潮紅、頂著一圈禿頭，還穿著縐巴巴的休閒褲與人字紋外套，一條厚實的針織領帶打了個結，足以勒斃他手中正考慮出手的「馬」。最後，大衛下定決心走「馬」，威脅到文斯的「卒」。

文斯迅速挪動自己的「馬」好保護上一步棋，接著拍了一下桌面，假裝按下棋局計時器。

「克里斯滕森怎麼樣？」

「文斯．克里斯滕森？」

「卡佛？」

「文斯．卡佛？」

「克雷普爾？」

大衛的手停在「卒」上，再一次專注於整個棋盤，他瞧瞧自己這邊，也越過手臂瞧瞧另外一邊，考慮下一步該怎麼走。「聽著，你不能老這樣每半年就換一次名字，行不通的。」

「如果我被殺了會更好嗎？」

「拜託，文斯，誰會殺你？」

「我早告訴你了，肯頓是紐澤西的一個城市，是吧？文斯．肯頓？乾脆叫我文斯．卡彭好了！（譯註：艾爾．卡彭，一八九九年至一九四七年，為美國芝加哥著名黑幫老大）你以為他們不會識破？」

大衛的目光從棋盤往上移。「誰？」

「什麼？」

「誰會識破？你每六個月來一趟，每次都說外頭有人要對付你，上一次……」

「好吧，但這次……」

「上一次，你差點殺掉那個電話公司的可憐蟲。」

「他在我家外那根柱子旁站了四十分鐘！你告訴我，那傢伙在電話柱旁站四十分鐘是要幹什麼？」

「修理電話？」

「我只是說，這次……」

「這一次！」大衛攤開雙手。「文斯，那些想修理你的人是誰？我查過你的案子，你沒有被盯上。」

文斯瞅著他。

「你指證的那幫人已經不存在了。貝利死了，柯瑞波死了，唯一還涉案的傢伙……叫什麼？已經很老的那個，考勒提嗎？他什麼都不是，只是聽命行事的一個老人，定罪後甚至坐不了一年的牢，他已經洗手不幹了。坦白說，我很訝異他們竟然把你列入這個計畫裡，我看不出這個證人哪邊需要被保護。」大衛瞪著文斯，他那蚯蚓般肥厚的手指放在「卒」上。

「你的手要是再這樣要拿不拿的，那顆棋可能會受到刺激變成『象』。」文斯說。

最後，大衛移了「卒」，身子往後靠，推了推鼻梁上的眼鏡。

文斯挪了一步「馬」。「把我來過這件事寫進你的小本子中，」他說。「這樣，當我被設計了，你可以向你的老闆解釋為什麼你啥都沒做。」

這番話惹惱了大衛，他的臉漲紅，向後挪了身子，一臉不高興地看著棋盤對面。過了一會兒，他把椅子往後推，有些費力地站起身，走到檔案櫃前打開其中一個抽屜，將一個橘黃色公文袋帶過來，上頭標著WITSEC（譯註：聯邦證人保護計畫的縮寫）。「文斯，這個計畫涵蓋了三千兩百人，你知道我們失去多少人？在我們重新安置後，有多少人被殺害？」

文斯抬起頭。

「零！一個都沒有！」大衛打開檔案。「我們每個月都會獲得來自竊聽、線民與信件的情報，每當我們發現威脅或合約到期，我們都會做紀錄。每當我們的證人遭人提及，我們都會注意、分類並通知外務辦公室。依據每個證人面臨的危險程度，我們在評估後會給證人編號，從一級到五級，你知道自己的評估結果嗎，文斯？」

聳肩。

「零！毫無威脅。你知道自己被列入計畫後，你的名字被提及多少次嗎？」

環顧四周。

「零！沒有，四年中，啥都沒。你沒出現在任何一個竊聽紀錄裡，即使是『**那個傢伙酒量眞不錯！**』都沒有！文斯，沒有人想殺你，因為沒有人記得你了，沒有人在乎。老實講，對他們來說，你沒有被殺的價值，他們要的是更大的魚！」大衛喘著氣，坐了下來，椅子發出喀吱聲。

一片寂靜。

「嗯，」大衛開口。「我很抱歉！」

文斯聳肩。「也許你是對的。只是……」文斯移動「卒」，卻又將棋拿起來，凝望。「整天都感覺有人在監視我、掌控我，大衛，你有過這種感覺嗎？」他歪著頭。「就好像你在做這件事前，他們已經知道你會怎麼做？」

「沒，我沒那種感覺過。文斯，頭腦清楚的人不會有那種感覺。頭腦清楚的人不會只因自己不順遂就改名字。」大衛端詳文斯的臉龐，將眼鏡往上推，身體往前傾。「也許你應該再見見威爾斯壯醫生，只是去聊聊……」

「不要。」

「文斯，這聽起來像是你以前有過的問題，無來由的恐懼、不安……」

「大衛……」

「適應新生活不容易……」

「沒錯。」

「特別是當你放棄一切時：生活方式、朋友、女朋友，她的名字是什麼？她是個演員對吧？蒂娜？」

「有必要這樣嗎？」文斯甩甩手。「我們不能只是下棋嗎？」

「好吧！」大衛點頭。「對不起。」他掃了一遍棋盤。「那麼，工作還順利嗎？」

「還行。」

「因為有時候，放棄一個更有趣的生活，投入到……你知道，甜甜圈這種工作裡，可能很艱辛，你明白我的意思嗎？」

「你想讓我明白你下棋時就像我祖母一樣？」

大衛勉強露出笑容，將手放在「象」上，再一次掃視棋盤。「也許你該有項興趣，文斯，你應該學高爾夫。你休閒時都在做什麼？」

「玩牌、讀點東西。」

「你讀什麼？」

「小說的開頭。」

大衛抬起頭。「為什麼不讀完？」

「我不知道。」文斯說。

他靠在椅背上，目光越過大衛的頭頂，在大塊頭副司法官身後的牆上，有一幅肖像，畫裡總統吉米・卡特身著灰色西裝、神情嚴肅、雙唇緊閉，並未露出那種經常被大家嘲弄的露齒微笑，他的臉顯得柔軟有彈性，四年前他並非如此，這就是**世界上最有權力的男人嗎**？

文斯目不轉睛，從吉米・卡特的臉上可看出些端倪，這位局外人在局內失了勢（譯註：卡特自稱為「華盛頓局外人」，但卻因伊朗人質事件與經濟改革失敗，聲望跌至谷底，終在競選連任時輸給對手雷根）。文斯從未思考過這件事：這件與男人、與這位總統，以及與權力的受限和責任的重量有關的事。然而，這件事卻讓文斯有種熟悉感，但正當這個想法在腦中逐漸成形時，他聽到大衛的聲音：沒有人在乎。方才的念頭也隨之消逝。

沒錯，貝利和柯瑞波已經死了，但文斯還能憶起他們在法庭上的模樣：有些厭倦、對文斯的指證不太訝異，甚至不氣憤，就只是疲倦而已。檢察官問：那些和你共謀使用竊來信用卡購物的人今天在場嗎？文斯指了指貝利，接著是柯瑞波。老天，現在他們都死了，貝利心臟病發，柯瑞波在勸架時被刺，他怎能忘了這兩人？他們是第六十和六十一個。

文斯低頭看著棋局，大衛的手還停在「象」上。「你打算跟『象』結婚嗎？或你們兩個剛開始同居？」

當文斯離開聯邦法院，並在回家路上繞進小餐館喝了碗湯後，時間已過五點，天氣漸暗。他打開家門，見到從送信口投遞進來的郵件落在門廳地板上，其中有個橘黃色公文袋信封，沒有寄件人地址，是郵差遞送的。來得真及時，謝天謝地。

文斯的租賃處雖小但溫暖，那是一九三〇年代建立的房子，瀝青屋頂，只有一層樓，前端有個棺材大小的門廊，整棟樓由幾根四方松柱支撐，整體造型讓人沒有期待感。客廳鋪有地毯，文斯脫掉鞋子，按下電視，畫面漸漸清晰，是總統卡特的臉部特寫，他站在演講台後，一臉倦容，眼窩深陷：最好的武器是那些在格鬥中未發射的武器，最好的士兵是那些在戰場上不需犧牲自己的士兵，力量是和平所必需，但兩者必須攜手前進。

喔，對了，辯論，聽聽無妨。文斯把音量開大，走進廚房，把信件放在桌上，從冰箱抓了一瓶啤酒，打開，讀了瓶蓋上的字謎，喝了一大口酒。接著，他將啤酒放在廚房的小桌上，剛才的信還擱在一旁，文斯又走到水槽前，打開底下的櫥櫃，拿出一個產品箱，放在啤酒旁。

箱子裡放著他最近正著手的事業，也是他有史以來最棒的點子，也許會讓文斯永遠放棄信用卡的生意。文斯擺出六個卡爾果醬罐、一台秤、一大桶灰燼、一個裝滿大麻葉和大麻莖的菸盒。他秤出兩盎司的大麻後，放進其中一個卡爾果醬罐裡，接著拿來一支湯匙，把灰燼舀進同一個罐中，掩蓋住裡頭的大麻，直到裝滿。文斯將果醬蓋子轉緊，貼上一張白紫相間的標籤，上頭寫著：聖火山泥，真正來自聖海倫斯山的火山灰，裝在精美果醬罐中，由華府史坡堪市包裝與運送。

其下印有更小的字體：

非賣品，僅作紀念之用。

他計畫將火山灰運送至樹城與波特蘭（譯註：前者為愛達荷州首都，後者為奧勒岡州首都），文斯在那兒認識兩個男子，可幫他將大麻分離出並加工後販售。接著，最有趣的部分來了：他們會真的將火山灰賣給觀光客！這部分總是讓文斯開懷大笑。做這行的，通常都要雇用幾個小子幫你走私大麻，你必須整天跟他們混，還必須負擔些虧損：他們會自己A下一些賣掉，還會自己抽掉一些，你還要擔心他們哪天被捕供出自己的名字；不必這樣，如果你能讓美國政府幫你運送大麻，每盎司的大麻只需花你八美分左右的運費，從火山灰身上賺到的錢遠比運費還多。文斯曾考慮把大麻裝進燻鮭魚內，但利用火山灰則簡單省錢得多，顧客也不會抱怨大麻裡有魚腥味，最棒的是，那些街邊店家販售火山灰的生意幾乎是從未間斷，即使到了現在，距離聖海倫斯山噴發已過了五個月，還有數千間蹩腳紀念品店販售裝在鋼筆、可樂罐與菸灰缸中的火山灰，那果醬罐有何不可？

當兩罐火山泥裝滿時，文斯也喝完啤酒，他走到冰箱前又拿出一瓶。

坐回桌前，文斯盯著電視螢幕，雷根正在說話。他身穿暗色西裝，帶著喘息聲，表情有些誇張，很像在唸稿，卻又不完全是地說：**我站在南布朗士，腳下這塊地就是總統卡特一九七七年站過的地方……一個糟糕的城市，巨大的、骨瘦如柴的建築，窗戶粉碎，其中一個被漆上「未兌現承諾」的字眼，另一個則寫著「絕望」；現在，他們收費帶遊客去參觀這片恐怖的荒蕪，我在那兒和一位男士做了簡短交談，他問我一個簡單的問題：「我有沒有理由去指望，有朝一日我能再度養家餬口？」**

我有沒有理由去指望？這個好！他試著想像布朗士那群絕望的人所說的，「我有沒有理由去指望？」對，你們他媽的沒理由了。文斯伸手拿郵件，那個由郵差送來橘黃色公文袋、兩份帳單、兩張競選文宣、以及一封來自郡政稽核部門的小信封，文斯首先撕開這個小信封，裡頭只有一張小紙卡，大小與駕照相同，卡片的第一行寫著：選民登記證；文斯將卡翻到背面：

此卡驗證文斯・肯頓爲華盛頓史坡堪郡一〇〇三四二・〇〇選區之登記選民。

卡上也印有文斯的投票所地址，那是一間在他家附近的小天主教學校。

這就表示他能投票囉？或，至少是文斯・肯頓這個人可以投票了。他將卡放下，又再拿起來端詳，司法官曾說，如果文斯好好與政府合作，可以撤銷他的犯罪紀錄，投票權也能恢復，但生活中有太多麻煩事，他恐懼自己有一天會遭到暗算，所以對於投票這種事他不敢多想。像他這種只想保住自己性命的人，擁有投票權有什麼意義呢？但如今，在將近三年後，他還是在郵件中見到了自己的選民登記證。

他忍不住思考這代表什麼，是否只是風雨前的寧靜。

文斯打開皮夾，將選民登記證塞進去，放在邊角捲曲的社會安全卡旁。

接著，他打開郵差送來的橘黃色公文袋，整個流程是這樣的：郵差攔截寄送新信用卡的信件，丟進橘黃色紙袋中交給文斯，文斯利用蒸氣不著痕跡地打開信件，抄下號碼，將卡放回，再用膠條封住信封，這些卡會確實送到持有者手上，但通常過了一、兩個月後，卡主才會發現自己的帳戶遭人盜用，到那時候，文斯早就將那些卡處理掉了。

信封裡的東西很輕，六個未拆封的信裡裝著萬事達卡與美國運通卡，他能感覺到信封裡硬硬的卡，接著，一個對摺的白色紙條從信封中滑出，落在桌上，和他的選民登記證差不多大小。文斯瞪著那張來自郵差的紙條：不，不應該是這樣的。

恐懼感油然而生。

文斯低頭看著紙條，有種想忽略它的衝動。他不需要它，尤其在今天這個鳥日子。最終，文斯還是將紙條拿起、開始閱讀。

我必須見你。明天。三點。老地方。很重要。

不對，所有事情都亂了套，文斯星期一才與郵差見面，他們昨天才剛見過，他給了郵差錢，也順便把幾張卡交還給他；只有星期一，其他時候他們都不見面，但明天是星期三，這是不對的。於是，那些憂慮、恐懼、神經質，管它是什麼，反正全回來了。

也許是因為回到這間開啟整日不安感覺的屋內，也或許是因為拿到選民登記證和郵差的紙條，文斯能嘗到早晨剛起床時的驚恐滋味，他很確信一件事：他們找到他了，他們將把他做掉。

當你死了，地球仍會繼續轉動，將你死亡這件事吞噬，就像一顆投進黑水中的石頭，如此而已。

他抬頭看著嚴峻的芭芭拉．華特絲，她坐在辯論主持桌前，吸引眾人目光。此刻，她一臉嚴肅，歪頭提問：**總統先生，今晚全國的焦點都在伊朗人質事件上，我瞭解這是一個敏感問題，但我們該如何對付恐怖主義，卻是超越人質議題的**。

文斯想起小廉：你有點神經質喔……！還有道格：以為我要跟你作對嗎？以及大衛：沒有人在乎。他們說得沒錯，每一句都是，他神經質、他們將與他作對、也沒有人會在乎。一陣寒意從文斯的腳踝爬到小腿，此刻，吉米．卡特咬著嘴唇，有同感似地歪著頭。

芭芭拉，恐怖主義的行動與威脅是這世上的禍害之一……我們必須堅定信念，採取行動對抗恐怖主義，劫機是其中一個罪行，但最大的恐怖威脅是如利比亞或伊拉克這些相信恐怖主義的激進國家，是否該擁有核子武器。

當我們注視著小格局時，會忽略大的脈動，我們太過專注於偶然的新聞或回憶浪潮，結果卻錯過了更大的歷史潮流。

文斯站著，聆聽傳到耳中的脈搏。好吧，想一想，**想一想**，誰是幕後主使？誰是最大受益者？共謀的可怕之處在於，只有瘋狂的人能找到機會點，這就是他們的陰謀能成功的原因，因為他們將真相撕成碎片，而除了這些瘋狂的人，沒有其他人能在見到碎片後看出原來的樣貌。但是，誰會相信瘋狂的人？你要失去理智了嗎？文斯搓揉太陽穴。你正失去理智，對吧？

隆納・雷根迫不及待地答道：**這個問題你已問了兩次，我認爲你至少應該有個答案，最近我被指控在人質事件上主導一項秘密計畫……你的問題難以回答，因爲，在現在這種情形下，沒有人願意說出可能會不愼導致人質延遲獲釋的話。**

好吧，讓我們假設大衛是對的，沒有任何過去的同黨想做掉文斯。那麼，如果是文斯自己的人想瓜分更多利潤，或想拿到更多的信用卡號碼呢？是那個郵差嗎？不可能。毫無線索。剩下道格和廉了。他無法想像廉有頭腦、或是道格有膽量做這種事，他們看起來都是無害的，不過，考勒提曾說過一句古老西西里諺語：微笑的敵人才是最需要害怕的。

總統卡特早就聽過這些話：**這種好戰的態度非常危險，儘管語氣很平靜**。也許是最後幾個字：語氣很平靜，打斷了文斯的思緒，並意識到一陣低鳴聲已在耳邊迴響了三十秒之久，一輛轎車停在外頭。

那此刻文斯在做什麼呢？他蹲伏在拉開的窗簾下，環視屋內，大概是在尋找武器的蹤影吧？他陷入了什麼陰謀？這又是什麼樣的惡意、貪婪與厄運？更重要的是，停在外頭的那輛車，裡面會是誰？

文斯在結霜的草地上匍匐前進，他不認得那輛一九七〇年代初的雪佛蘭英帕拉轎車，文斯抓著在水槽下找到的細長鉛管，冰冷感傳遍掌心，身下的雜草被壓得嘎吱作響。他遠離轎車，朝鄰居家前進，接下來沿著灌木叢邊繼續爬行，直到車的正後方，聞到車子排出的一氧化碳味，車後保險桿上有張貼紙：「我為薩斯科奇人（譯註：又稱為大腳怪，據稱身體龐大多毛，住在美國和加拿大的太平洋沿岸森林中）煞車！」文斯彎下身橫跨一步，再一次舉起鉛管，微微喘氣，預備，預備。

他避開駕駛的視線跑到保險桿前，好，文斯彎得更深了點。駕駛正在抽菸，盯著房子瞧，文斯閉上眼，默數到三後衝向駕駛的車門，打開，一把抓住那傢伙的頭髮，將他從車內拽出，摔到草地上，男子的香菸激出火花，飛到草坪外，他屁股坐在地上，雙手撐地，驚恐地往後退。

只是個孩子，大概年僅十八歲，一頭又長又粗的紅髮，穿著藍色的優秀選手榮譽外套，上頭繡著一個大大的黃色「M」字母。「我很抱歉！」他說，雙手護頭。

文斯舉起鉛管，但未揮出。「你一個人？」

「是的，老天，別打我。」

「有人要求你停在我家前？」

「是，她說在這等。」

「你叫什麼名字？」

「艾佛瑞特。」

「艾佛瑞特，除非你告訴我是誰指使你，否則我會打得你腦袋開花。」

「妮姬，妮姬說在樓下等。」

「誰是妮姬？」

「什麼？」

「妮姬，你他媽的到底誰是妮姬？」

「求求你，先生，別這樣，我會離開的。」

「妮姬……是誰？」

「噢，我以為他是你女兒，先生。」

文斯看到她了，一個從鄰家走出來的女孩，大概十五歲，最多十六歲，從第三戶地下室的窗戶爬出，她拍掉牛仔褲上的雜草，朝文斯與男孩的方向前進，但當她見到文斯手握鉛管、自己的幽會對象倒在地上時，女孩停下腳步，面不改色，轉身爬回窗裡。

一會兒後，文斯將男孩從地上拉起，兩人看著漂亮女孩跳進地下室窗戶，面面相覷。

我擔任總統已將近四年，下過數千個決定，我親眼目睹了國家的力量，也見到危機慢慢逼近，而我，一直盡自己最大所能去處理危機。

文斯站在自己那黑暗的房裡，手拿另一罐啤酒，離電視兩英呎遠。他盯著吉米・卡特眼瞼下垂的雙眼，聽著他做辯論的最後陳述：**我必須獨自一人爲國家利益以及國家涉事程度做決定，而下決定時，我總是行事穩健、小心謹慎、深思熟慮。**

有時候你只是累了，也許有一股集結的力量與你對抗，也許他們偷了你的辯論講稿，甚至，也許他們和恐怖分子打交道，在你一下台的時候，人質立刻得以回家。不過，也許並非如此，也許你只是疲累得無法前進，也許這就是失敗，在走到終點時……不得不退位，也或許這種感覺，不比睡一場覺還差。

是的，就是如此，總統說：**這是個孤獨的工作。下週二，美國人將面對一個孤獨的決定，我的聽衆將爲國家前途做出判斷。我認爲他們必須謹記，一張選票可成就大改變。若一九六〇年每個選區都有一張票更改圈選對象，約翰・甘乃迪不會成爲這個國家的總統。**

一張選票……瞧，你並非畏懼小廉、道格或郵差，即使他們三人一起上，你也不害怕。讓你不安煩躁的不是陰謀本身，而是他們正在策畫陰謀的這個念頭，是個未知，它並非一片雪花或一張選票，而是即將天崩地裂的念頭，這也是它的可怕之處。曾有多少次你在心裡頭想，如果能預知未來就好了，生活會簡單得多？噢，你能預知未來沒錯，我們都一步步走向死亡。

太陽有一天會爆炸……所以我們別起床了？是一百五十億年後或十五分鐘後……它重要嗎？哪一件事重要嗎？

接著，隆納・雷根給了個答案：下週二是大選日，下週二你們會前往投票所，會站在投票格裡做出決定，我認為當你們下決定時，這樣做可能會更好：不妨問問自己……

你比四年前過得更好嗎？

文斯的啤酒掉了，砰一聲落在地毯上，吐著白色泡沫。

單一的念頭沒什麼，即使是由成千上萬個念頭擦出的電路火花，也無法點亮一個僅十瓦的燈泡。但文斯・肯頓如今站在科技發展的頂峰，處在人類成就的浪尖上，這樣的世界，是由大量單一念頭、在累積了幾千年後所構成，就算是文斯・肯頓本身也離不開科技與法律，這會兒他就站在一間有暖氣、有電路又隔音的房子裡，目睹十三英吋小盒子播放出的畫面，畫面中兩個男人正在爭奪世界歷史上最有影響力的職位，在現在這個時代，只要按下一個按鈕就能終結文明。許多念頭淹沒了文斯・肯頓：他瞭解到自己的重要性、他渴望有所改變，而歷史的潮流、抉擇的重量以及身為人的奇蹟，也敲打著文斯的思緒。不過，這團糾結錯綜的毛線，實際上都連向一個簡單問題：

你到底準備投給哪一隻蠢豬？

華盛頓州　史坡堪市

一九八〇年十月二十九日，週三，凌晨二點二十五分。

第二章

妓女們正為胸罩這個話題爭論不休。

如果文斯知道的話，他不會停下腳步，但當時他正沉浸在大選的思緒中，這讓文斯覺得舒服些，或至少轉移了他的注意力。不過，這會兒文斯已走到山姆的地窖外，貝絲與她的朋友安吉拉在冷風中朝他揮手，在說話的同時，小小的白霧自口中冒出。

「文斯說的算。」安吉拉說。她腳穿高跟鞋，走起路來搖搖晃晃，上半身還以令人心驚的角度往前傾，這使得她的屁股翹得可以平放物品。「貝絲說男人喜歡奶罩，但我說你們這些人只想要趕快見到那對奶頭。」

文斯先瞧瞧小麥膚色、曲線有致的安吉拉，再看看身材瘦削、面色發白的貝絲，她那磨損的石膏還藏在背後。「我不認為你們問對人。」

安吉拉將文斯的手拉起，壓在自己的胸部上，她閃爍雙眼，長睫毛擦到文斯的臉頰。「噢，文斯，別裝蒜了，你比較喜歡哪一個？貝絲的奶罩……或這個？」

「哦，這個是不錯！」文斯目光落在安吉拉的乳溝上。「不過，奶罩也有……一定程度的感官享受。」

安吉拉將他推開。「我看如果貝絲有睪丸，你也會說喜歡。」

貝絲窘促地笑了。「安吉拉！」

文斯逃進山姆店內，此時已滿屋都是菸味，大家打牌的打牌、喝酒的喝酒，還有人正享用美食。艾迪正好從地下室走上來，捧著一盤醬烤雞翅。

「文斯・肯頓，甜甜圈界最努力工作的男人。過得如何啊，文斯？」

「很好！山姆你呢？」

「又肥又累又有糖尿病。」艾迪已六十了，黑皮膚、灰鬍子、戴著黑框眼鏡。

文斯停下腳步，轉身面對艾迪。「嘿，我可以請你幫我一件事嗎？」

艾迪聳肩。「文斯，你在打什麼主意啊？」

「我只是在想，那場辯論你覺得誰贏了？」

「兩個婊子在爭論胸罩嗎？那種無聊事哪有輸贏。」

「不，不，我是說總統辯論。」

艾迪愣了一下。

「你知道吧，卡特和雷根？昨晚在電視上？」

艾迪想了一會兒後，再度聳肩。「文斯，就像我說的，兩個婊子爭論，這種事哪有輸贏。」

「顏色絕對有關。賭一塊。」

「你是說，就像黑色或紅色？」

「是呀，這兩個都不錯，或是白色，只要別給我肉色。」

「什麼顏色都不重要，只要別圈起來的就好。叫牌。」

「不對，聽好，那叫鋼圈支撐胸罩，二十四小時不變形，是個好東西，需要用一點鋼圈代表胸罩內的奶子很大。」

「奶子？你剛剛說的是奶子嗎？」

「圈起來的太難脫了。加一塊。」

「那或許你不應該穿。」

「我是說會很難把女人們扒光。」

「前扣式的我還行，但後扣式的……真該死。」

「沒錯，解開後扣，那叫盲目摸索。」

「文斯，你怎麼看？」

他抬頭，總是這樣，最後都停格在他身上。眾人看著文斯，手握一疊牌，好像孩子們在玩「釣魚」（譯註：一種撲克牌遊戲）般，後頭，安吉拉坐在皮條客的大腿上分食雞腿，在他們身旁，一個不當班的便衣警察正在貝絲的石膏上留下名字，文斯看了看表，差十五分四點。

「好吧。」文斯坐直身體。「我會告訴你我的想法，但之後就結束這個話題，行嗎？我們可以聊一些更有智慧的事，例如政治，同意嗎？」

眾人點頭，專注聆聽；傑克斯舉起大腿上的酒瓶，喝了一大口香檳。

「好。首先你們必須瞭解的是，胸罩是男性焦慮的象徵。它是，你們怎麼稱它的……就說是陰蒂的替代品吧。你們想過嗎？我們總怕自己太笨拙：那裡太黑、太讓人摸不清了，不知道自己在幹嘛，有時候我們很幸運，但我們還是不曉得自己做了什麼。十歲到八十歲，我們滿腦子想的都是女人，但當我們終於找到一個，卻發現自己一點都不瞭解她們。」他聳肩。「所以，這就是胸罩，又是一樣與女人有關、但我們恐懼著不知如何上手的物品。」

眾人聽得入神。

「但你們以為不再焦慮了嗎？這個嘛……舉例來說，在前戲，就是在最好玩的部分開始之前，你們都已半裸……這時，要停下或要繼續都可以，她還有機會改變心意，而你已對她著了魔，親吻著她、吸吮她的脖子，你的手奮力探索，想弄清楚它是勾扣還是綁線的。」

「就在這個關頭，她阻止了你，將你的手拉開，站起來，對你一笑，接著，盡可能慢動作地……一邊看著你的眼睛……一邊拉下肩帶、解開胸罩……讓它落在地上。」

眾人屏住呼吸，安吉拉和她的皮條客目不轉睛，貝絲也是，整間店都是。

「所以，沒錯，我覺得胸罩很性感。現在，」文斯倏地站起，將一張五塊丟進賭金堆裡。「難道我是這裡唯一看過那該死辯論會的人嗎？」

清晨四點半，妓女們在門口和文斯打鬧，但今天的他有些心不在焉，他沒帶信用卡，低調賣著大麻，賣完就閃，不讓她們有機會擁抱或說笑。今夜，貝絲居然等在門口，咬著下嘴唇，直到女孩們都離開。「文斯，我喜歡你的胸罩論調。」

「貝絲，過得好嗎？」

她挪了挪身體。「我睡不著，很緊張。」

「為什麼？」

她看著他，好像答案很明顯似的。「就是那個賣房活動，記得嗎？我昨晚跟你提過，我正在幫賴瑞賣一棟房子。」

「哦！當然，當然。」文斯完全忘了。「再說一次，那是什麼時候？」

「星期六、日、一，你會來對吧？」

「我當然會到。」

「只是……我夢到以前的嫖客也來了，或是警察把我抓起來，或是我說了什麼愚蠢的話。」

「貝絲……」

「說實話，大家在笑我嗎？」

「笑妳？」

「因為我想要考到房地產執照？這念頭很蠢，對吧？」

「不！」他說。「它不蠢！」

「對我說真話。」

「它不蠢！」

「你知道每個脫衣舞孃都說她們正在籌大學學費嗎？這只是她們為了讓男人在看自己脫衣時心裡好過些，好像他們的勃起其實創造了更美好的世界。」

「嗯，我想，一開始的時候，也許就是這樣沒錯。我喜歡聽自己說：『我為了成為房地產經紀人而努力』。」她靠過來，比較像是喃喃自語。「但現在，糟了，文斯……我是說，他們可能真的讓我去做，萬一我不行呢？萬一我不夠聰明呢？」

「貝絲……」

「我一想頭就痛。我太想做這件事了，真蠢。」

最終，文斯伸手抓住她受傷的胳膊。「聽著，絕對不要認為追求更好的事物是件蠢事！」

兩人都被這句話的力量震懾了幾秒，文斯知道，這句話也是對自己說的。他們面對面站著，凝視對方，直到文斯放開她的石膏，侷促地望向別處。「那，說說那棟房子吧。」

也許鼓勵貝絲投入房地產界是錯的（「是四〇年代的平房，面北，不帶院子，沒有車庫，不起眼」），既然他推測貝絲的幫忙對象，也就是賴瑞這傢伙，只是為了性才給貝絲機會（「賣房的人想出價三十二萬，但如果他們拿得到二十五萬，我都可以拉出乳酪圓餅了」），而且她還可能永遠都無法以賣房維生（「如果這房子能通過聯邦住房管理局的檢查，我真的會幫檢查員哈棒……好啦，說說而已」），但是，他又十分相信自己的那番話：你不能為了追求更好的事物而道歉。

他開始瞭解到，事情都有另外一面，那是他昨晚沒想到的。

「肯揚還好嗎？」他說。

「他很好，文斯。」貝絲低頭說。「謝謝你。」她捏捏他的手臂，往山姆的地窖走去，卻又轉身想說什麼的樣子，然而，貝絲只是一笑，接著就走進店裡。

傑克斯正巧要離開，他幫貝絲開了門，文斯點燃香菸，傑克斯對著冰冷的雙手呵氣。

「傑克斯，問你一件事？」

傑克斯走近一步，他身上那四百磅的肉團繃在運動服裡，讓他看起來像條尼龍香腸。「你想說什麼？」

「你比四年前過得更好嗎？」

「四年？」傑克斯盯著腳下。「四年前我和撒旦為伍，所以，是吧，總歸來說我現在過得更好了，你呢？現在的日子更好了嗎？」

文斯聳肩。「瞧，在昨晚之前這個問題我想都沒想過，不過嘛，一個人可以遊走各地，更改名字、工作、朋友，什麼都改掉……。」

一輛車緩緩駛過，文斯的視線隨車身移動，直到車子遠去。

「……但實際上什麼都沒變。」

文斯戀愛了。

好吧，既然文斯和這名女子說過的話不超過幾十個字，還不外乎兩個主題：甜甜圈和書，而且既然文斯只知道她的姓：凱莉，兩人還只在她一個禮拜一次到店裡買甜甜圈，好帶到養老院給母親吃時見面，戀愛這個說法可能太強烈了。

但如果文斯真戀愛了，跟現在這情況也不會相差太多。凱莉擔任法律秘書的工作，她每週三早上十點五十分，在前往養老院的路上會順道繞進甜甜圈店。也因此，每週三早上十點四十分，文斯會溜進廁所照照鏡子、撥弄頭髮，接著脫下圍裙，拿一杯咖啡坐到桌前，閱讀一本平裝書，且每週的書都不一樣。回想四個月前，文斯就是在休息時遇見凱莉，當時的他正在閱讀一本破舊的《荳田戰役》：是客人遺留在店裡的。文斯一向喜愛閱讀，在獄中，他讀非小說類的作品，每天讀一本，不論是路易士和克拉克的遠征、希臘神話或是建築學；好幾年前他就對小說失去興趣，一本也沒看，直到他在椅子上發現《荳田戰役》的那天。

當時他讀到第十六頁，正沉浸在墨西哥男子的顛沛生活情節中，頭一抬，他瞥見一雙光滑的大腿，繼續往上瞧，是一條短褲，然後是一對會放電的眼睛。

「是部很棒的小說對吧？」

文斯低頭看了看平裝書，費勁地吐出兩個字：「是的。」

「你難道不喜歡裡頭的角色嗎？」

「喜歡。」

「你看很多書嗎？」

「是的。」

「都是小說嗎？」他看著女子的大腿和眼睛，艱困地說。

「我也是。」她說。「我愛的事情裡，沒有什麼比窩在壁爐前讀一本好書更棒的了。」

愛，就是這個字，在文斯身上起了作用，愛。從那一刻起，文斯也發誓要愛上小說，希望有朝一日能和凱莉一起窩在壁爐前。因此，每週三下班後，文斯會前往附近一間二手書店，拿讀過的書換取新書，並將書留在店裡的鎖櫃中，這樣，在往後的上班日裡，他可以在休息時儘量閱讀，好在下個星期三凱莉走進店裡時，意氣風發地與她聊聊新書。文斯很少讀超過半本書，只要讀到能瞭解這本書在講什麼就好，還有讀到能和她扯些話題就好，然後，換本新書。

有時候，他其實想讀完幾本書，但他必須每週換一本，好讓他們的話題源源不斷，同時他也迷信地認為，也許最終會找到一本讓她愛上自己的小說，不過，如果他坦然面對自己的話，會發現另一個理由是他害怕結局會令他失望，這也是他不再讀小說的原因。他曾在里克斯島的監獄中讀過《錦繡前程》，這是一名罪犯默默幫助貧困孩子的故事，他非常喜愛，至少在監獄圖書管理員點出狄更斯寫了兩個結局之前。當文斯發現原始結局後，他覺得自己被小說背叛了。他念念不忘的故事竟然有兩個結局？一本書就像一場人生，只能有一個結局，要嘛是長大後的皮普和阿絲泰拉手牽手走下去，要嘛就是沒有。對他來說，這樣的結局變得毫無意義，沒有意義的五百頁，每部小說都變得如此。

因此，現在他只讀開頭，這樣也不錯，他甚至開始覺得這是種更有效率的方法，只去嘗試各種事物的開頭。畢竟，一本書只能以兩種方式作結：要不就寫實，要不就虛構，如果是虛構，讀起來總覺得哪裡不對勁，有些牽強、有些刻意，如果是寫實，那結局就會很悲慘，主角會死亡。這就是大多數理論、宗教和經濟體制在深入瞭解的過程中崩解的原因，也是為什麼佛教和「海灘男孩合唱團」受到青少年歡迎，因為他們還太年輕，不瞭解生活的真實面其實極為痛苦，且總以同樣的結局作終，唯一有變化的僅是開頭和過程。人生的結局總是悲慘的，如果你已經目睹過死亡，就不需要從書的結局裡去學習這點。

文斯對書的「淺嘗」方式一直很順利，直到幾週前，凱莉並未打聽文斯正在閱讀的那本書（索忍尼辛的《癌症病房》），文斯慌了，他跑到二手書店那位虛弱的老店員面前求她幫忙，這位名叫瑪格麗特的店員分析，大概是文斯的書單變得太乏味、太單一（「太容易預測到」），無法在一九八〇年的今天打動一個二十六歲的女子。自此之後，瑪格麗特經常為文斯指點一些冷門的閱讀方向，包括現代主義作品、超小說以及前衛作品，而文斯好像挖到寶般。上週，文斯讀了羅伯特・庫佛的《樂譜和高音》，是部短篇小說集，他發現當他向凱莉解釋，庫佛不只把世界支解成不同的觀點，還區分成不同的現實面時（「這就好樣散落一地的碎片，我們可以撿起來，任意組合成自己想要的世界」），凱莉似乎重新迷上文斯，當她展露出興趣並提出幾個問題時，文斯欣喜若狂。

現在，他更大膽嘗試其他實驗性小說了，就像富有戰鬥精神的黑人作家勒魯瓦・瓊斯所寫的《但丁地獄的體制》，一本充滿憤怒、中心思想、隱喻與詩意的地獄指南，文斯不敢保證看懂了，但當他讀到第四重地獄時，他很享受那些文字及插圖：「已死之名的夏日，屋前沐浴在暮光的鳥兒……」當凱莉踏進店內並直直走向他時，他剛讀到這段。

在此先描述一下凱莉：身高五呎十吋、前大學排球隊員、二十六歲、白人、肌膚柔軟透白。她總會將藍色緊身牛仔褲的縐褶燙平，並將一頭金髮中分，整理成完美的羽毛狀，像天使的翅膀般貼著臉頰垂下。遜克老叫她「法拉」（譯註：法拉・佛西為一九七〇、八〇年代的著名美國女星）。「啊，法拉來啦！」他說。

店裡的人全抬起頭，即使是最老的也不例外。

「嗨！文斯。」她微笑。「別告訴我又是一本新書？」

他點頭。

「你真厲害。」

笑笑。

「今天是什麼？」

文斯把書拿起，試著讓自己聽起來不像在背稿。「講的是我們如何在地球上創造屬於自己的地獄。」

「哈！」她不置可否，文斯繼續。

「對這傢伙來說，地獄就是紐澤西的紐沃克。凱莉，妳去過紐沃克嗎？」

「沒有。」她說。好像有點心不在焉？「我想我應該沒去過。」

文斯站起來。「嗯，紐沃克的確很糟，但我認為帕特森（譯註：紐澤西的一個城市）更接近地獄，和帕特森比起來，紐沃克是海洋公園。」

真的，她肯定心不在焉：只是微笑、點頭，沒有因為文斯的笑話而開懷大笑。「哈！」她給了同樣的反應，轉身走向甜甜圈櫃。就這樣？他今天得到的就這點而已？他跟了上去，心碎，穿上圍裙，走進櫃內。勒魯瓦‧瓊斯，蠢死了。文斯咒罵著自己和書店店員。我走太偏了，文斯心想，並思考著是否應放棄另一本約翰‧尼可斯的書。文斯忖測，也許《荳田戰役》是個鬆散三部曲的其中一部，這樣做似乎比較聰明：沒把握的時候，就試試三部曲吧。

「今天我想要……」凱莉選了十二個甜甜圈，包括五個果醬餡的。

「這次要的果醬餡比平時的多。」文斯將甜甜圈裝進盒子裡，低聲說。他一彎身，隔著玻璃櫃見到一雙被緊身牛仔褲包覆的勻稱大腿。老天。當他在裝盒時，他注意到凱莉的外套上別了一只白色的競選圓釦，紅白線條相間，上頭用藍色的字寫著：**格雷比與大老黨**。

他站直身體，面向她。「格—雷—雷—？」

「格雷—比。亞倫‧格雷比。他是我們事務所的律師……也是我的朋友，正在競選州議員。」

「妳準備投給他嗎？」

她笑笑。「是的，我會，他是個好人！」她低頭望向甜甜圈。

文斯點頭，封盒，將盒子拿到櫃檯上。「所以妳是共和黨的？」

她縮了一下。「不是，噢！也許是吧！當我年輕的時候，我是堅定的民主黨人，身邊每個人都是，但現在……這個國家好慘，我想我們需要改變，這也是亞倫的競選宣言：**讓美國重返榮耀**。」她聳聳肩，有點不好意思。「至少這是亞倫常掛嘴邊的。」

「對於人質事件，他是怎麼想的？」

「他說，這不算是州議會的管轄範圍。」

文斯點頭。

「但他希望人質能回家，這點我很確定。」

「現在說話要很小心，對吧？」

她大笑。「你應該投給亞倫，你會喜歡他的，他讀很多書，像你一樣。」

「是嗎？」

「但是多數時間他喜歡非文學類的小說。嘿，你今晚會去聽雷根兒子的演說嗎？」凱莉問道。「亞倫會去，你們可以見個面。」

「哦，」文斯說。「我才在想要不要去呢。」

她又笑了，文斯在她的笑裡見到他所想像的兩人世界：有孩子、有鄉村俱樂部，還有刻意燙縐的牛仔褲。

「那我們待會兒見了！」她說。

「好啊！」他說，目送她離開。接著，他跑到後頭，將書丟進鎖櫃裡，抓起報紙快速翻閱，尋找雷根兒子來到城裡的消息。

「有次我讀一本書，」遜克把一盤楓糖棒扛到前頭。「這書叫做《一九八四》，作者是一個叫哈維爾的法國佬，學校規定讀的，他在……大概是十六世紀寫的吧，他預測到了一九八四年什麼足球、籃球都沒了，唯一剩下的運動是自行車越野賽，所以我到哪兒都騎著那台腳踏車，因為到了一九八四年奧運會的時候，那爛貨可是會成為奧運比賽項目的，而我要替自己贏得一面該死的金牌。我他媽的敢打包票，一旦我們回到金本位時期，那金牌的價值就會完全符合它的重量，老兄。」

「那本書說，自行車比賽的訓練會像空手道一樣，在道館進行，我會變成自己越野賽道館的教練，不管是睡覺、沉思、抽大麻或嘿咻……所有事都能在自行車上完成，方圓百里內的人都會跑來拜師學藝，然後每隔幾個月我就會消失一次，到鄉下去遊蕩，指導別人，還有……」

文斯打斷他的話。「嘿，遜克，你幾歲了？」

聳肩。「文斯先生，我不像其他人那樣數著日子的。」

「不過你到了能投票的年齡吧？」

「是吧……」

文斯將疊起來的報紙遞給他。「我需要一個人陪我去聽雷根兒子的……」

「等等，等等，」遜克往後退，好像那份報紙是炸彈似的。「我不投票的，文斯先生，他們就想這樣……把你記錄下來，當爛事發生時，他們只要去查那份偉大的名單，然後麥克斯威爾・遜克就出現了，華府史坡堪市西捨伍德大道二七一八號，賓果，隔天早上第一件事，你會在嘴巴裡發現一個他媽的追蹤器。」

他離開了，留下盯著新聞瞧的文斯。

聯邦副司法官大衛・拜斯特走進大廳，臉漲紅。「首先，不可以在沒有先打電話的情況下出現在這兒。」盛怒下，大衛看起來更顯蒼老，文斯想像得出，他的心臟此刻正充血緊繃。

文斯舉起雙手，向大衛和接待員認錯。「對不起！」

「怎樣？喀來爾？喀森？這次是什麼？」

「不，不，我不想改名，不是這樣的。」

「那是怎樣？」

文斯看看大衛，又瞧瞧接待員，最後回到大衛身上。「你不覺得我們應該私下談談嗎，大衛？」

大衛轉身，怒意未消地走進辦公室，途中，他必須提高肩膀才能舉起他的臀部與大腿，他靠著桌子邊緣移動，直到坐下。「你不能像這樣想來就來，我告訴過你了，你得先打電話、報出號碼，然後我們會在某個地方碰頭，任何你想要的地方都可以。如果你必須過來，如果這是緊急事件，你還是得先打個電話，你不知道誰會在我的辦公室裡。」

「我以為你說過不要緊的，」文斯說。「因為我的命不值錢。」

他嘆了口氣。「我很抱歉！」

「我知道，我昨天有些瘋狂。」文斯自嘲。「我逮住了那個把車停在我家前的孩子。」

「看在老天的份上，文斯……」

「不，沒事的！我沒傷害他，其實是很好的一個孩子在等他女友，她只是打算逃家，不過這讓我領悟到你是對的，我太神經質了！好像還在過以前的生活般，我應該……我應該要過得比四年前更好。」

大衛靜靜聽著。

「我是說，你知道的，沒道理我不能做些什麼，也許回去上課、結婚、生小孩、加入鄉村俱樂部等等這類的事，我很聰明，只要下定決心什麼事都能做，對吧？」

大衛微笑。「你想好要加入什麼鄉村俱樂部嗎？」

文斯望向那張掛在大衛椅子後頭的有框畫像，畫中，吉米·卡特看起來似乎比昨日還要淒涼，文斯對著畫像揚揚下巴。「你可能必須支持那個當政的人，啊？」

「你在說什麼？」

「總統。如果今晚你跟我去聽雷根兒子的演說，可能會讓你惹上麻煩。」

大衛轉頭往上看，好像第一次見到卡特的畫像。「我可以投給任何想要的人，文斯。」

文斯將一張剪報放在大衛的橡木桌上，小小一行標題寫著：**雷根之子來到史坡堪**。

「就是今晚，九點，在門羅街上的凱西酒店。」

大衛將剪報推回文斯面前。「這活動我不能和你一起去，文斯。」

「是啊，當然！」文斯點頭，把剪報摺起來，放回皮夾內。

「我很抱歉，但這樣的話……」

「不，沒什麼大不了。」

「不過我很高興你參與政治了。」

文斯傾身向前。「計畫裡的人不跟你提這種事，雖然你重新得到投票權，但如果你不去……」

文斯挪了挪身體。「在我那一區，只有蠢蛋才關心這個，政客付錢給工會和教堂的人，要他們去拉票，市議員也不管這事，他們只顧從你口袋中掏錢出來，沒有人投票，幹嘛這麼麻煩？但現在……」文斯感覺到那列不吐不快的火車駛離了。「是這樣，我試著想要弄清楚的是……」他身體往前靠。「大衛，你怎麼知道要投給誰？」

大衛看起來很疲憊。「回家吧！文斯。」

文斯將《但丁地獄的體制》放在櫃檯上。

瑪格麗特，那位「書擋」書店中的老店員，六十歲了，患有夜盲症，白髮蒼蒼又瘦巴巴，穿著農婦服，戴了一副帶鍊的眼鏡，鍊子垂在脖子周圍。她站在擺滿書套和自製書籤的櫃檯後面，在她身後的是間很深的房間，只有一層高，書並排堆放，一直堆到天花板，還有其他書籍疊放在每個角落。瑪格麗特盯著文斯的眼睛，似乎知道大事不妙，她把手捂在胸口。「噢，不，發生什麼事了，肯頓先生？咱們太鑽研非裔文學了嗎？」

「我不知道我們做了啥，瑪格麗特，我只知道她不喜歡這本。」

瑪格麗特摘下她那又大又圓的眼鏡，搖搖頭。「別喪氣，肯頓先生，咱們還沒輸，記住這點：贏得關注，就能擄獲芳心。」她從櫃檯後走出。「還是這句話要倒過來說？」

他跟著她走到成堆按字母排列的平裝書旁。「好消息是，書更多了。」她說。「總是有新書的。咱們從最上面開始，好嗎？」她叩、叩踏著鞋底，透過雙重鏡片的眼鏡由下往上看。「或許實驗性小說有點太過火了，肯頓先生。我知道咱們需要什麼，來點浪漫、磅礡的，就是史詩了！」

「其實，」文斯走到她身後。「我想要與政治有關的，你有這樣的書嗎？」

她未轉頭。「哦，政治小說，太好了，要試試羅伯・佩恩・華倫嗎？」

「我希望是非小說。」

這讓瑪格麗特頓了一下，她轉身。「但你那位小姐說她喜歡小說。」

「因為她正在幫人競選，我想說……」

「競選？」瑪格麗特眼睛一亮。「那位小姐很熱中嗎？嗯，她很有社會意識，非常好！肯頓先生，這小姐聽起來很有分量。」

「她滿高的喔。」

瑪格麗特沒注意文斯的笑話，逕自走到非小說區。

「要試試政府理論類嗎？或選舉政治？報導文學？論文？」

「你有什麼總統選舉方面的書？」

「啊！是的，正好搭上時間，很容易帶出話題，也能完美引導出一場獨具意義的對話，非常好，肯頓先生，設想周到。」瑪格麗特的身高不足五呎，她將一把凳子拉進論文和傳記高堆起來的狹長通道，文斯跟在後頭，瑪格麗特拿了幾本書給他，包括《一九七二年大選之路的恐懼與厭惡》、《一九六〇年的總統大選》、《一九六八年的總統出售》。

文斯盯著這些書。「哪一本能告訴我要投給誰？」

瑪格麗特再度無視於文斯的笑話，她正心無旁騖地為文斯挑選書籍。文斯看著懸在摺疊梯旁的瑪格麗特，想了想。

「瑪格麗特，妳今晚忙嗎？」沒回答，文斯繼續。「我今晚要去聽雷根兒子的演說，妳有興趣一塊去嗎？」

她停下動作，轉身，從梯子上走下來，將亞瑟・斯勒辛格沉重的《白宮一千日》交給他，接著露出甜甜的笑容。「雷根？噢，天啊，不，肯頓先生，那些天殺的共和黨員跟毒蛇一樣讓我膽戰心驚啊。」

再來談談郵差這個人：他名叫克萊・蓋納，四十八歲、黑人、高瘦結實，灰白的鬢腳框住臉頰，來自德州的拉瑪市，佃農家的孩子，也是家中第一個離開拉瑪市的人。克萊十六歲就結了婚，加入軍隊，最後來到史坡堪市的飛爾徹爾德空軍基地，在此落地生根、退役，在郵局開啟事業第二春。文斯第一次遇見克萊是在甜甜圈店裡，觀察他幾週後，開始向他解釋信用卡生意的流程：克萊負責注意寄送到卡主家的新信用卡，從郵件袋中截出，交給文斯，一張卡可獲得二十元的報酬，接著文斯拆開信封，抄下卡號與姓名，將口封回，還給克萊，讓他送回卡主手上。克萊過去曾搞過類似的交易，因此他曉得該偷什麼樣的卡。一開始，克萊不想惹麻煩，不過文斯注意到，克萊仍不斷詢問，文斯也一步步又清楚地解釋，他們並未真正從卡主身上竊取信用卡，他們竊取的對象是銀行。而如果他們沒出岔子，銀行會假設卡號是在卡寄出、當卡主在餐廳或商店使用後才被盜的。克萊開始得小心翼翼，第一個對象是他送件路上的混蛋，再來是一個拒絕剷掃人行道積雪的傢伙，後來，克萊被調到總局，讓他有機會接觸所有信件，包括所有尚未處理的新信用卡郵件，於是，協議達成，兩人開始交易。

「你有小心行事嗎？」文斯問郵差。

「完全照你說的。」

「說來聽聽。」

「唉！文斯。」

「說來聽聽。」

嘆氣加背誦：「只竊取全國銀行的郵件，同一個郵區不拿超過兩張卡，且一週只拿一張，絕不在一週內拿超過五張卡，要注意所有的卡都回到信件裡，如果發覺被人盯上，暫停一個月。」

「你在郵局裡跟誰提過嗎？」

「當然沒有！」

「跟任何人說過嗎？」

「你在想什麼，以為我想坐牢嗎？」

當文斯昨日體會過每個人都想算計他的感覺後，他如今看得出克萊說的是真話。所有參與文斯小小事業的人：克萊、小廉、道格……克萊是唯一的關鍵人物。也許所有事仍進行得很順利。

他們蜷坐在「迪克斯」得來速漢堡店外的野餐桌上，各拿著一份「致命一擊」漢堡：雙層牛肉、一塊圓起司、一片酸黃瓜以及幾個洋蔥圈。一群愛吃炸薯條的鳥兒在停車場與野餐桌間尋覓殘渣碎屑，然而下午三點只有文斯和克萊兩名食客，鳥兒們等得不耐煩了。

文斯將紙條壓在桌上，推到克萊身旁。「好吧！」他說。「那這又是什麼？為什麼要見我？」

克萊推了一本小冊子給文斯，文斯瞪了他一分鐘後才往下看。小冊子上印著一輛一九八一年的日產三〇〇ZX跑車。實際上，文斯不看好日本跑車。

「我一直很想要一輛。」克萊說。「這個人願意用『隨想曲』（譯註：福特的一個車型）來交易，我只需要準備好……」

「拜託，克萊，我告訴你多少次，我們不能到處擺闊。」

「但是，文斯，我真的很想要這輛車。」

「你負擔得起？」

「還不行，但我希望得到的酬勞能再高些，我知道你有餘錢，文斯，也許讓我預支，或讓我抽成更多。」

文斯搓揉著太陽穴。「你知道這種東西會引起注意，郵局裡有其他人開新跑車嗎？」

「我可以說最近繼承了一筆錢，或是拿到保險金。」

「克萊，多的是時間去……」

「求求你了，文斯！」

「我們談談別的吧，你打算投給誰？」

「我不會開它去上班的，我大部分時間都可以走路去。」

「卡特或雷根？」

「我只會在週末開它。」

「因為如果你今晚沒別的事，我會去聽雷根兒子的演說。」

「文斯，聽我說，它跟法拉利或保時捷不一樣！」

「克萊，這個主意不好。」

「求你了，文斯，就這一次。我是說，有什麼用？如果我們不花它，賺這些錢幹什麼？」

在這要補充一下：克萊的妻子兩年前逝世，死於動脈瘤，事發突然。那天，她起床為克萊做早餐，接著克萊便發現她像一件失去支撐的外衣一樣倒在廚房角落，手裡仍握著雞蛋。這讓文斯得以與克萊接觸：在克萊身上，文斯找到一種熟悉感，那份意識到生命中更好的部分已消逝的感覺。

文斯朝市中心望去，一會兒後，他將小冊子推回克萊身邊。「聽著，克萊，現在真的不是好時機，我們一、兩個月後再商量這件事，可以嗎？」

克萊不發一言地將小冊子收回，順手將幾根薯條撥到地上，才剛落地，薯條已被克萊腳邊搶食的鳥兒吞下肚了。

雷根的兒子已近中年，看起來像一名簿記員，即使穿著西裝外套又打領帶，仍只顯露出一絲的受人敬重之感。他站在酒店大廳的講台旁，約八十人在座，好像準備觀賞夜總會表演，譬如一齣喜劇或辛納屈（譯註：一九四〇到一九六〇年代間的知名美國歌手兼演員）的模仿秀般。這的確也是雷根之子帶給他們的：一場表演。文斯想像這傢伙過去幾週肯定做了多次表演，飛往各個如史坡堪這樣的次要選區，推銷強硬保守派的觀點，同一時間，他的父親則在電視上表現出溫和派理念，明顯地，他的工作就是幫他老子集結選票大軍。

……是時候從自由主義、放縱反美勢力者的手中拿回國家主權了，是時候回到世界領導者的位置了，我們該讓這個男人進入白宮，對付共產黨人、社會主義者、墮胎者、強暴犯與阿亞圖拉．霍梅尼（譯註：伊朗什葉派領袖），是時候了！

爆出滿場的掌聲、口哨聲與歡呼聲。文斯環顧四周，一張張熱切盼望的白人臉龐。一頭漂亮金髮的凱莉坐在對角，身旁的年輕男子方下巴、短髮，還有兩叢濃密的鬢角，一副與本性不搭軋的模樣，文斯猜想，他一定是亞倫．格雷比了，那個凱莉提過的州議員候選人。他倆並未牽手或有其他親密動作，文斯看不出兩人之間關係如何，當格雷比鼓掌，文斯瞥見了他手上那顆大婚戒。凱莉見著了文斯，對他皺皺眉，好像麥可．雷根的表現與她預期的有落差。接著，她的目光落到文斯左手邊的女子身上，挑挑眉，好像在說：加油呀！文斯，她很漂亮。

文斯瞥了貝絲一眼，她笑得很燦爛，實際上，當文斯在她的公寓前追著她進屋，探詢她是否願意拿錢跟他一塊去聽雷根兒子的演講時，貝絲的笑容便一直沒停過。穿著緊身深藍色洋裝的她確實漂亮，這也是她做房地產時的裝扮，衣裳的頂端敞開，兩旁大大的花邊衣袖，其中一個蓋住貝絲大部分的石膏，她的披肩靜靜垂在椅背上。

……爲美國感到驕傲。爲我們的產品、我們的軍隊、我們的農民以及我們的工人感到驕

傲。為我們的上帝感到驕傲。同樣地，我們鄙視姑息者、護教論者、極端環境論者以及無神論者……

在格雷比熱烈鼓掌之際，他傾身靠向凱莉，與她耳語了一番，凱莉簡短地點了個頭；她今晚穿了一件紅毛衣、一條全黑的裙子，當她蹺腳而坐時，文斯可從布料的紋路中隱約見到她大腿的肌肉，他輕輕抱怨了一聲，不知是否有人聽見。

……姑息與迎合各類犯罪，恐懼在城市中喧嚷。不過，讓我來告訴你：所有的強暴犯、偽造者、嬉皮、社會主義者、撰寫色情作品者，所有憎恨這個國家的人，你們的末日不遠了，你們這些生活在大衆善意之外、蠶食國家前途、破壞美國理念……

格雷比把手放在側邊，文斯注意到，凱莉也將手臂垂在身側，當文斯無法見著兩人之際，他可以想像兩人的手肯定找到彼此，相互搓揉，幾秒後，格雷比又傾身對凱莉說了些什麼，凱莉搖搖頭，將手拿開，再度皺眉。

……左派大學教授與學生煽動者、自由主義者與其媒體走狗、腐敗的工會領袖與職業示威者、吸毒者、共產主義者、嬉皮、裸奔者、領福利救濟的婦女、娼妓、竊賊、殺嬰者……

每個人都一臉該死樣。文斯突然感覺有人握住自己的手，低頭一看，是來自貝絲未受傷的手。他知道貝絲討厭牽手，他抬頭望著貝絲小巧的瓜子臉，是一幅恬靜的畫面：她的頸子細長、顴骨高挺、嘴角露出柔和的微笑，她將打石膏的手放在大腿上，另一隻手則放在文斯的大腿，捏著他的手指。

「你知道什麼讓我抓狂嗎？」當他們排隊時，貝絲問起。「吉米・卡特竟然說他的內心充滿慾念！你知道嗎？他是在上《花花公子》嗎？我從沒想過一個總統會像他那樣，這麼……好色？」

「我相信他們最後都會變成這樣。」文斯說。

「是吧。」貝絲回應。她看起來有些失望。

他們慢慢朝麥克・雷根移動，原來從近處看，他比在台上時更年輕。

「謝謝你們過來。」麥克・雷根語氣中略帶謙卑。「希望我父親的選票中有你們。」

文斯伸出手。「你覺得他會轟炸伊朗嗎？」

雷根之子緊握文斯的手。「讓我告訴你，伊朗的極端分子只要一想到雷根執政，他們的腳都站不穩，就好像這個國家裡的自由派一樣。這點我向您保證，先生。謝謝您的到來。」他以空出的手推走文斯，並朝貝絲伸出手，但文斯還沒完。

「這是什麼意思？你爸會派出海軍陸戰隊嗎？」

「我可以告訴你，隆納・雷根統領下的美國將具前瞻性與果斷力，必要時也會表現出威權。謝謝您的支持。」

文斯盯著他瞧。「但，這是什麼意思？」在他聽到答覆前，他已被某人的胳膊架起帶離隊伍。

同一時間，麥克・雷根準備再度拉票，他見著一位穿著藍色洋裝的纖細女子，女子遞上石膏和一枝筆。「你能在這上面簽名嗎？」

外頭的人行道上，一群次要的地方共和黨候選人：五名三、四十歲的白人正對著冰冷的雙手呵氣、蹦跳，分發徽章與小冊子給準備離去的人。文斯拿了一個格雷比的徽章，按照一九八〇年代的標準，亞倫・格雷比算得上帥氣，他還可說是集所有「方」字於一身：方肩、方下巴、方臉，連服貼在臉旁的短髮也方方正正，就是一個新聞主播臉，凱莉能與這樣的男士交往，文斯不意外，只是，他的身上有樣唯一不是方形的東西：左手那顆圓圓的婚戒。他穿著亮皮的牛仔靴；文斯只在這個城市見到律師和政客以牛仔靴搭配西裝。

凱莉站的位置離他幾英呎遠，雙手在身前交叉。「亞倫，這是文斯・肯頓，在甜甜圈店上班，就是我說過什麼都讀的人。」

什麼都讀的人。

文斯掩住喜悅。「很高興認識你。」

格雷比的握手快速又堅定，但卻顯得商業化。「很高興見到你，我相信週二時能得到你的支持。」當雙方手放開後，格雷比的右手迅速蓋住左手的婚戒，撥弄旋轉戒指，好像渴望將它取下般。

「文斯前幾個月在讀《蓋普眼中的世界》。」凱莉碰碰格雷比的手臂。「那是亞倫最喜歡的書。」

「你覺得那本書如何？」格雷比問道。他將重心移往另一隻腳上。

「開頭不錯。」文斯說。

此刻貝絲站在文斯的左肩後，凱莉的視線從文斯移到貝絲身上。

「噢，抱歉！」文斯說，往旁邊跨了一步。「這是我朋友貝絲。」

「房地產。」貝絲脫口而出，好像這句話已經在腦中重複好幾遍，就等機會說出。

凱莉和格雷比看著她。

「貝絲做房地產生意。」文斯解釋。

她的臉熱了。「我正在唸書，準備考執照。」

氣氛輕鬆起來，兩人均認為這是件好事。不過站在高挑金髮的凱莉身旁，貝絲似乎覺得自己矮了一截。「我喜歡妳的頭髮。」貝絲對凱莉說，幾乎是喃喃自語，道歉似的。

「噢，妳人真好。」凱莉低頭微笑，好像面對的是一隻生病的小狗或一個坐在輪椅上的小孩。「謝謝，其實它們今天一團亂，風太大了，但謝謝妳。」她先瞧瞧貝絲細緻的頭髮，接著視線一落。「妳的手怎麼了？」

貝絲握住石膏，凝望，一時之間不知該怎麼解釋。「它……斷了。」

「哦。」凱莉說。沒人接話。她只好再度開口：我去騎了很久的腳踏車然後昨天熬夜到很晚但我明天得七點上班所以現在時間不早了我也累壞了。總歸來說，大家應該要瞭解她這番話的目的就是：她想回家了。

「那麼明早見。」亞倫・格雷比說。他馬上又補了一句：「在上班的時候。」

兩人僅對看一會兒，接著，凱莉轉向文斯。「非常謝謝你過來，文斯！」

「也非常高興認識妳！」凱莉又轉向貝絲。

「我摔倒了。」貝絲說，順勢舉起石膏。「在下樓梯的時候。」

「喔！」凱莉回道。

「這是我受傷的原因。」

「喔！」凱莉禮貌性地微笑，接著從皮包裡拿出車鑰匙，說了聲抱歉後，朝停車場走去。

文斯和格雷比目送她離開，貝絲則盯著自己的鞋子。

「麥可・雷根很出色對吧？」格雷比問道。

「你這樣想啊？」文斯問。

「他能光臨真令人振奮，看看結果就知道，你能感受到氣氛不一樣了，這個國家正走向非凡的時刻，你不這麼認為嗎？」

文斯對這種喋喋不休又公式化的推銷語氣很熟悉，但他想不起來在哪兒聽過。「讓我告訴你我怎麼想。」文斯說。「我坐在酒店內思考，如果我為隆納・雷根競選，而他又有個愚蠢的兒子，我該在大選前六天把他送到哪裡，好讓他遠到無法搞砸所有事？」

亞倫・格雷比先是猝不及防，但下一秒他嚴峻地盯著文斯。「對不起，你說你的名字是？」

「我要說的是……」文斯提高音量，好壓過酒吧裡的喧鬧。「我要說的是，我兩邊都觀察好一陣子了，我聽到了不一樣的聲音，這是當然的，但我沒聽到任何人解釋真正會改變的是什麼。」

「改變的是什麼？」亞倫・格雷比拍了一下額頭。「改變的是什麼？每一件事，所見到的都將改變。一九八〇年代將會是新時代的開端，是美國理念與崇高地位的回歸，這是場革命，政府將回到服務人民的時代，而不是人民服務政府，我們將遏止國家衰退，同時消滅放肆的自由主義五十年來的侵蝕。」

「這就是我說的，這番話就像你在籤語餅（譯註：美國中餐館所提供的餅乾，餅乾中藏有小紙條，寫有格言佳句）上讀到的字句般，讓人想問它到底是什麼意思？」

「就是你聽到的意思……」

「是呀，但你不告訴我什麼事情會改變……」

「我這就告訴你：改革社會福利、恢復擁槍權、推翻數十年來漏洞百出的稅制，如果你確實聽進去的話……」

「我確實聽進去了！你等於什麼都沒說……」

酒保靠了過來。「有問題嗎？」

兩人均搖頭。「抱歉！」亞倫語畢倚回座位上，一旁的貝絲還沉沉睡著。

「聽好了，」文斯說。「我要說的是，你不能責怪人們憤世嫉俗，你們的話都是一堆噪音，與賣車或賣衛生紙的推銷聲沒有兩樣。」

亞倫・格雷比漲紅了臉。「八個月來我在選區苦幹實幹，試圖讓人們離開電視機前，聽我說說當選後將著手的改革，再過……」他看了看手表。「再過一百二十四小時，這城市中不到一半的人將前往投票，其中一半的人出動的原因，只因為這是總統大選，對於我是誰，他們沒概念，他們將投給另一個人，因為格雷比聽起來就像是狗吠的聲音，他們對我在經濟改革、公共事務、學校、公路的理念毫無頭緒，他們也不曉得我當選後的首要計畫，即使我連月來馬不停蹄地解釋又解釋。沒有人在乎。」

文斯想起大衛說過同樣的話：**沒有人在乎**。

「現在一個甜甜圈店工作的傢伙卻想要對我說教，說什麼那些窮人正等著被政治啟發？好啊，帶我去見這些飢渴的選民啊！我準備好了，走吧，給我找來五個真正對選舉有興趣的人，我會通宵回答他們的問題，但也請那些懶惰到不知誰在競選，除非把競選廣告放在《好萊塢廣場》和《全民問答》（譯註：兩者均為當時熱門的益智遊戲問答節目）節目之間才會注意的人，饒了我，別再謾罵了吧！」

兩人隔著小桌子相互對看。

「你在越南待過。」文斯說。

格雷比靠回椅背上，用防備的眼神盯著文斯。「什麼？」

「你剛說，你在選區苦幹實幹。」

格雷比沒移開視線。

「我在那裡有個朋友，」文斯說。「他也曾用過苦幹實幹這個字。」

格雷比喝了口酒，冷酷地說：「你的朋友，他平安歸來嗎？」

「沒錯，非常平安。」文斯舉起「投格雷比一票」的小冊子。「你沒在上頭提到越南。」

格雷比目不轉睛，盤算著。

「所以，你要做的是什麼？」文斯問。

「什麼？」

「你說『我第一件要做的事』，是什麼？」

「動物園。我希望史坡堪有個像樣的動物園。」

「我能理解。」文斯說。「嗯，那個動物園我去過一次，滿糟的！」

「那邊的寵物貓展你也不喜歡嗎？」

文斯笑笑。「西北金花鼠還可以。」

「那是道路慘死動物館。」

「你跟凱莉睡過嗎？」

格雷比沒因此畏縮，僅沉思了幾秒。「我想是沒有……我不認為這與你有關。」

「沒錯！」文斯嘆氣。「是無關。」他往後靠，順便拿起貝絲的披肩，傾身披在貝絲的肩上。

貝絲驚醒，深吸了一口氣後環顧酒吧，接著見到一片啤酒罐林與菸蒂海。「唔，結束了嗎？」

當文斯望向格雷比時，他正好穿起外套。

「所以，你當真嗎？」

「什麼當真？」

「真想和選民談談？」

格雷比看了一下手表。「現在？快半夜十二點了！」

「我知道呀，」文斯說。「還早，但我們可以開車過去，在那邊等。」

什麼樣的故事正在那一盞盞燈光下上演？有時候，你不禁這樣想。有的晚上，你會將許多人的人生都想像過一遍，一個又一個的人生層層疊疊，然後你也能想像出這個城市是由一塊塊的懊悔組成，但與懊悔比鄰而居的，是無盡的慾望。即使像這樣只有數十萬人口的小城市，上演的故事也能令人吃驚：求婚引發惡鬥、小鬼偷拿父母的香菸、女人祈禱酒鬼丈夫回家睡覺。而現在，跨過凌晨十二點之際，坐在亞倫．格雷比的全新道奇小卡車中往外看，這些故事就在眼前。此刻貝絲在你的肩上熟睡，你則與身旁的人爭論政治，而這個人，正好搞上了你自認戀愛了的女人。

也許這就是普通老百姓的舉動，直視前方，不必過於擔心周遭的變化，也不必擔心門後藏著什麼，至少，你是這樣說服自己的。也因此，當亞倫．格雷比小卡車的明亮車燈劃過道格的護照相片店時，你告訴自己別去張望，得忽略那些經常找上你的人事物。外頭的燈光映在車窗上，一道接著一道；一張張的臉龐，除了照在擋風玻璃上的，還有街角行人的。有那麼一刻，你的腦中不乏婚外情和分手的畫面，因為這些事都發生在那一片片遮光窗簾後：不外乎厭舊後的惡行和背信棄義的舉動。

但，如果你**曾**轉頭張望的話……。

道格的店裡亮著燈，道格坐在櫃檯後的小凳上，小廉‧哈金斯與另一名男子站在櫃檯另一邊，三人形成一個完美的三角形。小廉剛介紹完男子，結束他的開場白，將太陽眼鏡戴回乾巴巴又坑坑洞洞的臉上。「道格，覺得如何？要不要幹？」

「我不知道。」道格一側的牙齒正咀嚼著東西，他將身子往後靠，手臂交叉在肚子那一團肥游泳圈上。

小廉看了看手表。「我們一小時後會和他在山姆的店碰頭。」

道格點頭。「你想什麼時候下手？」

道格點頭。「你打算怎麼做？」

小廉點點頭。「首先，我們會……」他看了看另一名男子，「說服文斯把暗槓的錢交出來，然後跟他要郵差的名字，接下來……我們走著瞧。」

「我不知道。」道格還在嚼東西。「如果他不給你郵差的名字呢？」

小廉看了看另一名男子。「他會的。」

「我不知道。」道格說。

「聽好了，問題不在你身上，你只要做出選擇，幹是不幹？」

道格嘆了口氣。「我不知道。」

小廉摘下太陽眼鏡，試著撐大那對黑色小眼睛，感覺卻多此一舉。「還有什麼不知道？難道有什麼地方沒講清楚？」

另一名男子冷眼旁觀，漠視小廉的提問。

「只是對我來說似乎太極端了，我不……」

三人之中，只有小廉在「砰」一聲後跳起來，因為道格的身體從凳子滑到地上，太陽穴的黑洞先是冒煙，接著紅色液體汩汩湧出，恣意擴散，道格臉上毫無表情，好像剛被平整過，他的眼睛睜著，但其中一顆眼球落在他那戴了橡膠面具臉的側邊。

「我的老天！」小廉死盯著道格的屍體。「你做了什麼？」

這名男子，雷，若無其事地將手槍插回腰帶上，戴上手套，走到收銀機前，抽出兩張二十元，將其中一張交給小廉，把剩下的那張放進自己的口袋中。他並未瓜分五元與一元，而是一古腦地全塞進自己的褲子口袋裡。接著，他將道格的錢包從屁股後的口袋取出，滑進自己的大衣口袋。此外，他還將所有的抽屜拉出丟到地上，把一疊印好的小冊子全掃落。

「幹……」小廉結結巴巴地。「你他媽的搞啥？」

「你說什麼？」

「你在做什麼？」

雷抬起頭。「我讓它看起來像搶劫。」

「不，我是說，你幹嘛這樣做？」

「那個嗎？」雷轉頭看著道格，他的語調平靜，帶著南費城的口音。「難道不是按你要求做的嗎？」

小廉的視線無法從屍體上移開，體內有些什麼的開始變化，他的腎上腺素和男性賀爾蒙量到達一個前所未有的程度，耳邊嗡嗡作響；該重新評估權力這東西了。「我……我不知道。」

雷再次看了看屍體，好像那是輛他正考慮購買的汽車。「聽好，我們不需要這隻肥豬，第一守則：我們只需要有用的人。」

小廉走近了些，看著從傷口陣陣湧出的血，想像著道格的心臟仍噗通跳動，並猜想這景象會持續多久。思考一會兒後，他說：「現在沒有人給我們偽造信用卡了。」

雷的視線從小廉移到屍體上。「喔，是啦！沒錯。」他搔搔耳朵。「說實話嗎？我只是無法忍受他再說一句我不知道。」

小廉摘下太陽眼鏡，蹲下身盯著道格斜視的眼珠。真簡單，就像那樣，扣下扳機然後「砰」的一聲，完了，只要移動一下右手食指，半吋而已，你就可以拿走……任何東西，真他媽的，真他媽的。

雷深吸一口氣後，走到小廉身後。「是啦，有的時候我做得太過分了。」他像要看穿似的盯著小廉的後腦勺。「反正活到老，學到老嘛！」

小廉轉頭望上看，眼裡充滿疑惑。「可是每次都是這樣嗎？」他問道。

「差不多。」雷說。「是吧。」

「他媽的。」小廉的話中帶著敬意。

雷一把抓起小廉的手臂，將他拉離地上的那攤肉。「走吧，老大，去見你的兄弟吧。」

華盛頓州　史坡堪市

一九八〇年十月三十日，週四，凌晨二點五十八分。

第三章

「讓我去蕪存菁一下。」傑克斯將香檳酒瓶放在桌上後，將酒瓶當成短手杖似的靠在上頭。「你是說，阿亞圖拉把我們的人抓去當人質，是因為美國有太多領福利救濟的懶惰女人？」

亞倫・格雷比大笑，帶著讚許意味地搖搖頭。「不，當然不是。不過，若說這些事情之間是相關的，一點也不可笑，它可能是腐蝕整體的一個因子，這個問題可能更嚴重，導致信心喪失、犯罪、通貨膨脹、四十年來失敗的自由主義政策，還有國際地位的下滑，讓我們覺得自己迷失了。」他背向吧台，那張方正又誠懇的臉則面向撲克牌桌，文斯等人經常打的牌局此刻暫停。當亞倫・格雷比解釋著為何要將票投給他時，一幫牌客歪著頭聆聽。「國家就像女人，如果她不自愛，誰還會去尊重她？」

妓女們動了動眼球，男人們則點頭，嘴上嘟囔著些什麼。

「動物園呢？」派帝問。「你說動物園怎麼了？」

格雷比喝了一口威士忌，接著將酒杯指向提問者，好像他問到重點了。「是這樣的，派帝，我們從名字談起吧。走入野外？這不是動物園的名字。動物園就應該被稱做動物園，比如史坡堪動物園。走入野外？搞什麼？我看**這裡**才更適合那個名字。」

格雷比將前額的頭髮撥開，但在文斯看來，這個動作毫無意義，他的頭髮在過去六小時內一直都是這個樣子。他不時揮砍出空手道的手刀姿勢，好強調某些論點。「我們的動物園資金短缺」……砍、「缺乏贊助」……砍、「位置不對」……砍。「但這不只跟動物園有關，和整個地區的經濟發展都有關，那個破舊的動物園就代表著這個地區、這個城市畏懼出人頭地。」

文斯看了看亞倫・格雷比，接著掃過全場，不管是牌客還是妓女都聽得入迷，文斯這才發現，貝絲不知何時離開了。他朝安吉拉靠了過去，她正啃著雞腿。「妳知道貝絲去哪兒了嗎？」

安吉拉聳肩。「回家吧，我猜。」

「該死。多久以前？」

「十五分鐘前。」

文斯瞥了大門一眼後看看格雷比，艾迪正幫他的杯子重新注入威士忌，格雷比的話題轉到犯罪司法上，他的雙手揮舞著，比畫出一個八字。

「我的對手宣稱，槍枝管制可以降低犯罪率，這根本是錯的，槍枝管制等於處罰了那些循規蹈矩的公民，而非罪犯。正直的公民應該更容易取得槍枝，保護自己、保護家人、財產，而不是更難做到這些事。」

店內有人點頭表示贊同。

「如果我們真想遏止犯罪，必須改善犯罪司法體制，確保犯人獲得該有的量刑，還要加強我們的審判制度、建更多監獄。」

在場所有人要不畏縮了一下，要不搖著頭。看格雷比似乎沒發現，文斯起身，倚在格雷比的肩膀上，差點被他的手刀砍到。「……**更多**監牢、**更多**檢察官、**更多**警察。」

「嘿，」文斯說。「在這兒談這個議題不太好，我們該走了！」

「我不想走。」格雷比說。他雙眼散發光彩，講得正起勁。「他們是我遇過最棒的聽眾，你走吧！」

「我不覺得把你留在這是件好事。」

格雷比轉身面對他。「你不瞭解，文斯，這就是我投身政治的原因，我……我確實走進這群人裡了，很令人振奮！第一次，我實實在在和他們作了交流。」

文斯往後退，高聲問道：「嘿，你們有多少人做了選民登記？」（編註：美國選民的選舉資格必須在選舉日前事先辦理登記，完成登記的選民才可以參與選舉投票。）

格雷比抬頭，他終於知道文斯在想什麼：沒人舉手。

外頭寒氣像宿醉一樣突然襲來，霧氣沉在地面。格雷比將人字紋外套拉高遮住脖子，瞇起眼看著路燈。

「幾點？」

文斯看看手表。「剛過三點。」

「老天！」

文斯猜想亞倫‧格雷比不是第一次晚歸，這讓他想起凱莉。正當他欲張嘴詢問凱莉的事時，身後傳來車門關上的聲音，此時他與格雷比正穿越停車場，不知為何他沒有轉頭察看：太放鬆了。

「慢點，老大！」聲音在後方響起。

其實音量不大，但這種說話方式文斯認得的，這讓他感覺到，這人與自己有著同樣的過去：都曾遵守著一套誡條。從市郊來的嗎？還是紐澤西？不……應該是費城，但不只是東岸的口音，這口音文斯在史坡堪已經聽了很多次，而是還有些許不同，有更黑暗的成分在其中。

他慢慢轉身，然後花了些時間才領悟到，小廉就是那個想對付他的人。不過，當他在內心世界拍了拍自己的肩膀，想著自己果然沒猜錯時，他的視線飄到另一名男子的身上，然後事情明朗了：肯定不是小廉的主意，這傢伙才是可怕的人物。

原本還相距五十英呎，這會兒小廉走近了，摘下太陽眼鏡。「嘿，文斯！我們需要跟你聊聊，雷和我有幾個問題想問。」

格雷比停下腳步，在後頭看著兩名陌生男子，接著，他的目光定在雷身上：每個人都會死盯著雷，因為他的壯碩身材。「文斯，沒事吧？」

文斯快速掃視這個被喚作雷的男子，他比文斯矮幾英吋，但身材比文斯粗壯，這人有著濃厚的黑眉、暗沉的眼瞼，油亮的黑髮平整地往後梳，整體來講就是一張冷酷乏味的臉。他與文斯一樣，穿著黑色休閒褲，襯衫上沒打領帶，外加一件深灰色的大衣，右手插在外套口袋內。

「我現在不是太有空。」文斯說。他不喜歡自己那不安穩的語調，好像才剛學會說話般。雙方相隔十五英呎，這樣遠的距離顯示了這不會是場友善的交談。

「不會太久的！」小廉說。

既然都是廉在說話，文斯丟了一句給新來的男子：「我們明天再談如何？」

「不，我覺得最好是今晚。」小廉說。男子發出嗤鼻聲，他的上嘴唇抽動，雙眼煞有其事地慢慢闔上又張開。

文斯瞥了格雷比一眼，他似乎也發現了不對勁。「但是我的朋友在這兒……」文斯說。

「一起吧！」雷終於開口。他往前一步，把腳底下的碎石踩得嘎吱作響。

「不用了。」文斯的視線無法從雷身上移開。「沒關係，我自己去。」文斯轉向格雷比，他感覺到自己的冷汗沿著髮際線流下。「我會……嗯……我會跟他們坐一輛車，你先走吧。」

格雷比不發一言，文斯拍拍他的肩膀後，朝小廉走去。雷後退一步，看著文斯走十英呎遠後才邁開步子跟在兩人後面，穿越停車場，朝小廉停在路邊的車子走去。

「不會太久的。」小廉又說了一次，擠出一個笑容。「別擔心！」

文斯點頭，他的嘴巴乾澀。雖然他看不見走在背後的雷，但他能聽到雷將腳下的石頭踩得嘎吱作響；當三人離路燈愈來愈遠時，他們的影子也跟著在前方蔓延。

「你今晚贏牌了嗎？」小廉問道。

「沒玩。」文斯說。小廉跟以前有些不一樣，一種他從未有過的自信，是虛張聲勢吧!?

「可惜了！」小廉說。當他們到達凱迪拉克時，文斯感覺到雷的手碰到他的肩，接著是腰部：只是很隨意的拍打。「前座，老大。」雷說，好像文斯不懂規矩似的。文斯不曾真正見過這種場面，至少不是親眼見到，但他曾想像過，而現在，情節完全符合他的想像。昨天他數的那六十個人，事前肯定也聽到同樣的字眼：前座。

當他爬進車裡時，文斯回望格雷比一眼，但那位候選人已坐進他的小卡車裡，他眼睜睜看著那輛紅車開走。沒指望了吧！文斯坐在小廉的旁邊，屁股下是一張乙烯基材質的長型大椅，雷則坐在文斯身後，隱身在暗處。車門關上，小廉發動引擎，呵著手。「真他媽的冷！是吧？」他們坐在黑暗中。

「聽著，小廉，不管這是要……」

「我告訴你了，我們談談就好，不要又開始神經質了，文斯。」

「當然，好。」文斯環顧停車場。他們在黑暗的道路上，距離山姆的地窖四十碼遠，前後三十或四十英呎內空蕩蕩的，與其他車輛也都離得遠遠的，即使他有機會打開車門，也頂多跑個十英呎，然後就會被……。

雷不發一言。

小廉往後座看。「瞧，我不是跟你說了嗎？文斯很沉穩的，沉穩得像一條大黃瓜。」

文斯直盯著前方。

「沉穩得像一杯水。」

文斯和雷保持沉默。

「沉穩得……」

「你們想要什麼？」文斯轉身，眼神和雷的對上。

小廉將太陽眼鏡鬆垮戴上，視線越過眼鏡的上緣看著文斯，兩邊鬢角因為這個動作而往下沉。「好吧，文斯，就是說，你玩完了！」

文斯轉過頭看著小廉。「玩完了？」

「沒錯，我知道你一直把錢暗槓下來，我連應得的錢的一半都拿不到，但我卻承擔所有風險，那是我的音響店。」

「所以你要更多錢？」文斯說。「我給你就是了！」

「不，來不及了，你玩完了！不過，你有兩條出路，第一是按我的方式做：把過去十個月欠我的錢給我，一共是一萬五千，還要介紹我認識郵差，給我你現在身上所有的信用卡，然後你就自由了！可以走了！離開這個城市或什麼的。」

離開這城市，這句台詞很經典，但也很好笑；你會發覺自己打算相信：好啊！我儘管把錢拿出、把郵差名字供出，然後離開城市，他們會讓我走的。但你知道劇情不會如此，你不再是三歲小孩。「什麼郵差？」文斯問道，他的聲音乾澀。「什麼錢？」

小廉搓揉著鼻梁。「我操！文斯，你根本就是在侮辱我的智慧，我知道你私藏錢，我他媽的就是知道！我們賺的那些錢你不可能全花了！現在，幫幫忙，我說過你有兩條出路，你不會喜歡雷的方法的，相信我……。」

文斯從後照鏡裡對上雷的視線，發現雷也只把廉的話當耳邊風。他的眼神散發出一道訊息：這與小廉無關，是他們倆之間的事；在此同時，文斯也察覺到一輛車開了過來。他的目光越過小廉往外看去，一輛小卡車在漆黑的夜裡，朝這輛車的駕駛側緩緩逼近，直到距離十英呎遠，小卡車停了下來，車門打開，遠光燈正好射進眼裡，車上廣播的音樂震耳欲聾。「**我相信奇蹟！從你到來的那一刻起；你這個性感的小東西！**」車上三人都跳了起來，反射性地遮住雙眼後，轉向那輛小卡車。

「什麼鬼……」小廉開口。

雷的聲音從後座傳來。「唔，小廉……」

一道光線折射在雷的車窗上，一件金屬物品正鏮鏮敲打著窗戶。當車中的人因遠光燈而分了心時，亞倫・格雷比已跳下車，跑到凱迪拉克的乘客座；此刻的他，面紅耳赤、汗水直冒，他的手上握有一把又長又細的點二二口徑步槍，槍口直挺挺指向後座，對著雷的眉心。

「別緊張，老大！」雷說。「別緊張！」文斯聽到某件物品掉到後座地上的聲音，雷高舉雙手，好證明手上空無一物。「沒事！」雷朝著緊閉的車窗喊道。「別抖了，否則要傷人了！」接著轉向文斯。「你朋友知道怎樣用那玩意兒嗎？」

「應該會吧。」文斯打開車門走了出去。他簡直不敢相信，原來竄進喉間的冷空氣感覺這麼好，他將這感覺吞了下去。格雷比的眼睛靠在步槍的準心上，雙腿與肩同寬，好似在軍隊裡受過射擊訓練，手很穩。他將額頭的汗水揩到肩上，在這過程中，視線未從雷身上移開，坐在後座的雷被格雷比刺眼的車前燈照得通亮。

「把窗打開！」格雷比對小廉說。四個車窗全搖下了。「現在，熄火！」引擎停了。「現在，把鑰匙丟過來！」

小廉將車鑰匙丟向敞開的車窗外，最後落在格雷比的腳邊。文斯往後座看去，雷那雙黑眼睛正虎視眈眈看著格雷比，等著他彎身撿鑰匙的那一刻，不過他並未這樣做，他的下巴仍貼著槍托。「文斯。」他說。文斯早已彎下去抓起小廉的鑰匙，將它們往空地丟去，鑰匙墜落草中時發出清脆聲響。

格雷比用步槍指示。「現在，手伸出窗外，兩個都是，能伸多長是多長！」

兩人照做了，他們手肘以下都露在窗外，格雷比深吸一口氣。「好，保持這姿勢！」他瞥了文斯一眼，兩人慢慢退到小卡車旁邊，格雷比的步槍還舉在胸前。「快點在我尿褲子前離開這裡吧！」

文斯只花了一分鐘就說服格雷比不要報警。「**你眞的想走進去跟他們解釋，你爲什麼在淩晨三點時和一群賭客與妓女鬼混在一塊？你又爲什麼拿槍指著一個他一定會宣稱自己沒武器的人？然後，離選舉只剩五天，你眞打算這麼做？**」

當格雷比打消念頭後，文斯靠到椅背上，搓揉著太陽穴，計畫下一步該怎麼走。

「我滿想知道你如何維生的，文斯。」

「我做甜甜圈的。」文斯說。

格雷比開到馬路上，捏捏下巴。「你知道整件事最怪異的地方是什麼嗎？」

「什麼？」文斯問。

「我非常想射死那傢伙。」他透過後視鏡望向文斯。「他是誰？」

「我不知道。」文斯說。「我只知道他不是這裡的人。」

「他好像在搜你的身……」

文斯看一眼放在背後架上的步槍，為了避免發出碰撞聲，槍枝周圍塞滿了網球。「所以，你是個獵人？」

「不完全是，我打過一次或兩次鳥。」

「你真能做到嗎？」

格雷比轉過頭看路。「如果你之前問我，我會說不，但……是啊，我可以做到，我想這麼做。」

「在越南的時候呢？你有沒有……」

「那不同。你見到的是一排樹、一堆煙，還有起伏的地面，你對任何的移動物體開槍。我只參加過一次槍戰：簡直兵荒馬亂，子彈來自四面八方，從你後面、前面，還有曳光彈和煙霧彈。你不像在朝某個人開槍，而像在分發東西，好像你……朝暴風雨中吐痰。人們倒下了，卻不是任何一人造成的，而是你們所有人都要負責，你們都在同樣一場雨中隱身了。」他搖搖頭，將畫面甩開。「你呢？你曾……」

「沒有。」文斯說。「不曾。」

他們安靜地行駛著，文斯透過乘客座的窗戶往外看，他無法回家，因此他讓格雷比帶他到貝絲位在中西區的公寓，離市中心只有幾分鐘的距離。車內沉默著，格雷比每隔幾分鐘就揉揉頭部。最後，他們的車停在貝絲公寓前，格雷比大笑。

「我有種可怕的預感，明天一覺醒來，會發現那是我做過最棒的演講。」他微笑道。「為滿屋的重刑犯演講。」

「太可惜了。」文斯說。「你已抓住他們的心。」他看著格雷比的臉。「你這樣做的目的是？想成為人民公僕？」

格雷比的視線穿過擋風玻璃望向前方。「這其中肯定大多有自私的因素在，但你知道嗎？我確實深信從政這條路。雖然有點陳腐，但有時候早上醒來，我就迫不及待想去改正我認為錯誤的地方……譬如造一座更好的動物園！這也許聽起來很蠢，但你知道嗎？一座他媽的更好的動物園就是他媽的比較好。」

文斯微笑，將手伸進口袋，把自己那光滑的新選民登記證交給格雷比，候選人讀了讀，翻到背後，將卡還給文斯。「唉！」文斯說，「我會把票投給你。」

「真的？」格雷比苦笑。「這張票可真不容易。」

他用中指關節輕輕敲著，貝絲的住處位在鍛鐵樓梯的底部，一棟五層樓磚造建築的地下室。門開啟了，她低頭微笑。

「嘿！」

「我吵醒妳了。」

「沒有。」

她將門開得更大些。貝絲穿了一件白色長袖T恤、花格子睡褲，綁了個馬尾，腳趾甲搽了紅色指甲油。

文斯隨她進了屋內。貝絲的住所只有一個房間，但供她母親使用，因此貝絲和一歲的肯揚睡在客廳，貝絲用的是可摺疊的沙發床。肯揚熟睡中，他穿著連身睡衣，在嬰兒圍欄內躺成大字形，身旁堆著填充玩具狗和發泡材質的籃球。桌上擱著一杯茶，杯子旁邊攤了一本書：《打造幸福家庭》。

文斯低頭看了看男孩，睡得正甜，額頭上沾了一綹汗濕的捲髮。「他長大了！」

「只有正常體型的百分之七十五。」她說。

「貝絲，我能用電話嗎？」

她拎起茶杯走進廚房，文斯跟在後頭。她指了指在冰箱旁牆上的電話，坐在廚房桌旁。文斯撥了甜甜圈店的號碼，即使他知道遜克從不接電話。「快呀！接起來！！遜克，就這一次。」他掛斷重打一次，仍未接聽。他必須親自去一趟。

接著，他撥了道格家裡的電話，沒人接。又打了一次，還是一樣。他看了看表，凌晨四點鐘，這時間道格不可能在店裡，不過，他還是打到道格的護照相片店。無人接聽。

文斯掛上電話，在桌旁的貝絲望著他，已抽完香菸。「沒事吧，文斯？」她將菸遞給他。

他笑了笑，連他自己都不習慣這種尖銳的笑聲。「妳有……」很快地撥了撥頭髮。「妳有電話簿嗎，貝絲？」他接過香菸，吸了一口。

她拿了一本電話簿，文斯找到計程車行，調度員說兩輛車都出去了，不過其中一輛大概三十分鐘後有空。

文斯掛上電話。**兩輛車**。這什麼爛城市。他搖搖頭，在桌旁坐下，貝絲給了他一杯水。

「文斯，你還好嗎？」

文斯飲盡杯中的水，端詳著貝絲，她的眼睛又圓又大，臉型瘦長。「唉！剛才的事我很抱歉，我原本想要送妳回家的……」

她看著自己的那杯水。「沒關係！我累了，而你似乎很樂在其中。」

「但我還是沒能送妳。」

「我沒想要你送，我怕你會付我錢。」

「還有，只是……我告訴每個人，那是我們的固定約會。」

文斯無話可說。

「是這樣沒錯呀。」

「不！」她將一綹頭髮從眼前撥開。「不是的，它也許不是一次性交易，但絕對不是一次約會。你知道我什麼時候開始瞭解這點嗎？」

「貝絲……」

「當我見到那女孩時，金髮的？」

「貝絲……」

「我不是在怪你，她很漂亮。」

「貝絲，我們什麼事都沒發生。」

貝絲點頭。「她搞上的是那個已婚的傢伙，那個政客。不對！可是你看她的眼神不一樣……」

「貝絲……」

「我知道的……你永遠不會用那種眼神看我。」

「聽我說，貝絲……」

「不用了，沒關係！但我永遠都不會成為你喜歡的那種人。記得你昨晚說什麼嗎？我們都能追求更好的事物。只是，我永遠都無法讓你覺得更好！」

「聽好了，貝絲，」文斯說。「我要出城一陣子。」

她的眼神移開了，除此之外沒別的。

「什麼時候？」她問。

文斯因為她的實事求是而洩了氣，不是因為她不在乎，她就是這樣的人，不會因為失望而眨下眼睛，況且凌晨四點坐在她母親的公寓內，誰願意這樣？

「現在，今天。」

那綹頭髮又掉回她的眼前。

「你會回來嗎？」她問。

文斯伸出手，為她撥開額上的頭髮，她沒有拒絕，他的手掃過她的太陽穴，貝絲的眼神跟隨著。「我不知道。」

她傾身避開了他的手指。「你會錯過我的房展會。」不過，在文斯開口前，貝絲又說：「沒關係。」她起身洗碗，微笑，但語氣很不真實，這就是做房產的妓女和炸甜甜圈的罪犯之間會有的語氣吧！「好吧，只是下次你得來！」

文斯要計程車司機經過山姆的地窖，小廉的凱迪拉克已經不在那兒了。接著，車子開到文斯住處後方一個街區遠的位置，透過樹木與房屋的縫隙，文斯確實見到那輛凱迪拉克停在自己的車道上。文斯要司機在原地等待，他則溜進鄰居家的灌木叢摸索前進。他見到投射在自家窗戶上的影子，裡頭的人正將衣櫥中的衣物往外扔，另一人則舉起床墊。文斯回到計程車上，讓司機帶他到距離甜甜圈店兩個街區的位置，此刻已過五點，天空漸漸明亮，他小心翼翼地在小巷走著，沒遇上任何麻煩。到了甜甜圈店後，文斯透過後門上的小窗往內窺視，遜克已結束自己的例行工作，坐在桌邊喃喃自語，手臂垂在兩側，好像不知道下一步該怎麼做。文斯打開門，輕輕地走進廚房，遜克背對著他，文斯也突然想到，他從未見遜克如此安靜過。

遜克一抬頭，鬆了一口氣。「文斯先生！你沒來……楓糖棒我做不來……我……我不知道……。」

遜克的話給了文斯一擊，他醒悟到這兩年來，自從結束烘焙訓練後，從未有哪一天沒出現在「讓你餓甜甜圈」，週一到週五，兩年來皆如此。他照理該每週一次地訓練遜克，讓他挑大樑，但文斯從不覺得這小子能獨當一面了。因此，每週六天、每日六小時，將近兩年來他每分每秒、大大小小的事都沒錯過，老闆當初雇用他時還提過假期什麼的，但文斯從未放過假。說實在的，他能去哪兒呢？

遜克站了起來。「我們現在做楓糖棒吧！行嗎？」

「沒辦法。」文斯說。「我今天無法工作，抱歉了！遜克。我必須出城一趟，因為有場……葬禮。」

「太不幸了！有人死了嗎？」

文斯走向掃具間，打開門，將裝拖把的桶子倒扣過來。「遜克，通常就是這樣才需要葬禮。」他踩到倒扣的桶子上，將掃具間裡的一塊天花板滑到旁邊，手伸進去拿出一支鑰匙與一個空的黃色公文袋。「在這兒等著。」他說。「我要下樓一趟！」

後頭有一個暗門，文斯壓低身體順著梯子往下踏，來到一個位在地下室與電路、管道之間的密閉黑暗空間，他拉來一條燈繩，照亮滿布灰塵的地板與地基牆，老鼠夾、水泥袋、舊咖啡罐散亂一地，遠處角落則堆放了空油罐、麵粉箱與裝糖的袋子。文斯將垃圾往旁邊推，直到看見一條舊煤槽，他打開煤槽，手伸進去，拿出一個小鞋盒大小的金屬盒子，上頭懸了個掛鎖。他轉頭張望一下，接著用手上的鑰匙鬆開掛鎖，一排五十元的鈔票塞在盒子的邊緣，他已有好一陣子沒清點過了……沒開玩笑，上次清點時總共三萬零五百五十元；這個數字他一直記在腦中。他將一大疊鈔票拿出數了起來，每二十張放一堆，用橡皮筋圈起來，當數到第十堆後，他把總數一萬元的鈔票放進公文袋中，將袋子塞進腰帶裡。接著，他又數了十張五十元，將這些錢放進口袋中。他關上盒蓋，放回煤槽裡，用空袋子蓋住煤槽開口，上樓。遜克還站在原地，盯著生麵糰和攪拌糖霜的大碗。

「聽好了，」文斯邊說邊靠近遜克的臉。「這事關重大，今天你必須自己做甜甜圈，你和南西，她幾分鐘後會到。你辦得到的，對吧？」

遜克點頭。

「等下有幾個人會來這兒，」文斯繼續說道。「衝著我來的，別撒謊，就說我來過這兒了，但已經離開。別想耍小聰明、別捏造故事，要簡單扼要：『文斯來過，走了，我不知道他去哪兒。』」

「包在我身上。」遜克點頭如搗蒜。「如果那些廢渣敢找我麻煩，兄弟……我會把我的兩顆蛋提上來，對準他們的賤屁股使出跆拳道。」

「別這樣，遜克！聽我說，專心點，放下跆拳道、放下你的計畫、也放下你的蛋，我要你集中精神。」

遜克靜下心來，真誠地點點頭。「好，我會冷靜！」

「我知道你可以的。」文斯說，拍拍這位年輕人的肩膀。「聽好，我需要你幫我做其他事。」文斯從腰帶裡拿出最後分出的一疊五十塊，抽出兩張。「這給你。」他說。

「不是唬爛吧?!」

「至於這份……」他將另外八張五十元拿給遜克，一共四百塊。「是給我一位朋友的。」文斯寫下地址。「她的名字叫貝絲・謝爾曼，把錢交給她，行吧？但你不能對任何人提起這件事。」

他走到後門，探頭出去，左右張望。

「文斯先生，你會回來嗎？」

「當然。」文斯道。接著，他轉頭看了看，走進小巷裡。

缺乏睡眠的人自然無法精神奕奕，也沒了個性，好像體內有個洞、有種空虛感，與缺乏性愛、飲水或其他什麼的一樣。走在馬路與小巷中，文斯閃躲著來車，在每個十字路口停下來張望，文斯真希望乾脆停下來闔個眼、睡個覺，哪怕一分鐘也好！他不禁低頭察看昨晚穿上的黑色休閒褲與紅色鈕釦襯衫。在這個時刻，想算道數學題也變得更困難了，瞧瞧這個吧：你最後上床的時間是週二晚上，也就是總統辯論會結束後，你在週三凌晨兩點醒來，而現在……是週四上午六點四十分，二十七小時沒闔眼了！

對文斯來說，一或兩個整天沒睡覺是家常便飯，但為何這次這麼累？是因為腎上腺素大起大落嗎？或是其他原因？文斯想起貝絲的話，那明知不會實現的語氣：**只是下次你得來**……當他小心翼翼地走在史普瑞大道後方的小巷時，他猛眨眼，最後，他轉入史普瑞大道，卻在見到道格護照相片店停車場的景象時心驚了一下，定住腳步。兩輛無線電警車與兩輛警探車停在那兒，店門前拉起塑膠警戒線，他慢慢接近店面，跨過警戒線，想瞧瞧厚玻璃窗內的警察在做些什麼。兩名警探用戴著橡膠手套的雙手指揮著，文斯又靠近了些，倚在一輛巡邏車冰冷的後車廂上。

巡邏車的門開了。「重返犯罪現場？」

文斯直起身，一名年輕瘦削的男子踏出車外，文斯推測這人不到三十歲。男子穿了一件羽絨夾克，手握一個泡沫塑料製的咖啡杯；這次，這道數學題容易多了：此人是警察、便衣的、還是個警探。他的頭頂稀疏，但後端的頭髮濃密，在衣領處往上翹。男子臉上掛了個友善的微笑，但仍掩不住自傲的氣息。

「你說什麼？」文斯問。

警探嚼著口香糖。「你知道的嘛！有句話是這樣的：『犯人總會重返犯罪現場。』聽起來很蠢不是嗎？我真不敢相信居然有人這麼做。你幹嘛回來？念舊呀？」

「我應該不知道答案吧！」

「這樣啊，那你會嗎？」

「會什麼……？」

「如果你昨晚殺了這間店的主人，你會在早上時回到這兒嗎？我就不會。」

文斯感覺到年輕警察瞅著自己的目光，他小心翼翼地讓自己在聽到道格遭謀殺時不動聲色，既不悲傷也不訝異，但也不能一點都不悲傷或一點也不訝異。只是，他的腦中仍出現雷坐在後座的身影，現在他知道自己昨晚可能有的下場了。同時，另一個念頭竄進：道格死了！因為文斯而死。他為道格感到難過，但心裡反射性地計算著：第六十一個了。文斯覺得自己會被臉上的表情搞得進退兩難，如果表現得悲傷，警探會追問是否認識道格，如果毫不訝異，也許代表你殺了他。文斯試著讓自己看起來關切卻又平靜，好似擔心自己住區的犯罪率上升的樣子。「也許我會因為掉了什麼東西而回到現場。」

年輕警察盯了他好一會兒才感激似地點點頭。「是呀！我就沒想到。這樣假設吧，你回家後才發現其中一隻手套不見了，你擔心手套落在屍體的旁邊，所以趕著回來，猜測警察還沒發現屍體，而你可以拿回手套。」

「嗯，大致是這樣吧！」

「天殺的！我應該要想到這點。」他領悟似地笑了笑。「我猜這就是我被留在外頭，而不是跟那群聰明人待在裡面的原因，哦？」

「我不知道。」

警探聳聳肩，閃動那對愉快的綠眼珠。「我是從巡邏隊借調過來的。幾個警探在一名賭徒的餐廳吃霸王餐，被調走了，上級沒辦法在三個月內填補空缺，所以我來了……幫他們送咖啡。」

他伸出手。「艾倫・杜普立。」

文斯回握。

「所以，你認識死者嗎？這個……」他抬頭看了看招牌。「叫道格的人？」

「不認識。」在菜鳥警探面前說謊，文斯感覺舒坦些了。「只是碰巧經過，看到警車。」

杜普立點點頭。「差十五分七點。你幾乎是我見過湊熱鬧的人中最早到的，請問尊姓……？」

「我正準備去吃早餐。」

「是嗎？到哪兒？」

「切特的店。」

「噢！市中心那家。哎，我常看到那間店，但還沒去過！他們有薯餅或自製薯條嗎？」

「我不確定。」

杜普立大笑。「那間店滿遠的，你卻連餐點內附有什麼樣的馬鈴薯都不知道，請問尊姓……？」

「兩種我都喜歡。」文斯往後看了看店內的老警探，他們正在櫃檯後指指點點，大概是針對道格的屍體。

「發生什麼事了？」

「裡頭嗎？沒概念。那群人推斷是搶劫。」杜普立啜了口咖啡。

「你不這樣認為嗎？」

「發生搶案沒錯，但那不是他被殺的原因。」

「你是指？」

「這樣說吧，那傢伙每天六點打烊對吧？但槍案發生在半夜十二點到凌晨四點之間，誰會想在這間店打烊後的六小時才去搶劫？」

「也許只是一時衝動。」文斯推測。「他讓竊賊起了貪念。」

「也許吧！」艾倫・杜普立喝了口咖啡。「但如果你是竊賊，你覺得在一間護照相片店內能偷到什麼？而且在他們打烊後？沒現金也沒音響設備啊！所以說，你正好開車經過，然後你想：酷喔！我能進去偷個假證件？沒道理啊！除非道格還搞其他不為人知的事，你懂我在說什麼嗎？」

文斯不發一語。

「好，讓我告訴你我的想法。」杜普立說。「別傳出去？」他倚在一輛巡邏車的引擎蓋上，朝冰冷的雙手呵氣。「我認為道格在半夜見了某人，不管是誰，總之是道格認識的，也是他相信的人，朋友或同夥吧！他們正合作某事，恐怕不是護照上的事。」

「為什麼是半夜？」

「最後見到他的時間，太太說他在十一點五十分離家的。」

文斯盯著菜鳥警察的臉，也許他不是這麼菜。這傢伙在玩弄他。整場交談，這混蛋都在試探，反正沒有律師在場。**你會回來這兒嗎……你認識這傢伙嗎……我見過湊熱鬧的人中最早到的……滿遠的，你卻連餐點內附有什麼樣的馬鈴薯都不知道……太太說他在十一點五十分離家。**

瞧！事實是：道格沒有老婆。真渾球！這讓文斯想起在後院遇上德國短毛獵犬的情景，放慢動作、保持鎮定。他選定表情，帶著悲憫地搖搖頭。「太不幸了，他們有孩子嗎？」

「四個。」杜普立悲傷地搖頭。

「是嗎？」文斯摀著嘴搖搖頭。「四個！老天，真令人難過。」

杜普立直起身，文斯吞了口口水。他完全搞砸了，說什麼不認識道格，而現在倒是站在他經常獲取假信用卡的店前，口袋裡裝著一萬塊，店主還剛被謀殺。

杜普立還想再問些什麼，但護照相片店的門正巧打開，一名高大、蒼白的警察現身，此人年齡較長，留著像海象般的濃密八字鬍。「杜普立！你他媽的在這兒幹嘛？」

杜普立轉身。

身型高大的警察踏出店外，他穿著一件燈芯絨布夾克，手肘處有塊補釘，看起來就像一名壯碩的哲學教授。「我的咖啡在哪兒？」

「我剛在……審問這名目擊者。」杜普立說。

一聽到**目擊者**這個字，海象嘟噥了幾聲，湊了過來。「這外頭真冷。」老警察直直走向文斯，直到距離他的臉只有幾吋的距離。這名大塊頭的警察身高約六呎三吋，外套的袖子緊繃著手臂，鬍子上還黏了一點……大概是雞蛋的殘渣吧!?「我是費爾普斯警探。」說這話的同時，他也來到文斯面前。「何不告訴我你見到什麼呢，請問貴姓……？」

「沒什麼。」文斯幾近衝動地說。他的眼光在兩個警察間遊移。「我什麼都沒看見，就像我告訴杜普立警官的，我正準備去吃早餐，碰巧見到警車，所以什麼都不知道。」

「哦！嗯！」費爾普斯仍盯了文斯好一陣子，他的臉慢慢泛紅，接著轉向杜普立。「我們希望目擊者真正見到些什麼！杜普立。」

年輕警察露出笑容，好像他很習慣以這種迷人的方式擺脫窘境。「我知道，我們還沒到那一步。」

費爾普斯將粗壯的脖子轉回來，對文斯微笑。「杜普立警官有點興奮過頭，如果他浪費了你的時間，我很抱歉！」

「沒事。」文斯準備離開。

杜普立張嘴想阻止，但費爾普斯站到他面前。「我他媽的咖啡呢，菜鳥？」

杜普立再度瞥了文斯一眼，接著回到車內，抓了另一杯咖啡，交給費爾普斯；文斯轉身踏出步伐。

當他走到第十步時，他聽到杜普立的聲音：「好好享受你的薯餅啊！你的名字……？」

文斯轉頭喊道：「我會的。」

市中心的泛美航空辦公室九點整開門，第一位進門的顧客是位高挑瘦削的男子，他穿著黑色休閒褲、紅色襯衫，頂著一頭在對街理髮店剪的平頭，他用手指摸了摸腦後的短髮；上次剪這麼短，不知是多久以前了。

櫃檯小姐找了老半天都無法符合文斯的要求。他必須在今天離開，但又有事得做，因此他希望搭下午的班機。

「你最好等到明天早上再走。」穿著亮藍色泛美航空工作服的櫃檯小姐聳聳肩。「那樣的話你不必轉機。」

「不行，」文斯說。「我必須今天走。」

當櫃檯小姐講電話時，文斯拍了拍襯衫上的棕色髮髭，過了一陣子後，班機確定了：下午四點半飛到西雅圖，接著是下午六點二十飛芝加哥歐海爾機場的航班，他將在那兒過夜，於隔日搭上早班的飛機。文斯付了現金，叫了計程車，走到外頭等車來。

「感謝您選擇泛美航空。」當他快步出門時，櫃檯小姐說。「祝您在紐約度過美好時光！」

文斯坐在切特餐飲店中，眼前放了一堆廿五美分的銅板、一枝筆與一本記事簿。他喝完咖啡，小心翼翼環顧四周後，抓起一把銅板走到公用電話前。他一枚枚投入，順著記憶裡的號碼開始撥打。

「班克斯、莫羅、德佛里斯。」秘書刻板的聲音。

文斯微笑，他在紙上寫道：**夥伴**。班尼成了合夥人了，千真萬確。「班尼・德佛里斯，謝謝。」

「我看看他來了沒。」

電話轉接了。「班尼・德佛里斯。」

文斯一聽到連珠砲似的聲音，一陣暖意湧上心頭。班尼說過，他是故意加快說話速度的，好讓客戶覺得諮詢時得到大量資訊，畢竟律師這行是按時計費的。

「我正在找一位能替洗心革面的幫派分子做代理的律師。」

班尼・德佛里斯一改本性地沉默。「請問是誰？」

「你不知道我是誰？」

安靜。

「你幫那麼多好朋友做代理，怎麼沒有一視同仁呢？」

「馬蒂？是你？」

以前的名字聽起來好陌生，文斯幾乎要懷疑不是在叫他了。「是啊！」

「馬蒂！沒鬼扯吧！你他媽的怎麼會……你在哪兒？」

文斯掃視安靜的咖啡店。「你絕對想像不到。」

「真的假的？看來聯邦待你不薄喔？」

「像個國王似的。」

「你沒惹上麻煩吧？」

「老樣子。我手裡有了點錢。」

「你重操信用卡的舊業？」

「沒錯。」

「真是一點也沒變。」

「我看你的名字終於有機會掛在門上了嘛。」

班尼大笑。「是啊，幾個月前。你相信嗎？接大刑案的好處之一，就是你會想合夥。」

「聽我說，班尼，我必須跟你打聽些重要的事，你聽到什麼風聲嗎？關於我的？也許有人知道我在哪兒，想要回我欠的錢。」

「比如誰？」

「不知道，所以我才打給你，我想也許你有些人脈，可以看看有沒有人在探我的底。」

「老天啊！我都不知從哪兒著手，你指證的那些……全都不在了！你已聽說貝利和柯瑞波的下場吧，可憐的渾球。還有考勒提，他連小便都無法控制，現在住在灣脊區，他孩子的公寓。」

文斯在筆記本上寫下**灣脊區**三個字。

「所有老傢伙要嘛死了要嘛被逮了！馬蒂，現在這些狡猾的新人都是看電影學招數；要我說白一點嗎？你也許可以把褲子脫到腳踝上，在茂比利街走一遭都沒人覺得奇怪。」

文斯咬著大拇指。沒道理，肯定有人指使這傢伙到史坡堪。「蒂娜過得如何？」他問。

「你指什麼？」

「我指的就是蒂娜過得如何？她打聽過我嗎？」

他沉默了好一會兒。「你知道她結婚了吧？馬蒂？」

文斯盯著窗戶外頭，然後才寫下：**已婚**。

「你還在嗎？」

「還在。」

「三年了，馬蒂，人都要前進的。」

「對方是誰？」文斯問。

「她先生嗎？好人一個，沒缺點，是我們壘球隊的，所以他倆有機會認識，我們還一起去別區打球，幾乎大獲全勝。」

「他做什麼的？」

「外野。」班尼說。

「不是這個，混蛋！他做什麼維生？」

「噢，他在甘乃迪機場當飛航管制員。」

文斯將話筒拿離耳邊幾秒後，才擱回來。「聽著，班尼，從前有個傢伙從費城來……雷什麼的，結實、黑髮、脖子非常粗、受雇做事的，他們叫他幹掉在皇后區做點唱機生意的吉米・普朗斯，記得那個人嗎？」

「馬蒂，我現在一個月處理五或六個刑案，沒辦法每個人都記得，我甚至想不起來哪個人欠我錢。」

「不，你會記得他的，很帶種的傢伙，眉毛又大又黑，兩隻毛毛蟲似的，見到誰都喊聲老大。」

「這傢伙為什麼這麼重要？」

「因為……」文斯環顧餐廳。「他在這兒！」

「什麼意思？」

「他在這現身了，昨晚還試圖把我弄上車帶走。」

「受雇的傢伙在那裡？你確定嗎？」

「對，滿確定的。」

「他找你幹嘛？」

「你覺得呢？找我做朋友嗎？」

「我的天，你確定嗎？」

「班尼！那傢伙試圖把我帶走！」

「好吧！這樣吧，我可以打聽一下，找出是誰雇用他的。」

「他叫什麼名字？」文斯問。

「什麼誰的名字？」

「娶蒂娜的人，你的妹夫。」

「噢！傑瑞，他叫傑瑞。」

文斯在紙上寫下：**傑瑞**。

「他姓什麼？」

「拜託，別這樣！馬蒂。」

「告訴我他姓什麼就好。」

嘆氣。「麥克葛瑞夫。傑瑞和蒂娜‧麥克葛瑞夫。」

文斯在紙上寫下：**蒂娜‧麥克葛瑞夫**。

「他們還住在附近嗎？」

「沒有了，他們搬到長島。」

文斯在紙上寫下：**長島**。

「謝了，班尼！」

「聽我說，馬蒂……」

「我很快會再打給你，兄弟。」文斯掛線，盯著記事簿：**夥伴**、**灣脊區**、**已婚**、**傑瑞**、**蒂娜‧麥克葛瑞夫**、**長島**。都不是他想探聽的消息……又或者是吧！文斯將紙頁揉成一團，回到桌前，將紙團塞進空咖啡杯中，他瞧了瞧桌上另外一堆硬幣，知道自己已經不需要它們了。

文斯快速穿越鄰居的後院，爬過圍欄，跳進自家的後窗下，當他確定屋內沒人後，文斯用手肘撞破玻璃，再伸出腳將殘留的玻璃踢掉，接著滑進地下室。他先踩在洗衣機上再往下跳，爬上樓梯，來到廚房……不過，所謂的廚房也所剩無幾了。

室內早已凌亂不堪，櫃子的門大開、地上都是腳印，水槽底下裝大麻的盒子不見了，這在文斯的預料之中。火山灰撒得到處都是，他放在廚房的一點現金也不翼而飛。他走進客廳，雜誌和報紙散落各處，他們甚至將電視後蓋都拆了下來，所以文斯才把錢留在甜甜圈店，更將郵差的名字、地址和電話號碼記在腦中而已。臥室裡，文斯的衣服扔得亂七八糟，床鋪被翻了過來，床頭櫃上空無一物，文斯將床頭櫃倒扣過來，底下黏了一封破舊的信，在聯邦調查局審查員的過濾下，信中所有的訊息都被裁掉了，唯獨寄件人的名字留了下來：蒂娜・迪佛瑞。文斯老想回個信，但又不知道該說什麼；他將信擱在床頭櫃上，坐在床邊，看著四處堆放的衣服。

最後，他站了起來，開始打包行李，當他拉開袋子的拉鍊時，門鈴響了。老天，這個時候！他環顧四周，將裝有一萬塊現金的公文袋塞進行李中，接著拿起八吋長的管子，回想那天，他就是用這根管子威嚇那個開英帕拉車的可憐孩子。他站在前窗後頭窺看，一名高個子的女子等在門前，手上拿了一疊小冊子，身上還別了安德森競選總統的圓徽章。

文斯將前門開了一條縫，這女子看起來很幹練，身材高挑、一頭金髮，眼鏡鏡片又大又圓，一排牙齒又粗又長。

「先生，您好，我叫雪莉・史戴福德，我正在幫總統候選人約翰・安德森（譯註：當時與雷根、卡特競選總統的獨立候選人）拉票，我能跟您談談嗎？」

「我在趕時間。」文斯說。

「我瞭解，您是兩個主要黨的黨員嗎？您貴姓……」

「肯頓。我不是哪一黨的黨員。」

「您做選民登記了嗎，肯頓先生？」

「做了。」

「您是不是還沒決定投給誰呢？」

文斯將門打開了些。「不瞞妳說，我還沒決定。」

「肯頓先生，您同意共和黨與民主黨壓制國家政治進程的說法嗎？」

「這個嘛……」

她沒停嘴。「即使約翰・安德森的支持率在兩位數，卡特和雷根還是不讓他參與辯論，他們不經意地顯示出我們多需要像約翰・安德森這樣的人。肯頓先生，我們的體制對真正抱有不同政治意見者關上大門，而約翰・安德森相信……」

「但是他贏不了。」

「您說什麼？」

「嗯，他在大選前四天的支持度是多少？百分之十？我真不瞭解妳為什麼還在這兒幫他拉票。」

「這……約翰・安德森有機會成為第三黨中握有最高支持率的人，這是自從……」

「但是他贏不了。」

她不安地動了動，接著露出那排大牙。「這，不是這樣的！約翰・安德森相信……」

「聽好，我說的不是那傢伙，我說的是妳，為什麼要幫一個沒機會贏的人挨家挨戶拉票？」

她低頭看著手中的小冊子，洩了氣。「我……嗯，我簽了名，說好這週來助選，而且……」

兩個街區外，小廉的凱迪拉克轉進文斯家門前的街道，文斯將女子拉進屋內。「請進。」

文斯將門關上，搜尋四周……但又不確定能找到什麼。

雪莉也跟著審視周遭，只見成堆的衣服和食物、櫃子大開、電視機解體，所有東西都壞了且散落在地板上，滿地的火山灰，還有一支被他拿在手上的管子。「我真的不該在這裡！」

文斯用原本準備打人的管子揮揮地上的雜物。「我的狗在屋內追老鼠。」

「噢，你有狗呀？」雪莉微笑。「我很愛狗，能看看牠嗎？」

文斯撥開百葉窗向外窺視。「牠被車撞了！」此時，凱迪拉克慢慢接近對街的人行道邊。該死！該死！該死！文斯離開窗邊，狂躁地掃視四周，視線最後落在手中的管子上。

雪莉感到不安。「我真的該走了！」

這個主意很蠢，文斯很清楚，但它占據了所有能激盪出點子的腦細胞，使得文斯無法再思量其他事。他將管子拿給雪莉，指了指門上及膝高度的金屬投信口。「聽好了，雪莉，我要妳幫我做件事，如果妳肯幫忙，我會投給安德森；甚至連徽章我都會別上。」即使都已經問出口了，文斯仍聽到自己的聲音說：**爲什麼要幫一個沒機會贏的人？**

幾秒後，文斯昂首闊步地從前門走出去，小廉和雷正在下車，兩人頭一抬便見到文斯走過來，小廉摘下太陽眼鏡。「叫曹操，曹操就到。」

「應該是說曹操，曹操就到，你這個白癡！」文斯跨越草坪，和小廉與雷在路中央停下腳步，三人離另外兩人都有十英呎的距離，形成一個三角形。

「怎樣啊，老大？」

文斯看著雷。「有點累。」

「昨晚你朋友那套真蠢！」小廉說。「不准再耍把戲，交出我的錢，然後我們去找郵差。」

「沒辦法。」文斯對著雷說。

小廉轉動眼珠。「操你的！文斯。把我當笨蛋嗎？」

雷與文斯對視，沒有理會小廉，最後雷朝文斯走去。

「我不會那樣做的。」文斯轉身指了指。

順著文斯的視線望去，雷和小廉在文斯住處前門的投信口中，似乎見到一支槍管伸了出來，正對著雷的胸膛，雷挪了挪位置想看得更清楚些，槍管跟著他移動。

幹得好，雪莉！一開始，她看著文斯，好像認為他瘋了似的，但事實證明她喜愛惡作劇的程度和愛狗不相上下，文斯告訴她，只要蹲伏在地上、透過管子觀察那傢伙就好，文斯不禁得意起來。瞧！這就叫不按牌理出牌。

「那是管子嗎？」雷瞇著眼問道。

小廉的眼睛也瞇成一條縫。「那看起來是不是一把槍啊，文斯？」

雷冷笑。「你讓我們被水管工包圍了是吧，老大？」

就好像說好了似的，槍管從投信口消失了，門打開，雪莉・史戴福德現身，臉上掛了一個大大的笑容，揮動手上的管子。「肯頓先生，你的朋友被唬住了嗎？」

好吧，有時候還是會按牌理走。文斯對自己還能這麼冷靜感到訝異，十五分鐘或一百五十億年，兩者有差別嗎？或者一小時呢？你會在人生最後一小時做什麼？文斯試著回想曾有過最快樂的一小時，美好的性愛？一場牌局？還是老爸帶他到自然歷史博物館？只是，他無法真正區隔出那樣的一小時，就好像無法從一幅畫裡只分辨出一筆畫般，所有回憶在同一時間裡湧現，記憶是堆疊出的印象所組成，因此，單獨一小時或一分鐘有意義嗎？十五分鐘或整個人生呢？有差別嗎？

文斯察覺自己笑了起來。一開始，他以為小廉和雷是因為自己的笑聲而往後退，但下一刻，文斯發現他倆看的是自己的後方，街區盡頭那兒；文斯轉身察看，一輛沒有標誌的警車緩慢朝他們開來，文斯退到人行道邊上，那輛車停在三人中間，一邊是文斯，一邊是雷和小廉。

艾倫．杜普立，那名在道格護照相片店前的瘦削年輕警察，此刻從車內踏出，衝著文斯微笑。

小廉和雷挪了挪身子，盯著警察瞧，文斯看到雷正估算著杜普立的身型：也許是五呎七吋、一百四十磅。文斯知道，如果兩邊槓上，收拾掉杜普立對雷來說是多麼輕而易舉的事。

「嘿！薯餅老兄。」杜普立說。「還真巧啊！」

文斯點點頭。

「你把頭髮都剪掉了！」警察說。

「夏天的應景髮型。」文斯摸了摸頭上的短髮。

「現在是十月底。」杜普立說。

「印地安小陽春嘛（譯註：指北美地區深秋到初冬期間，經常有幾日氣溫突然回暖的現象）！」

「現在只有四十度（譯註：華氏四十度約等於攝氏四度）。」

「哦，總有熱起來的一天！」

雷和小廉的目光在兩人間來回掃視，不知該看誰。

文斯動了動腳底。「那，有什麼地方能為你效勞嗎？**警探**。」

小廉稍微後退了一步，杜普立在聽到文斯特地拉長**警探**兩個字時頭歪了一下。

「還在弄護照店的事，」他說。「受害者的名片簿中有這個名字……」他低頭察看記事本，翻了一頁，在找到名字時做了個誇張的表情。「……文斯・肯頓。你們幾個知道這傢伙嗎？根據受害者的名片簿，他住在這裡。」杜普立將筆記本秀給文斯看，好像要證明自己所言不虛。

文斯舉手，就像魔術師結束一個把戲般。「那是我，我就是文斯。」

「真的？」杜普立微笑。「你是文斯・肯頓？這可真的是巧合！」

雷與小廉一聲不吭地站在人行道邊上。

「你這些朋友是幹嘛的？」杜普立問。

「罪犯。」文斯說。

氣氛陡然緊張起來，不過文斯很快爆出笑聲，接著大家的笑好像骨牌效應般，先是文斯，再來是杜普立，然後是雷，最後是小廉，小廉上氣不接下氣咯咯笑個不停，好像一輛怎樣都發不動的汽車。「哈！哈，哈。哈！好樣的，文斯！」小廉說。「待會兒見。」他與雷朝凱迪拉克走去。

文斯看著年輕警察記下他們的車牌，凱迪拉克開出街區，轉彎之前還規規矩矩地完全停下再啟動，小廉打出十與二的手勢。

「肯頓先生？」

文斯與杜普立同時轉頭，是雪莉・史戴福德，方才她一直耐心等待著。

「我有答案了！」

杜普立看看文斯又看看雪莉。

文斯揉了揉太陽穴。

「當你問我，約翰・安德森沒有勝選的機會，為什麼我還幫他拉票時，我毫無防備。」

「聽我說，雪莉……」

「不，肯頓先生，」雪莉說。「我很高興你問了。我應該要能解釋，為什麼這對我來說這麼重要。你是對的，我們這次贏不了，但如果我們可得百分之十的支持率，也許下一位獨立候選人就能得到百分之二十，或許有一天，二十年後吧，除了兩黨外，我們會有更多選擇，可能某個不與腐敗體制同流的人會成為總統；對我和我的孩子來說，為這個有一天會進步的機會而努力，這樣做絕對是值得的。」她將一疊小冊子和一枚寫著安德森競選總統的圓徽章交給文斯，一旁的杜普立露出困惑的眼神。文斯將徽章別在襯衫上，雪莉給了他一個微笑。雖然整件事只能以「怪」來形容，但有這樣的結局倒也值得欣慰了。

「對不起！」杜普立在開往市中心的途中聳聳肩。「我試著去瞭解，真的，但你得承認……這樣做沒什麼意義。」他透過後照鏡看了看文斯。「我只是不懂，四天後就是大選日了，你怎麼還想投給安德森？」

文斯坐在副駕駛座。「你是說我在浪費選票？」

「他出來競選的唯一理由，就是他與另外兩個人不一樣，他很像那種高中時想當學生會長的人，想著當選後可以全面廢除學生政治活動。」

杜普立轉了個彎，朝河的方向前進。「不過，除此之外，我也不敢相信你還不知道要投給誰。我聽說過你們這種人，心意未決。我真不明白，你們在等什麼啊？認為其中一個人會展現神蹟？」

文斯盯著窗外一排排往後退的建築，車子上了門羅街大橋，裝飾在橋拱兩側的水牛頭骨已經褪色。「你非常清楚自己要投給誰嗎？」文斯問道。

「至少一年前就知道了！」

「你有自信其中一人真能治理國家？」

「治理國家？」杜普立大笑。「誰告訴你這些人要治理國家呀？不是這樣的，它比較像一個榮譽職位，或者說一名騎師。他很重要沒錯，但你押注的是馬，不是騎師啊！他只是跟著跑完全程的小人物而已。」

文斯試著理解這則比喻。「所以……馬是什麼？國會？」

「不是，不是，我們才是馬。」

杜普立將車轉到史坡堪郡法院古典哥德式塔樓的後方，這座法院是城裡文斯最愛的建築之一。接著，車子進入公共安全大廈的停車場；這個建築群坐落在河岸岩層上，與市中心隔河相望，四周為平板屋與空地；警察局後頭是郡監獄，呈四角形，上頭的小窗像一串珠子似的鑲在建築物裡，樸素的氣氛與華麗的法院成強烈的對比。習慣性地，文斯每到一個城鎮，總會將那裡的監獄好好審視一番。

「我的理論是，」杜普立說。「總統選舉是一個巨大的情緒環，四年前我們很愉快、滿意自己的生活，所以我們從中選了個討人喜愛的做總統，他是二十世紀中真正有改革精神的人，是個真正的圈外人，因為我們對尼克森或福特這類的圈內人厭倦了。但是之後，那群神經病在伊朗抓我們的人當人質，經濟也跟在廁所的那堆東西沒兩樣，你知道嗎？我們現在他媽的心情糟透了，但我們只能怪自己，是自己惹來的，我們不想要一個好好先生了，我們要的是警探哈里（譯註：

一九七〇年代犯罪系列電影的主角）和約翰・韋恩（譯註：一九〇七年出生的美國電影明星，從影近五十年，在一百四十二部電影中擔綱主角），我們要的是隆納・雷根，他在四年前還拿不到百分之三十的支持率，但現在，見鬼了，週二的大選日是屬於他的，他的總統之路將啟程。」

「懂了吧，」杜普立將車停妥，面向文斯。「這根本與他們無關，而是我們！政府沒有改變，仍是同樣的建築、同樣的想法、同樣的公文；真正情況是：大概每隔八年，我們就會改變。」

文斯盯著年輕警察，一個念頭閃過：如果環境不同了，他們能成為朋友。「所以……你會投給誰？」他很快問道。

微笑。杜普立對著陰暗的公共安全大廈點頭。「抱歉了！文斯。」他說。「現在換我問你問題了！」

享受過四根香菸、兩杯果汁、一個甜甜圈，還有些玉米豆後，文斯聳聳肩。「真的，我能說的都說了！」

海象鬍警探保羅・費爾普斯坐在文斯對面，中間隔了一張小桌，他搓搓下巴，沒辦法再動搖文斯的故事：是的，他知道道格，在甜甜圈店認識的，文斯打算在道格的店販售聖海倫斯火山灰，但還沒談妥。

杜普立背牆而坐，半冷笑著聆聽，彷彿在欣賞文斯審訊時所表現出的冷靜。

那文斯為何謊稱不認識道格？文斯說，因為道格的死太令他震驚，年輕警察的出現也嚇到他了，他察覺到自己被懷疑，緊張了起來，但他真的和道格不熟，他也不想回答一拖拉庫的問題，因為他餓了，正準備去吃早餐；為了證明所言不假，他出示了切特餐飲店的收據。

就在此刻，一名頭髮灰白、戴著眼鏡的警探走了進來，俯身和費爾普斯耳語了一番，接著交給費爾普斯一張紙，大塊頭警探讀畢後點點頭，老警探慢吞吞地離開了。費爾普斯轉向杜普立，聳聳肩。

「抱歉，杜普立！肯頓先生有不在場證明。」他低頭瞧瞧手上的紙。「就像他陳述的，這位……貝絲・謝爾曼說他確實聽了雷根兒子的演說，還和她一起待到凌晨三點以後。」費爾普斯微笑，好像正在進行一個困難的拼圖一樣。他揮揮紙張，看著文斯。「既然有人證實你的故事，你也沒有犯罪紀錄，我想這兒沒你的事了！感謝你來這兒釐清事實！下一次，別對警察說謊。」

「不會了。」文斯說。

杜普立仍舊朝文斯微笑，好像對他頗為讚賞，不只因為文斯應付訊問時的專業態度，還因為他順便A了一小頓餐點。

費爾普斯起身，將紙張交給杜普立，在離開前拍了拍年輕警察的肩膀。「菜鳥，幹得好！別喪氣。」即使大塊頭警探已走出訊問室，杜普立的目光仍停在文斯臉上。

文斯瞧了瞧杜普立身後的時鐘：兩點四十五分，他的班機是四點半，他也許只能正好趕上而已。

最終，杜普立低頭看了費爾普斯交給他的紙張，他凝視良久，隨後歪頭微笑。

文斯已起身打算離開。「怎麼了？」

杜普立舉起那張將近空白的紙。「當保羅說你沒有犯罪紀錄時，居然不是在開玩笑！見鬼了，你什麼紀錄都沒有！什麼超速罰單、違規停車都沒見到！你甚至沒有駕照！除了社安號碼外空無一物，怎麼可能呀？文斯？怎麼有人活到這把歲數卻沒有離婚紀錄或是遭遇民事訴訟？你沒有繼承遺產，也沒有經歷遺囑認證的程序，好像你昨天才出生，要不然就是個影子！」不過，這位年輕警察不喜歡這個比喻，他的眼神堅定，神色凝重，目光直視。

「或是幽靈。」

站在對面的文斯喝光最後一口果汁。說不定，那六十二個人都以為自己還活著。「你猜怎麼著？有時候，我真的有這種感覺。」

文斯想叫計程車回家，但杜普立堅持送他，文斯知道拒絕準沒好事。他的班機一個多小時後就要起飛，文斯來到廁所旁的公用電話，打到計程車行，給了調度員一個自家南面一個街區遠的地址，要司機到了以後開始跳表，在那兒等著，別敲門。

回家的路上很安靜。

也許你是個幽靈，也許那六十二個人就在四周爬行著、狂奔著，卻沒有人發現，沒有人在乎。已經兩天沒闔眼了。

「除了我以外還有其他嫌犯嗎？」為了打破沉默，文斯終於開口。

面前的紅綠燈轉黃，杜普立衝過十字路口。「沒哩，就你一個！」

「但我沒殺他。」

他透過後照鏡看了看文斯。「那的確打亂了我的推理。」

杜普立駛在文斯住區凹凸不平的路上，這是個在南坡腳下的平地。當杜普立瞄到三個人鬼祟地躲在街角時，他放慢速度，其中兩人背對車輛，看著地面，第三個則一動也不動地盯著警車猛瞧。當他們開遠後，杜普立從後照鏡觀察他們，文斯則轉過頭，見到三人在車子離開後均抬起頭。

「吸毒？」文斯看著後窗外逐漸消失的人影。

「以下只是我的猜測，」杜普立說。「那矮子八個月前在賣安非他命，被我抓過一次，那傢伙吐的氣難聞死了，就像洋蔥或貓屎什麼的，讓你在逮他前還會猶豫一下，這部分我很肯定。」

文斯將身子轉回來。「你覺得像那樣的人能改變嗎？」

「像那樣的人？不會。」

「為什麼？」

杜普立想了一會兒。「我在社區大學讀過兩年犯罪司法，我們本來要唸心理學，但課堂滿了，所以改唸哲學，結果根本是大錯特錯。」

「我還記得一則寓言，」杜普立轉到文斯家門前的路上。「有關一群烏鴉；這些鳥倒是滿勤奮，整天來來去去竊取玉米和穀物，總是在尋找閃亮的東西，你也知道……就是烏鴉會做的事。有一天，牠們又在四處飛翔，心裡很得意，當牠們碰巧飛到一座湖的上方時，牠們見到自己的倒影，接下來一整天，牠們不是俯衝就是滑翔，邊看著湖中的自己，邊讚嘆自己的本事與優雅，最後牠們無聊了，於是開始嘲笑湖沒自己的個性，只會反射世界萬物。湖說，它能做到遠超出烏鴉能力範圍的事：它能結冰，它能掀起巨浪淹沒湖岸，它也能蒸發到天上，再以雨的模樣降到山腰上。『做給我們看啊！』烏鴉這麼說。但那是一個溫暖無雲的日子，湖只是靜靜待在那，直到烏鴉飛離。」

文斯盯著年輕警察。「這則寓言要說什麼？」

「我會告訴你的。」杜普立拿出一張名片，在上頭寫了些東西。「當你準備好透露道格發生什麼事的時候，我就會跟你解釋這則寓言。」

文斯接過名片。

「前面是我辦公室電話，背面是我家裡電話。」

文斯打開車門。

「電視節目裡，通常這個時候警察會跟壞人說，不要沒知會他就出城。」

「是呀，」文斯說。「我一向很喜歡那段。」他爬出車，陷入沉思中，邊朝家門走去邊在口袋裡摸索鑰匙，察覺到杜普立的目光仍停在他身上。

文斯轉開前門的鎖，踏進室內，關上門，鎖好插梢，走過一片狼藉的屋子，扭開幾盞燈，打開行李袋，找出裝有一萬塊現金的公文袋，封好，拉上行李袋的拉鍊，繼續穿越屋子，行經廚房，從後門走了出去。

站在後院的文斯還能聽到車子停在屋前的引擎聲，他想像著杜普立還盯著自己的前窗；他從沒遇過這樣的警察，談論一堆幽靈啦、影子啦、烏鴉啦，讓文斯感到不安。他穿越後院，跳過用鐵鍊圈出的柵欄，跑過鄰居的地盤，來到自家後頭一個街區的位置，迅速竄進正在等待的計程車後座，才剛坐定，就瞥見小廉的凱迪拉克緩緩駛過對街。

司機啟動車子。

「機場？」

「麻煩了！」

「你要去哪兒？」

烏鴉離開湖後發生了什麼事？牠們要去哪兒？

司機不放棄地追問。「嘿！老兄，你今天飛哪兒呀？」

文斯往後躺。

「回家。」

紐約州　紐約市

一九八〇年十月三十一日，週五，上午十點四十三分。

第四章

足跡踏遍各地後，你最終回到這裡，坐在另一個機場附近的車內，透過面前布滿刮痕的玻璃，盯著另一位司機凌亂的頭髮與他的計程車執照。外頭的車輛喇叭狂響，人們嘴裡高呼著的是紐約永不停歇的合唱曲：「喂，移開你他媽的爛車！」

就是在這一刻，某個念頭觸動了你，也許你不是烏鴉，烏鴉能在紛亂的世事上飛翔，底下盡是芸芸眾生、忙碌的交通與日復一日的生活；牠崇拜自己，偶爾被地面閃亮的東西吸引，儘管它不值一文。

「嘿！你聾了嗎？」司機轉身。「小子，我們去哪兒？」

不，回到這兒讓你瞭解到，三年前離開紐約時你好像無所不能，但從理論上來說，你沒辦法突破控制不了的框架。也許一個人無法從根本上改變天性，就好比一座湖無法讓自己蒸發一樣。

「你他媽的哪根筋不對啊，小子？去哪兒？」

「格林威治村。」文斯說。

司機將身子轉正。「你有地址嗎？那裡很大耶！」

這樣的框架，有時候連你也無法察覺……。「華盛頓廣場。」

「找東西抽嗎？海洛因？我知道有個近一點的地方。」

也許你從未控制住框架，從未真正……。「廣場公園就好。」

「隨便你。」司機轉下計費器，啟動車子，文斯往後一靠，累得半死；前天他從史坡堪飛到芝加哥，接著在歐海爾機場的塑膠椅子上過夜，沒闔眼，為了淨空思緒，他在機場商店買了一本平裝新書：菲利普・羅斯的《幽靈作家》，描述兩名猶太作家，其中一人年輕又有潛力，另一人則年老但出名。文斯喜愛這本書，就像他喜歡科幻小說一樣，兩者都創造了一個文斯想都沒想過的世界，但卻非常真實。凌晨兩點，文斯讀到第八十八頁，年老的作家羅諾夫說，「有時候，我喜歡去想像自己已讀完最後一本書，以及看著表中的最後一刻。」就像書中所說的，文斯將書放下，他知道這本書看到這邊就行了。隔天一早，他搭上第一班飛機前往拉瓜地亞機場，當班機落地時，他是既激動又期待的。

在計程車裡，他斜靠在椅子上，順便搖下一點車窗透透氣，不過，車外盡是貨運拖車和公共汽車（紐約市裡各牌柴油發出的臭味比其他城市所有氣味加起來還要重），還有在街口等著過馬路的人們已迫不及待走下人行道，這些都是你在史坡堪看不到的；人們蜂擁過馬路、斜倚在路燈旁、坐在車子引擎蓋上，每個人都在外頭，在連棟房屋的門前與皇后區的磚造店面前匯流，接著流向中央公園大道。下一秒，喇叭聲響起：文斯記不得上次聽到這麼多該死的喇叭聲是多久以前……然後，碰！車子晃動，他也清醒了，像孩子第一次見到第五十九街大橋的銀色支架一樣湊到車窗旁，橋下可見被人們稱做福利島的羅斯福島。文斯小的時候，島上全是療養院和天花病院，後來開發商相中這塊地，蓋起附有游泳池的公寓，從泳池能見到風景。文斯朝橋的對面望去，曼哈頓就在前方，薩頓區那些繼承祖產的有錢人房屋布滿長春藤，他們守著領土，周遭則是逐漸逼近的鋼筋混凝土大軍，有尖頂的克萊斯勒大廈、帝國大廈和世貿雙子大樓，高聳入雲、建築成群，以鋼筋和玻璃取代了原本的磚瓦和石塊。人們在這塊地上萬頭攢動，多到不像話，車輛湧入像個裂口似的大道與小巷，於被對街斬斷的十字路上堵塞。這世界，這整個混蛋世界均是如此，文斯能做的，就是不去諷刺地大笑或鼓掌，不過，當他察覺到眼淚緩緩滑落臉頰時，突然訝異不已。

父親死後，文斯經常沿著伊麗莎白街從自家公寓走到華盛頓廣場，在樹與樹之間低頭踱步，倚在大理石拱門上看著這個世界；當時他十四歲，正是做白日夢的年紀，他以觀光客之姿在城市中遊走，就像耍把戲者總會挑選的對象；或可說他走路的方式獨樹一格，總是凝望天空，看著各式建築，不像大部分的市民，總把視線放在眼睛高度或稍微放低，帶著警惕，避免與他人的眼神接觸。自文斯有記憶以來，他就是這樣仰望世界的，總在天際裡尋找父親工作的身影；當一台吊車的纜繩斷裂，他父親被切成兩截後，仰望天空成了文斯看事物的唯一方式。

在公園裡，他學會如何下棋和打撲克牌，也學會識破老千和扒手、更換骰子或杯子的騙子，還有察覺出偷偷將球滾下桌的把戲。他學會避開持刀者、赤腳的女人和吸毒者，也知道警察來時千萬別拔腿狂奔，每個他認識的人不是會偷竊就是會打架，所以他也偷竊、也打架，就像所有失去父親的男孩般；文斯也加入當地幫派，負責一些男孩能做的事，諸如買毒品、把風和送貨。每個人都喜歡文斯，他不是西西里人，也不是義大利人，他不屬於任何一個群體，也不會被拉攏，他看起來也不像愛爾蘭人、波蘭人、猶太人，或是任何一個打零工的族群，他那難以理解的憂鬱和冷酷的雙眼令人感到奇異又難以親近，這種特質經常被誤解為無所畏懼，他就是這樣一個特別的孩子，不必做什麼來證明自己的地位，至少在他所居住的社區是如此。

在拿到駕照前，他已學會偷車，但不像其他竊賊將車直接開到拆車廠，文斯會將車窗搖下開上路，即使在冬天，他也會讓冷風拍打面頰；他會前往布萊頓海灘或羅卡威，更多時候，文斯會在城市裡四處閒晃，像狗一樣將半個身子伸出窗外。他第一次被逮是在雷德街，一名警察發現他並排停車，當時文斯正在宏偉的市政大樓底下盯著哥林斯式柱子猛瞧。「我不在乎人們說什麼。」文斯被銬上手銬後告訴警察。「我覺得那柱子滿好的！」

對文斯來說，城市裡的各區域與各民族不是關注重點，各種形式的建築才是。他喜歡市政廳周遭的氣派和古典，也愛蘇活區的精緻鍛鐵氣氛，還有西中央公園大道奢侈的石山。他曾幻想過曼哈頓空無一人，只有駛在建築四周的計程車，不需人駕駛，同步開進空盪的街道。即使在他早年進入看守所的日子，他也靠著構築一些奇異念頭來紓解煩悶：他想像自己在擁有砲台、塔樓和埃及樑柱的古墓中過夜。文斯得到一個結論：如果你就要被關起來，那麼待在一個藝術作品似的古墓中，比待在瑞克斯島這樣的地方好多了。這座島看起來像是鄉村社區大學的校園，上頭，一群被帶刺鐵網圈起來的羊正懶洋洋地吃草。

每當文斯被釋放，他都會回到華盛頓廣場，看看那裡的嬉皮和布朗士校區關閉後搬移到格林威治村的紐約大學學生。有一次，文斯突然發現廣場上的人們壁壘分明：如果不是準備去哪兒的，就是不準備去哪兒的人。兩類人很容易分辨：那些低下階層的，如賭徒、毒販和搶匪，總是漫步其中，眼神飄忽，尋找另一次下手的目標；而學生則是低頭、跨著大步，像抱著公事包或嬰兒一樣地摟著背包，迅速的穿過公園。他們掃視四周，腦中不斷播放經常聽到的警告：公園中有許多毒品交易者、竊賊、乞丐、逃犯、妓女、街頭音樂家、自稱為黑手黨的人、狡詐又自信的人，還有墮落的人……老天，雖然痛恨，但他不得不承認自己也是其中一員。

當他二十六歲時，他開始信用卡詐欺的勾當，這是他在第五次入獄時想出的點子，那時他的母親死於肺部感染。出獄後，文斯坐在廣場中看著來來往往的學生，想弄明白為什麼他們擁有文斯所沒有的一切，他知道自己很聰明，讀過的書也許比大部分背著沉重書袋的學生還要多，只是，他未完全搞懂書中的意思，對所有學科與思想流派也一無所知；這其中肯定缺了什麼，難道只是錢的多寡和教育程度帶來的機會差異嗎？還是因為思考模式不同，他們能做出更好的選擇？或者是個人特質使然，例如幹勁、自信，甚至是優越感……那些文斯知道自己欠缺的特質。也許，事情簡單明瞭，就只是缺乏企圖心而已，畢竟，當你腦中只想著穿著暴露的女人、半打裝啤酒和同花順，能有多大出息？

事實上，有一件事稱得上具企圖心。文斯第一次有此構想是在十六歲時，他計畫開一間名叫「野餐籃」的連鎖餐廳，供應夏日食品，如三明治、炸雞和馬鈴薯沙拉，裝在一個廉價又大容量的野餐籃中，讓所有食物一次全帶走。不過，有趣的是，文斯從沒野餐過、從沒吃過野餐籃的食物、從沒去過夏令營，甚至出城的次數也少得可憐。或許就是這樣，沒經歷過的事才有吸引力。

然後，在一次法庭聽證會之前，文斯向他的年輕律師班尼・德佛里斯透露了這個念頭，律師似乎被這個低級騙子開設餐廳的想法打動了。班尼是越戰退伍軍人，辛苦唸完法學院後為文斯擔任律師；若文斯下定決心力爭上游的話，他有可能成為班尼一類的人。班尼與文斯的友誼是真誠的，雙方也各取所需：文斯偶爾需要一名刑事律師，而班尼偶爾需要一名罪犯。從那時起，文斯免費為這位朋友搞來大麻和音響設備，而班尼也不收文斯律師費。

有種律師會為黑社會人士辯護，他們喜愛誇大其詞，在幫派成員聚集的地方吃午餐，班尼就是這種人。此外，他還是個狂熱分子：自己是個小人物，卻老愛攀附在有頭有臉者的身旁。就在班尼三十歲的生日派對上，文斯見到一群黑手黨大人物，也是在這個場合，文斯遇見班尼的妹妹蒂娜：她當時只有二十歲，在班尼的事務所當兼職辦事員。蒂娜身材嬌小、個性害羞，有著一雙棕色的大眼。對文斯來說，這個女孩就是一切：是他所有野心與慾望的中心。班尼從未真正接受妹妹與一名竊賊兼毒販交往的事，但也不曾積極說服蒂娜別再與文斯見面：至少，在那件麻煩事發生以前是如此。

其實那件麻煩事跟過去的沒什麼兩樣，都像是一艘載滿野心與企盼的沉船。首先是一場牌局，接著必須借貸還債，為了還清借貸扯上了運毒，結果被出賣，最後遭逮捕；在這過程中，文斯欠了皇后區組頭老大一萬五千元外加利息，還必須償還法院一萬美元開庭費，此外，還要到上州監獄坐兩年牢。就在這時候，班尼表示偵辦員警握有一卷錄音帶，足以對文斯的性命產生威脅，他悄聲說，自己和檢察官曾是法學院同窗，如果文斯能出面指證多米尼克•考勒提和他的同夥，他們能把文斯弄到證人保護計畫下。文斯起初不答應，但班尼說那幫人可能找上蒂娜，文斯才終於點頭。庭訊過後，班尼宣布了自己期望得到的報酬，文斯沒有遲疑。他答應進入計畫後，不再與蒂娜聯絡。

文斯站起身，環顧華盛頓公園。他曾以為自己展開了一個全新的生活，那個鋌而走險的傢伙：馬蒂……和自己毫無關係，直到所有從前的事物都回到身邊，他才意識到……自己又回到原地了。文斯在拱門周圍踱步，看著川流不息的人潮；過去生活在此地時他沒認真想過，現在這個念頭停不下來：他們要去哪兒呢？那些觀光客、生意人、龐克族、小流氓、藝術家和大學生……這群孩子看起來比從前更年輕、更會打扮，好像也更專業了……這些人有可能上哪兒去呢？

他看了看手表，一點鐘，也許班尼週五的行程表跟以前的不一樣了……正當文斯這麼想的時候，班尼出現了：身高五呎五吋，看起來蒼老了些，但更穩重了！他的金色黑人爆炸頭剪短了一半、鬢角開始灰白、前額則跟葛芬柯（譯註：一九四一年出生的美國歌手暨演員）一樣開始往後禿。班尼一身西裝打扮，穿著藍色襯衫、高檔羊毛外套，他的手臂下夾了一大疊報紙。

文斯先躲在公園長凳後，接著邁步跟在班尼後頭，和他保持二十英呎的距離，穿過公園後，他們走上第五大道到東十一街，班尼轉進喜德餐廳，穿越餐點區，來到後方的酒吧區，選了一個近牆的桌子。橄欖球賽季的每個星期五班尼都會來這兒，還會盡可能帶上一大疊的報紙。他會點道豬肋排、一罐啤酒，然後開始讀報，尋找受傷或心有不滿的明星球員，這樣，週末的比賽裡有什麼可圖利的地方，他心裡也會有個底。

文斯在酒吧對面靜靜等待，直到班尼的豬肋排端上，撒上厚厚一層鹽後，他才走過去，出其不意地坐在老朋友的面前，將粗呢袋放到大腿上，班尼抬起頭，嘴角上揚，展露笑容。

「嘿！」文斯說。

「狗娘養的！」班尼悄聲說。他站起來，走到對面，給了文斯結實的擁抱，時間長到酒吧裡的人都忍不住投以目光。

班尼咀嚼著肋排，他的聲音從嘴巴左邊的洞口傳出：「他的名字叫雷・史卡泰瑞，綽號雷・史帝克斯，曾在費城的安吉羅・布魯諾（譯註：美國費城著名的黑道家族老大，義大利籍美國人）手下做事。」

「曾在？」

「去年三月，安吉羅在大西洋城（譯註：美國紐澤西州的城市，以賭場著稱）被害，他的人馬史無前例互相殘殺，就好像狗在搶肉吃那樣。這個雷・史帝克斯藉機逃出，跑來紐約，就一直待在這兒，幫甘比諾（譯註：美國五大犯罪組織的其中一支）幹些特別的工作，一邊探聽費城那兒的動靜。」

文斯轉動酒杯中的珍寶威士忌。「特別的工作是指？」

「任何那群人不想親自動手的事，掩人耳目的那種。也許他們擔心流言，或者要做掉的對象是朋友、警察或法官，身分敏感，又或許他們不相信本地好手，也有可能他們想找一個有特定專長的人。」

「專長……。」

班尼呼了一口氣。「你知道的嘛！例如縱火犯，或善於將現場偽裝成意外，或讓某對象人間蒸發。還有專門折磨人的，或是遠距作案，就這些呀！都叫特殊專長。」

「那這個雷‧史帝克斯做什麼？他的專長是什麼？」

班尼咬了一口肋排。「我有個客戶認識雷‧史帝克斯，跟他一道玩牌的。他說這個史帝克斯聲名遠播……他可以在任何時刻對任何人下手，喪盡天良、服務到底，是要命的殺人機器，熱愛他的工作，不過據稱，」班尼看了看四周。「他連女人都不放過。」

「女人？」文斯回想雷的黑色雙眼。

「許多老殺手不碰小孩或女人，但現在有了哥倫比亞人，又有可卡因，沒有什麼做不到的事，老規矩都不管了！女人、小孩、整個家庭，全都幹掉。這個雷‧史帝克斯就做這樣的工作：一些老殺手不碰的事。」

文斯喝了口酒。

「這傢伙是隻禽獸，我得實話實說，馬蒂，如果他們派來對付你的是這個雷‧史帝克斯……那，大事不妙，可能比想像的還嚴重。」

「為什麼是我?」文斯把酒喝光後,對酒保晃了晃手中的杯子。

班尼咀嚼著豬肋排,聳聳不寬闊的肩膀。「我問的問題多到足以讓我的律師資格被吊銷、被控告甚至被殺。但我也不明白,也許有人繼承了考勒提想做掉你的那份交易,也許他們正一一完成所有未竟的暗殺任務,或者有人跟他們報告了你所在的地點,現在他們想回饋告密者。誰知道這些事為什麼發生?」

酒保為文斯斟來另一杯酒。他啜了一大口,低頭盯著桌面,試著將所有線索拼湊在一起。當他抬起頭時,班尼凝望著他。

「怎麼了?」

「你跟以前不一樣了。」班尼說。

幽靈嗎?文斯舉起手摸摸短髮。「是呀,頭髮剪了!」

「不,不是那個。你看起來……我不知道,就是不一樣。」他喝了口酒。「所以你打算怎樣,馬蒂?你要跑路了,是吧?」

「我不知道。」文斯說。「我待過的那個城市……如果他們能在那兒找到我,就算我到月球,他們也找得到。」

文斯嘆了口氣。「我知道這聽起來很瘋狂,但我帶了點錢,我在想,如果我還清欠款呢?我是不是可以大搖大擺走進去,表現出沒什麼大不了的姿態,把錢付清就好?」

班尼大笑後,發現文斯一臉認真。「你有多少錢?」

「你覺得我需要多少?」

班尼聳肩。「你這一萬五欠了三年,他們連本帶利會跟你要六萬,還可能取你的性命。」

文斯盯著自己的袋子。「我沒有六萬。」

「你有多少？」

「我帶了一萬。」

「一萬？」

「家裡還有更多。我會跟他們說，想拿剩下錢的唯一辦法就是讓我回家，我會把錢寄給他們，這樣我才能確保自己的安全。」

班尼盯著文斯，接著悲哀地笑了笑，咬下最後的肋排。「記得留幾百塊替自己買口棺材。」

文斯手上握有老多米尼克・考勒提在灣脊區的地址。他步行兩個街區，接著在百老匯地鐵站走下台階，氣味與聲音同時迎面撲上，讓文斯顫了一下；那是烤栗子與香菸的味道，還有火車進站煞住時的刺耳聲音。當他排隊購買乘車代幣時，幾個小鬼猛然撞上文斯；下一刻，文斯在隊伍後頭等著進旋轉門時，反射性地護住錢包。接著，進入站內了，螢光燈照在磁磚牆上，幾個醉醺醺的拉丁男子對著黑暗的月台吼道：「和平！」……另一旁，一位穿著骷髏太陽裙的女子正用一把布滿坑洞的豎笛演奏電影《洛基》的主題曲，腳邊的箱中散落通勤者給的五美分與十美分硬幣，這些通勤者此刻正隱藏在報攤後。月台上，大夥兒不是移動、踱步，就是盯著隧道深處，焦急盼望地鐵早點到來……。當火車的喀隆喀隆的聲音由遠而近時，你露出微笑，將身子往軌道邊傾斜，望著黑暗的隧道，見到淡淡的車燈並感受著第一陣微風，這時灰塵與垃圾被吹起，接著是一陣令人懷念的強風，報紙在半空中翻滾舞動，此時B線車也跟著衝進站內並減速……喀喇，喀兒喇，喀兒喇喇……尖銳的擠壓聲竄進，最後停住。

車門彈開，月台上的人魚貫進入車廂，繞過直立的扶柱後坐進塑膠椅中，看看彼此，緊緊護著皮夾、背包和購物袋，車內傳出陣陣尿臊味。文斯站起身，讀著兩旁的惡作劇塗鴉，感到一陣悸動，就好像多年後第一次見到家鄉的報紙般：這個恰洛仍是個賤胚、珍妮佛還在含大屌。終於，文斯撿了個位置坐下，閉上眼睛。

地鐵穿越河底隧道後，文斯在布魯克林區的七十七街地鐵站下車，走過八個街區來到考勒提的公寓前。這是一棟乾淨的三層樓建築，沒有電梯，幾乎被維拉薩諾大橋的陰影籠罩住，他深吸一口氣，朝門走去。幾個孩子在門前讓開空間，他踏進門廳，搜尋著住戶名字，按下３Ｂ的電鈴。一分鐘後，一名老婦人的聲音從對講機裡傳出，夾雜著靜電干擾聲。

「喂？」

「我要找多米尼克・考勒提。」

「你是誰？」

文斯試著化解提問者的嚴肅。「一個老朋友。」

門開了，文斯沿著寬大的樓梯上樓，粗大的木質扶手上刻著亂七八糟的刮痕。到了三樓，等在門旁的是一名義大利老婦人，一頭黑色鬈髮，眼睛與嘴唇周圍有著深深的皺紋，另有幾根又粗又黑的毛髮從下巴的兩顆大黑痣裡竄出來。

「考勒提太太？我叫……文斯・肯頓。」他伸出手。

她假裝沒見到。「你跟我先生這麼要好，怎麼我從來沒聽說過你？怎麼我不認得你？」

「我離開紐約好多年了！我以前的頭髮比較長。」

「你是說，你曾和老多一起工作？」

「是的。」

「在皇后區舊址那裡？」

「是的。」

「你也是水管工？」

文斯記得考勒提曾是單槍匹馬出來營業的水管工，不過，就像所有有需要才出動的工人般，他可能這輩子還沒做過一次水管維修工作。

「因為你看起來不像黑道，也不像義大利人。」

「不，」文斯承認。「我不是義大利人，也不是水管工。」

她拉了拉身上寬大的衣服，走進室內，文斯跟在後頭。一進門，小客廳便映入眼簾，上頭積了許久未清的灰塵。簡單的壁紙原先不是鵝黃就是白色，只是現在都因歲月褪了色，還附著一層灰。在任何一個平面上都能見到裝在相框裡的孫子女照片，不論是茶几、咖啡桌、電視、廚具櫃、壁爐台，或是餐桌；照片中所有孫子孫女肩膀齊寬，梳子順過頭頂的痕跡清晰可見，一頭烏黑的秀髮，整齊的中分。

「你找老多做什麼？」

「只是……想跟他說說話。」文斯說。

「已經沒有人會來看老多了！」她皺眉。「該死的罪犯。他替你們賺了這麼多錢，忠心耿耿，當你們有誰去蹲苦牢，老多肯定代為照顧他的家人。」她湊近了些。「但你們是怎麼報答他的？換他進去時，你們誰來問過我需要啥？現在來又是幹嘛呢？你們這些年輕人會來嗎？你們這些毛頭小子，靠毒品賺了一筆後，就到五四俱樂部（譯註：一九七○年代美國紐約市的傳奇俱樂部，聚集了各界名流，但同時也是一個聲名狼藉之地）墮落；我看過報紙，知道那間俱樂部。你們回來感謝過我們家的老多嗎？互相幫助、夥伴……家庭，你懂這些嗎！水管工？」

「沒有，」文斯說。「我猜沒有吧！」

她酸酸地模仿了文斯。「我猜沒有吧！」當無話可說時，她轉身進入一個小走廊，走廊裡有三道門，文斯跟隨在後。她在一個神桌前停下腳步：九支祈願蠟燭外圍著念珠，桌上還有聖母瑪利亞以及其他聖者的小雕像，緊密排在一起，盯著文斯，好像桌上足球遊戲的小球員穿著長袍般，一頭黃髮、紅唇，臉上的一對藍眼睛還畫得有點太分開了。

她在胸前畫了十字後，打開一扇門，文斯跟著她走進一個黑暗的房間，腐敗與糞便味撲鼻而來。房間的中央有一張底部帶有轉柄的病床，坐在床上的，是除了成人尿布外什麼都沒穿、瘦得只剩七十五磅的「冷血」多米尼克・考勒提，他的手臂蜷曲，糾結的手指擱在皮包骨的胸上，好像握著樹枝般。他的皮膚毫無血色，像張樹皮，其中一隻腳懸在床緣，腳趾甲又長又亂。不過，最讓文斯震撼的是考勒提的臉，他雙眼閉著，面容有些扭曲，布滿皺紋的嘴巴呈O型，嘴唇周圍沾著唾液沫，呼吸時發出刺耳的聲音且時有痙攣。

「他曾中風。」文斯輕輕地說。

她點頭。「連醫生都不知道發病幾次了！他們說他現在無時無刻都在發作，你甚至看不出來，但他感覺得到，我知道的。」她小心翼翼地將他的腳放回床上，從地上拉起毛毯，蓋到他身上，將腹部以下都蓋住。「老多，這個年輕人是來看你的。」考勒提的右眼顫抖地睜開，將文斯映入眼簾。起初，那隻眼睛顯得茫然，但一會兒後，想起來了。

「你想跟他說話嗎，老多？」

文斯盯著老人的臉，但除了兩次眨眼外，什麼表情都沒有。

「好吧！」她說。「我讓你們獨處。」

「他聽得懂我說什麼嗎？」

「你聽得懂他說什麼嗎？」她問自己的先生。他快速眨了兩次眼，考勒提太太轉過頭。「眨眼兩次代表是，三次代表不是。」

「那一次呢？」

她沉下臉。「那代表他那混帳眼睛瘆了！如果他需要什麼，他會一直眨、一直眨，到時候再叫我。」

她離開後，文斯環顧黑暗的房間，尋找椅子，發現角落擱著一把摺疊椅，他拉了過來，椅腳與地板摩擦時嘎吱作響。坐下後，他手放在膝蓋上，身體往前傾，悄聲問：「你知道我是誰嗎？」

考勒提眨兩次眼。

「聽我說，事情會變成那樣，我很抱歉！」

那隻眼直瞅著他。

「我也對柯瑞波和貝利感到很抱歉，我不知道這對他們來說很殘酷，我惹了大麻煩，又沒錢，那看起來是唯一的方法……。」

老人眨了三次眼，然後閉上眼睛，一條淡藍色的靜脈在眼皮上流動。不准再找藉口。

「好吧！」文斯說。

老人又睜開眼睛，等待。

「嗯……你手中還握有暗殺我的交易嗎？」

考勒提眨了三次眼。沒有。他的呼吸沉重又帶腐臭味。

「你的老朋友中是不是有人一直想幹掉我？」

眨了三下，直盯著文斯。

「我被盯上了！」

那隻眼直勾勾地。

「難道不是你嗎？」

眨三下。

「你想會是誰？」

眨三下。

「好吧！」雖然天色放暗，他仍可以看清房內的物品。其中一面牆上掛了狹長的維拉薩諾大橋照，大橋還在施工，鋼骨暴露在外，另一面牆上則有幾張純種馬的相片，他記得老多以前很喜歡馬。「好吧！」文斯又說了一次。「謝謝你！」他來到粗呢袋旁，從中拿出裝有現金的信封，數了八十張五十，共四千塊的鈔票放在考勒提旁邊的床上。老人的眼珠先是轉到最上方，接著又落下來，看著胸膛的位置。文斯將一疊鈔票拿起，推進考勒提雞爪般的手中，他的皮膚又冷又硬。老人的眼睛眨了兩下，似乎強調著：很好。

「只有四千。」文斯說。「還不到我借的三分之一。我不知道能不能還清利息，但只要我一到家，我會把剩下的本金寄給你，可以嗎？」

眼睛眨都沒眨。

「還有，如果你……走了，我會把錢寄給你太太的，可以嗎？如果這樣做，我們能扯平嗎？」

愣了一下，兩次眨眼。

「謝謝你。」文斯拍拍老人的胸膛，起身。老人的眼睛跟著他移動。「我能問你一件事嗎？」文斯說。

眼睛直盯著。

「你的人生，你從沒厭惡過嗎？」

老人僅望著他。

「如果有人給你重新開始的機會呢？新名字、新城市，任何的一切，就這樣義無反顧地離開，你覺得你做得到嗎？」

那隻眼瞅著文斯，眨了兩下。

接著，老人闔上眼睛，文斯等了一會兒後走出房門，外頭的空氣清新，文斯大大吸了幾口氣。考勒提太太出現在走廊，和文斯擦肩而過進入房間。

文斯穿越客廳，當走到大門旁時，考勒提太太的聲音在背後響起。

「你留錢給老多？」

他未完全轉過身。「是的。」

「為什麼？」

「我欠他的。」

她凝視了一分鐘後，瞇起眼睛。「馬蒂・哈根。」她責難似地喊出了他的名字。「你就是馬蒂・哈根，沒錯吧？」

他不發一言。

「混蛋，你知道老多從來沒責備過你嗎？從來沒說你一句壞話，他其實喜歡你，你知道嗎？你欠的那些錢他本來想自己扛下的，**自己扛下！**這就是被你糟蹋的好人，你這沒用的……」

文斯盯著地面。

「我的老多，他認識普羅法齊（譯註：紐約五大黑手黨分支家族『普羅法齊家族』的創立者，在一九二八年至一九六二年擔任頭目，『普羅法齊家族』隨後因為喬伊・科倫波的接管而改名為『科倫波家族』）和加洛兄弟（譯註：為紐約惡名昭彰的黑道人物，皆屬於『普羅法齊家族』的一員，兩兄弟在之後的家族內鬥中爭奪領導權），我還在這張桌子上服侍過喬伊・科倫波（譯註：一九六四年至一九七一年間領導『科倫波家族』的頭目），四十年來，老多從來沒有錯怪誰，從來沒在牢裡待超過一個週末。他專業得很，不在自己的住區裡活動，不賣毒品，拉拔六個孩子長大，栽培他們，讓他們不必走自己的老路，能有好工作。我們的老大保羅是會計師，我們的老么瑪麗亞在橙縣當藥劑師。當我們家的老多任務完成，當他能清閒地逗弄孫子時，卻栽在一個還不出債的愚蠢小偷手裡！為了什麼？那幾千塊？我呸！」

文斯看著自己的鞋子。

「就好像看到老虎被蚊子擊倒。」

「他在裡面待了多久？」

她揮揮手，好像沒什麼大不了。「一年。他們以為能改變他，讓他戴上信號器，但他不讓步，老多不是這種人，不管是一年還是八十年都不會，他有骨氣，你們這種用屁眼思考的人不會懂的。但就是這種個性毀了他，他出獄後，一隻手不聽使喚，然後他的右半臉成了……」她看了看老人的房門。「你幹嘛帶那些錢？你要做什麼？」

文斯畏縮了一下。「我只是想做對的事。」

她的雙眼刻意勾著他不放，也不讓他的眼神有迴避的機會。「是嗎，但你現在才做已經太遲了！」

當你跟蹤某人的時候，最好的方式是像三點鐘的影子一樣，與對象平行，而不是在他後方：要跟在旁邊的車道上，或更高明些，跟在邊道或小巷裡，領先對方兩步或落後一步的位置，這樣的話，不管目標物往左右看或是向後瞧，都察覺不出異狀；此方法需要專注力與預知力，不過在執行的同時，你的感覺也會跟著敏銳，最終，當對方還沒開始行動前，你已經知道他的目的地，至少，這是艾倫・杜普立最近歸結出的理論。他在拉瓜地亞機場的航站間盲目地穿梭，感覺自己更像是一名觀光客，而不是警察；這是他首次光臨紐約，為的是尋找一個可能叫文斯・肯頓的難纏傢伙。你就去大海撈針吧！事實上，他覺得這就是費爾普斯同意這趟行程的原因：他明白根本沒什麼勝算，就讓那隻菜鳥白忙吧！

杜普立抓起行李箱圓潤的把手，朝機場前廳走去。半路上，一隻有力的手拍了拍杜普立的肩膀。

「嘿！混帳東西，慢點，你是阿杜警官嗎？」

杜普立聞到酒精味，他轉過頭，見到一個龐大又厚實的身軀，禿頭，穿著平凡又緊繃的休閒褲與襯衫，以及一件帶有肩部手槍套的夾克，此人眼皮浮腫，皮帶上掛著手銬。杜普立伸出手。「我是艾倫・杜普立。」

對方無視那隻手，逕自拿起杜普立的行李。「操他的長官！啊？大老遠把你派到這鬼地方，只因為某個意志消沉的人登上了操他媽的飛機，我告訴你，阿杜……操他的長官，大懶豬，他們就這德行！」想了一下後：「我叫東尼・查爾斯，幾乎每個人都叫我警探查理，或查理，但他們通常叫我操他媽的查理。」這位警探所說的每個字均脫口飆出：除了操這個字以外！在說此字時，查理似乎將它當信條般緩慢出口，就像一隻浮出水面的鯨魚。他大跨步走過機場，行李在他手中左搖右擺。杜普立每隔幾分鐘就必須小跑步跟上。「我是不管他人閒事的！但我那操他媽的巡佐打給我，說他那兒有個從西雅圖來的混帳小子正在查什麼鬼殺人犯的，需要人帶他四處繞繞。我想說，操！我得加班。」

查爾斯警探飛快穿過行李區來到外頭，到達一輛停在人行道邊、沒有標誌的車旁。車子的後座放了一堆小山高的鞋盒，約有二十個，其中一個盒蓋打開，裡頭的嶄新愛迪達慢跑鞋清楚可見。一名西語裔男孩靠在車子的引擎蓋上，當他見到查爾斯後立刻直起身子，查爾斯解開車鎖、打開後座的門，拿一雙鞋交到年輕人的手中，男孩邊點頭邊離開。接著，查爾斯打開後車廂，粗魯地將杜普立的行李摔進去。「操他的兔崽子，叫他們看你的混帳車還要賄賂他們，你西雅圖那邊會這樣嗎？在這裡，操他的波多黎各人會偷你他媽的天線。阿杜，西雅圖那邊有很多波多黎各人嗎？你是什麼，十號嗎？這邊的鞋子自己拿。」

兩人上路了。

在查爾斯滔滔不絕的洪流中，杜普立覺得有必要抵抗這股潮水，想假裝告訴他，他懂他在說什麼。杜普立煞有其事地將資料拿出，簡短做了報告。「我們很感謝你在這件事上的幫忙。」他打開資料。「我們要找的人叫文斯・肯頓，我們第一次和他在犯罪現場接觸是三十六個小時之前，他說他不認識被害人，但隨後我們在死者的名片簿上發現他的名字。」

「是喔！」查爾斯說。他的頭不時注意著車潮。

「他自己上門來接受訊問，承認認識被害人，但他有不在場證明，所以我們放他走。」

「嗯，是喔！」趕時間的查爾斯心不在焉。

「在首次訊問後，我開車送他回家，要他別離開城市，但隨後我們在被害人的物品中找到幾張竊來的信用卡號碼，旁邊有他的名字，因此我回頭找他，想再問他幾個問題，但他已經逃走了！房子亂得一塌糊塗，行李箱不見了。我們有搜索票，在巡過他的房子後，我們發現大麻的蹤跡，還有其他的信用卡號碼。」

「是喔！」

「於是我去了肯頓早先說過要去的餐廳，那裡的主人記得他，說他打了幾通電話，記下一些事情，所以我翻找了垃圾……」

查爾斯終於轉過頭，露出半個笑容。「你翻找了操他媽的垃圾？」

「沒錯。」杜普立謹慎地說。他舉起裝有縐巴巴紙片的透明塑膠袋，讀道：「夥伴。灣脊區。已婚。傑瑞。蒂娜‧麥克葛瑞夫。長島。」

查爾斯大笑。「哦，這不就是了？」

不過，杜普立喜歡說完整個故事，即使只有他自己在聽。「所以，我今天打電話給航空公司，清查到紐約的班機，賓果！泛美航空有個文斯‧肯頓的人從史坡堪飛到芝加哥，再從芝加哥飛到拉瓜地亞，今天早上到的，剛在我前頭離開，所以我們訂了機票，也打電話詢問你們能否給與幫助，然後……我就出現了。」

查爾斯似乎與他站一陣線了。「這傢伙叫什麼？」

「文斯・肯頓。」

「肯頓?像紐澤西那個肯頓?」

「我們認為那是化名。」

查爾斯警探似乎不耐煩了起來。「哦,搞什麼鬼?他到底是不是叫這個名字?你他媽的別在這跟我扯淡,西雅圖小子,我心情操他的非常不好。」

杜普立不知該如何回應。

查爾斯朝他的胸膛揮了一拳,痛啊。「唉喲,我逗你的!老兄,我說的話不必當真,懂嗎?你如果去問其他的下三濫,他們會跟你說同樣的話:查理說的話別當真,除非他的表情是這樣。」他將嘴巴與鼻子縮成一團,像隻牛頭犬似的,杜普立發現他雙眼呆滯:他醉了,這傢伙醉了。「記住這張臉,阿杜,你如果看到這張臉,就躲到最近的一張混帳桌子下。」

查爾斯駕駛的維多利亞皇冠在車陣中穿梭蛇行,大口吞下車與車之間的距離。「操他媽的別擋路!」查爾斯在駕駛屁股後頭喊道,手則不斷按響警笛。「操你們的全滾開!」當他開進對向車道好超越一輛公車時,杜普立趕緊抓住儀表板。車子回到正軌上,查爾斯仍拍打著警笛。「你們這些人要去哪兒?有那麼該死的重要嗎?你們這些王八蛋有誰在追殺人犯?沒人嗎?操他媽的那就給我讓開!」

杜普立開口提醒查爾斯,現在文斯・肯頓……不管他的真名是什麼……只是一個關鍵目擊者。但他認為不只這樣。

「我們必須向警察慈善協會代表打聽,」查爾斯說。「然後我們還可以抓一個警察局的常客來問問,看他認不認識這傢伙。你喜歡義大利人嗎?」

「實際上，有個女孩，我覺得可以從她那邊下手。」杜普立從資料中拿出一封在文斯家找到的信，基於某些原因，信封上的名字與地址還有信件頂部都被裁掉了，不過寄件人簽下蒂娜這個名字。這也是費爾普斯同意派他到紐約的理由：這封信，以及他在垃圾堆中找到的縐巴巴紙片。「瞧，一封蒂娜寄的信，還有在紙片上的名字：蒂娜・麥克葛瑞夫。我們認為她們是同一人。」

查爾斯不予理會。

「上頭有傑瑞和蒂娜・麥克葛瑞夫這兩個人，要不要猜猜他們住哪兒？」

沒答腔。

「長島。我這兒有她的地址，瞧，我在垃圾堆中發現的紙片：長島，看到了嗎？」

「阿杜，你想找女人啊？幹嘛不直說？你來到的是個大城市，你以為老查理不會幫你打點這種事？我們不必去長島，操他媽的鬼地方，西雅圖小子！想開點。」

杜普立張嘴想糾正他，但查爾斯的手探到座位旁，拿出一小罐傑克丹尼爾喝了一大口後，準備遞給杜普立，但突然朝前頭的車揮動手中的酒瓶。「操，別擋路！」

在見到班尼前還有兩個鐘頭的空檔。文斯搭地鐵回曼哈頓前往中城，來到人來人往的第五大道；所有的眼睛、所有的面孔都令文斯惶惶不安，他揮不開雷・史帝克斯突然出現在人群中或大廈間的念頭。雷會花多久時間才發現文斯不在史坡堪，然後追到這兒來？他盯著電影院前的劇目表，三部裡頭有一部叫做《變形博士》，文斯幾個月前才讀過這本小說，那是他第一次想引凱莉注意的時候。這故事講的是一名年輕科學家在一場實驗中，將自己放進一個剝奪感覺中樞的水槽中；文斯清楚記得自己是在哪裡停止閱讀的，還不到三十頁，在放棄小說前，其中一個人物說了：「生的時候，我們帶著疑惑哭喊著，死的時候，我們也帶著疑惑哭喊著，人的一生，是由不斷說服自己仍活著的過程串連起來的。」不過，瞭解一下結局是什麼也無妨，所以文斯低頭走進戲院。

只是電影既緩慢又黑暗，使得文斯無法專心。當他的爆米花吃光時，文斯離開了。他走了一會兒，接著叫了輛計程車，前往戴斯伯拉斯街上的「灰色咖啡」餐廳。站在班尼身旁的，是一名穿著黑襯衫、白夾克的男子，他的手在鼠蹊部前交叉，使他看起來像一名護著球門的足球員。這名男子被灰色籠罩，太陽眼鏡上是暗藍灰色的眉毛，灰白的頭髮在太陽穴附近開始稀疏，他的黑色襯衫在前胸敞開，一條金鍊子棲息在脖子的皺摺與濃密的銀色胸毛間。

班尼站在文斯和男子的中間，像個拳擊賽裁判。即使頂著金色爆炸頭，在兩人中間的班尼仍矮了一截。「嘿！」他對文斯說。「這是我跟你提過的客戶，比提，這位是……」文斯看得出，他的老朋友正提醒自己介紹他的新名字，他們說好的。「這位是文斯・肯頓。」

他們帶著防備地握握手，接著走進餐廳，經過收銀台，逕自來到一個靠窗的小包廂，所有東西都準備好了：三份餐具、三杯開水。比提將印花棉布窗簾拉上，緊張地坐下，手指來回摸著餐具墊。墊子上印有「**美麗的義大利**」字樣，比提並未低頭，只是以手指觸摸義大利的字體。

班尼與比提坐在同一側。「好。」他說。「我已經告訴比提你的故事，當作是給我一個人情，他同意幫你。」

「非常感激。」文斯說。

「但你不能對別人說你曾和他談過話，或我是他律師這件事。如果你問了他不願回答的問題，就別再追問，明白嗎？」

文斯點頭。

「你也不能對任何人提起今天的談話內容，即使我都不行，幫助像你這樣的人，比提可能會惹上麻煩。」

文斯因為這番話的尖銳而感到訝異。

「所以今天的事從沒發生過。」班尼繼續道：「明白嗎？」

「當然！」文斯說。

「那好吧。」班尼說。「我要坐到吧台了，因為接下來每一句話我都不該聽到，你們談完後揮手叫我。」

兩人看著班尼走到吧台，脫下外套；一名服務生接近，比提點了一份啤酒和義式牛肉捲，文斯只要了杯威士忌酸酒。當服務生把兩人的飲料拿來，順便放下前菜盤後，比提將太陽眼鏡摘下，一對疲憊的眼睛露出：它們也是灰色的。他拿了一片乾酪、臘腸和橄欖。「班尼說你和雷・史帝克斯槓上了？」他的聲音粗糙又緩慢，好像在水中說話般。

文斯點頭。「我想是這樣。這傢伙塊頭大又結實，黑頭髮，眉毛跟毛毛蟲似的，見了每個人都叫老大……」

話還沒說完，這位「客戶」已頻頻點頭，喝了口啤酒。「對，是雷・史帝克斯沒錯，我和這畜生玩過牌。」

「我要怎樣知道誰派他來對付我？」

「只可能是那個傢伙。」

「誰？」

比提從前菜盤中揀了另一枚橄欖。「史帝克斯替強尼・保伊工作，後者是皇后區甘比諾家族的大佬，歐松公園裡的大小事，不論搶劫、地下生意、賭博等都歸他管，他的兄弟經營海洛因交易。強尼像老一輩的黑手黨，注重傳統，總說要重返舊日榮光，真是滿嘴謊話，老滑頭一個！那種別人不做的生意他都撿來做，這也許是他們找到你的原因：別人不做的生意。」

「你覺得他願意讓我還清債款嗎？」

「很難說。」比提皺眉歪頭。「強尼不是對錢反感的人，但他的想法很難捉摸，非常敏感，大概是看太多電影了。去年三月他孩子被車撞，從此以後他就瘋瘋癲癲的，難以預料。」

「我要怎樣找到他？」

「強尼・保伊的手下聚集在博金漁獵俱樂部，但我會避開那個地方，像你這樣的人不可能進入那種大本營的。」他第一次直視文斯的眼睛。「沒有要冒犯你的意思。」

文斯當作沒聽到。「那麼還有哪裡？」

「試著不經意地與他碰頭，他喜歡賭博，常常整個週末喝得醉醺醺，在牌桌上丟下十個、二十個籌碼，你打牌嗎？」

「嗯，玩一點。」

比提從餐具墊上撕下一小塊紙片，向經過的服務生借了一枝筆。「今晚在勿街的一所公寓裡有場高籌碼的賭局，我會為你做擔保，幫你進門，你也要幫我付入場費，接著我會很快消失在人群中，在你開口說話前從現場脫身。」比提在餐具墊上寫下地址。「那裡經常有兩或三場賭局，我無法保證你能與強尼・保伊同桌，但如果你擺闊綽，讓自己成焦點，甚至贏了錢……你也許能被盯上。」

文斯向比提道謝，他只是聳聳肩，看了看在吧台的班尼後，將視線轉回文斯身上。「聽好了，班尼說你這人還不錯，所以我只提醒你一次：小心強尼這個人。他不正常，自從他的孩子被撞死後……」話到一半收了回去。

「他孩子多大？」

比提在前菜盤中挑撿著。「十二歲。」

「老天，撞他孩子的那個人呢？後來怎樣了？」

比提從盤中拿了一粒橄欖，凝望著，展示給文斯看似的，將它丟進自己的水杯中；兩人看著橄欖下沉，就像見到某物沉到東河的河底般。

他們在隧道裡飆速，查爾斯警探仍不斷按著警笛，踩油門的聲響、威士忌酒瓶的碰撞聲此起彼落，在隧道的另一側，杜普立見到紐澤西收費公路的標誌，他轉向查爾斯。「嘿，我們在紐澤西？」

「反正不是在操他的西雅圖。」

杜普立低頭察看手中的資料。「我想，我們應該去找蒂娜・麥克葛瑞夫談談，否則就太遲了……」

「操他媽的別跟我說這個，西雅圖小子，我有事要先處理。」

「但是……」

「聽好，我本來這個操他媽的小周末夜可以放假，找找女人，結果我們巡佐打來說某個從和平小鎮來的王八蛋需要協助，我就趕緊來了！你以為週五晚上想找個紐約警探自願拽著你屁股到處繞很容易嗎?你應該先考慮一下我的事，別給我機機歪歪。」

「對不起。」杜普立說。

他們出了公路，經過一排又密集又破舊的房子，幾分鐘後，來到一個小商業區。查爾斯將車停在一間磚造店面前，一台乾洗機擺在店門旁，一塊掛在紗門上的牌子寫著：奈蒂的店。

查爾斯跳到車外。「來吧！西雅圖小子，先和我的工會代表吃頓飯，然後去找你的女孩。」

杜普立坐在車內，有點不知所措。

「噢，拜託！你他媽像個娘們似的。」查爾斯咬咬牙後，靠回車邊，露出一個迷人的微笑。「喂，我保證你沒吃過這樣的食物！在我們吃碗操他的麵的時間，你那傢伙哪兒都跑不了。來吧！給我點面子。」

奈蒂的店中光線充足，牆上掛滿裱框照片，有義大利電影明星、客人與一對矮小義大利夫妻的合照以及義大利地圖，懸吊的籃子中裝有茄子與朝鮮薊，另也掛了吉安地酒的酒瓶。在餐廳前方的長桌上，食材一一裝在平底鍋中，有闊麵條、通心粉、義大利麵條、肉丸、香腸，以及綠豆和美洲南瓜。大部分的客人為男性，坐在鋪有格子花紋桌巾的長野餐桌前，用水杯喝著吉安地酒。

一名又老又駝背的義大利男子坐在櫃檯後的凳子喊道：「查理，兩位嗎？」他的照片可在牆上見到。

「沒錯，朱塞佩，他是阿杜，加州來的混蛋警察，到這兒瞧瞧紐約警察是啥模樣！」

杜普立張嘴欲糾正查爾斯，他轉過頭小聲交代：「我知道你不是從加州來的，但那個操他媽的義大利佬不會知道西雅圖在哪兒。」

「查理，那他是牛仔嗎？碰，碰？」

「沒錯，朱塞佩，操他的碰碰牛仔。」

老義大利人以手指做出開槍的手勢。「碰，碰！」

「你埋單。」查爾斯說。「付他錢。」

杜普立給了他十五元，查爾斯抓了一個盤子，杜普立不知道除此之外還可做什麼，因此有樣學樣。盤子裝滿食物後，他們加入了角落一名嚴肅男子的行列，此男子臉頰瘦削，頭髮紮成一束，正吸著菸，他的空盤子和葡萄酒杯都已推到一旁。他看了看查爾斯，又看看杜普立，最後回到查爾斯身上，嗤了一聲鼻，吸了一口菸。「你他媽的去哪兒了，查理？都快八點了。」

「麥可，我今晚值勤，我告訴過你了！」

「你啥都沒說，你為什麼還在上班？」

「我發現我得加班。」他看了看杜普立。「有人可以為我的行蹤作證。」

「這小子是誰？」

杜普立張嘴想介紹自己，但麥可不太搭理他，杜普立只好讓查爾斯警探代勞。

「他是阿杜警官。阿杜，這是麥可，警察慈善協會代表。阿杜從西雅圖來，今天我們一塊兒處理一些鳥事，就像夥伴一樣，所以我有操他的不在場證明，對吧？」

杜普立因為**不在場證明**這幾個字心驚了一下，不過隨著肉丸入口，那股膽顫的感覺也跟著消失；這是他吃過最美味的肉丸，香料濃郁、肉味充足，好像有人用牛排餵養番茄似的。「哇塞，非常好吃！」他說。

查爾斯大笑，麥可只是凝望。

「看吧，我說過阿杜沒問題。他會證明我今晚幫他做事，是不是，阿杜？」查爾斯說話時滿嘴的食物。

杜普立感覺胸口緊緊的。「你們在說什麼？」

麥可將菸灰彈到查爾斯警探的盤中。「我不敢相信你現在還有胃口，查理，你他媽的簡直是隻豬！」

「操你的，麥可！」

「我才操你的，查理！老兄，這次你搞砸一切了！」

杜普立看看這兒又看看那兒，咬了一口的肉丸還在叉子上。

「我知道。」查爾斯滿嘴的烤通心粉。「所以……」

「所以？」麥可捻熄香菸。「所以我已經厭倦幫你擦屁股了。」

「別這樣！為什麼把我當三歲小鬼似的？別再刺激我，告訴我該怎麼辦。」

麥可嘆口氣。「你麻煩大了，查理。」

「我知道。」

「是做個了斷的時候了。」麥可又點了支香菸。「天下沒有白吃的午餐，查理，也沒有該死的免費網球鞋。」

「這我都知道，麥可，直接告訴我該怎麼做。」

杜普立左看右看。

「我告訴你多少次？別在河的這一邊搗亂！查理，那女孩的父親是紐沃克（譯註：紐澤西最大的城市）議員，這我幫不了你。」

「你有沒有查出……她說了什麼？」查爾斯問。

「她說……」麥可再次看了看杜普立。「你確定想要在他面前談這件事？」

「我現在就出去。」杜普立站起身。

查理伸出手，將杜普立的大腿壓下。「不必，阿杜留下，夥伴間沒有秘密。」

麥可聳聳肩。「她和她的女朋友開車到字母城（譯註：位在曼哈頓的下東城，是曼哈頓唯一一個街道以A、B、C、D字母命名的區域）買了十塊一袋的大麻，你叫住她們，將其中一名女孩帶到車內，強迫她幫你口交，然後偷了她們的可卡因。」

杜普立沒了胃口，將盤子推到一邊。

「哦，」查爾斯惱怒了起來，他的光頭出現皺紋，一直通到頭頂，他吃了一口麵，用叉子指畫著：「事情不是這樣的，麥可。」

「是嗎？那是怎樣？」麥可從舌頭裡撿出一片菸草，看了看杜普立的盤子，接著抬起眼，第一次與杜普立對視，但很快又將視線轉回查爾斯。

「其實是她脫了我的皮帶！麥可，我沒強迫任何人，操，我是在幫她。」

「噢，拜託。」

「喂，麥可，我怎麼知道她是議員的孩子？你他媽的簡直要我的命。」查爾斯警探喝光他的酒，伸手拿杜普立的杯子。「難道沒更好的解決辦法嗎？」

「更好的辦法？調查局已聽到風聲，我們有什麼更好的辦法，查理？」麥可大力吸菸。

「聽我說……」查爾斯握住麥可的手臂。

麥可將手抽回，指著查理的鼻子。「我知道你日子不好過，查理，但這種鳥事該停止了！」

「會的，會的，我發誓！」查理好像看見曙光般。

麥可盯著自己的裊裊菸霧。「我和那個議員見了面，你也許猜得到，他對自己女兒在選舉前十天買可卡因的事不太訝異。」

查爾斯用叉子指了指。「我知道你能幫我，麥可。」

「閉上你的賤嘴，查理！算你走運，這議員是個下三濫，如果是我的孩子，肯定打爆你。」他吸了一口氣。「這傢伙和支持他對手的工會有過節，但他不想親自動手……所以如果你能幫他……我不知道。」麥可將一張摺起來的紙片推到查理面前。

查理捏了起來，打開，杜普立見到麥可在上頭寫了工會的電話號碼以及戴瑞・格林這個名字。「他要這傢伙做什麼？」查理問道。「要斷他的腿？還是要斷手？」

「不，不，不是那樣的，只要傳達訊息就好！」

查理眉開眼笑，好像中了樂透。「就這樣？」

「要強力的訊息。」麥可說。「然後，我想，議員會處理女兒這邊的事。」麥可說。「但你的問題只解決了一半。」

「什麼意思？」

「內政部那裡掌握了一名可卡因毒販，他們認為你跟這人有協議，在他將毒品出售給城外的買家後，你就對那些買主下手。」

「混帳，都是那個馬里歐！」查爾斯激動地說。接著，他抹抹臉，試著重新露出笑容。「這件事我會處理妥當的。」

麥可向前傾。「查理，你不能讓這爛攤子鬧大。」

「我不會的，麥可，我不會的，我發誓，這之後我會花點時間……把所有事都打點好，只是需要你的幫忙。」他將手放到桌上。

「嗯，那好！」麥可也伸出手臂，緊緊握住查理的手。

從頭看到尾的杜普立目瞪口呆。他清了清喉嚨。「是這樣的，兩位，我不想蹚這渾水，這是你們的事，跟我毫無關係……」

兩人緩慢地轉頭，好像方才忘了杜普立存在似的。麥可笑笑，拍拍他的手臂。「阿杜，要不要再來點酒？」

每人兩張底牌、三張公共牌，接著發一輪轉機牌，再發一輪河底牌，然後就大勢底定。德州撲克有其規則，但也憑直覺，就像呼吸一樣，即使三天未闔眼仍能反射性地出手。突然間，不管你是在紐約或華盛頓，或你是文斯、馬蒂或吉米・卡特……現在檯面上的只有撲克牌，每個人都是同一副牌，五十二張、四種花色、牌角圓潤、交叉平行線的圖案，這種樣式的撲克牌隨處可見，你將它帶到牌局中，好像它是救命稻草：沒錯，它的確能。

文斯一開始的手氣很旺，兩張底牌是同花色的K和J，他打算立刻押下大量賭注，擺擺闊綽。賭金高額，兩人退出，在公共牌圈時又有兩人放棄，轉機牌圈時另外三人退出，此時文斯錯失擁有同花的機會，但在河底圈時拿到另一張K，贏了一名厚鏡片的禿頭男子三百塊，熱鬧的對話開始在四周響起：大夥兒今天有夠背的啦！欠高利貸的錢都堆到眼前啦！或哪個假釋官是蠢蛋啦！文斯對他們使用的行話感到親切，但似乎又無法真正瞭解其中細節。比如誰的運氣背、哪個高利貸、哪位保釋官。突然間，他瞭解到這與甜甜圈店的對話，或是正常女士的街上交談不同，他們的內容不外是家長會、碳烤、牙齒矯正器、活期存款，**香蕉蘋果草莓**。

文斯在一局牌中棄權，下一局也拿不到好牌，接著一局，再度棄權。其中一名賭客想與文斯交談，但他僅簡短回應：曾在紐約住過、搬到西岸、在華盛頓經營一家甜甜圈店、遇到一名老友說他曉得有場不錯的牌局。

他幫自己與比提付了入場費，每個人兩千，但比提一場都沒玩就蹺頭，文斯有種被困在兒童桌的感覺，身旁盡是些無名小卒，是食物鏈的最底層。這下好了，才第一桌就被困住，九個人一邊喝酒抽菸，一邊玩著德州撲克；不過，如果他事先知道這兒的規定：入場費一次付清、其中百分之十給屋主……。他能猜到這棟建築裡還有其他房間，同樣進行著九人一桌的牌局，最後，在其他人退出後，剩下的賭客會併成一大桌，十到十五人，如果他能撐過這場牌局，也許下一局，他就能更深入這棟建築，見到那些財力更雄厚的玩家，最終與強尼・保伊坐同一桌，讓他能試著買到自由。

「你當過兵嗎？」

文斯抬頭，眼前一名老人兩頰凹陷。「您說什麼？」

「你的頭髮，現在沒人剪這麼短了！」

文斯這才想到自己那一頭短髮。「沒有，我沒當過兵。」

「我參加過諾曼第戰役，在奧馬哈海灘。」老人開始傾吐。「一小時內我們那排一半的人就陣亡了！」沒有人抬頭，他們早就聽過這段故事。「子彈不比暈船還糟，當我們登陸時，真是大大鬆了口氣。」另一名賭客不理會老人。「我永遠忘不了，我親眼見到一個人背著背包沉入海底，沒中彈，就這樣跳船然後下沉，隨著滿身的重量滅頂。」

文斯低頭察看自己的牌，他拿到一對九，其他人則虛張聲勢押下大筆賭金：太容易識破了，文斯當然跟了注；本來這種牌在山姆的地窖贏不了二十塊的，在這種高賭注的場合更不消說。文斯領到第三張九，有那麼一刻，文斯專注盯著發牌動作，以至於想與強尼・保伊同桌的念頭被拋在腦後。接著，他手上的五張牌中，最大的是J，而且都不同花。正常情況下，他會放棄這局牌，但現在時間緊迫，他沒辦法花太多心思，於是，判定此刻是全押注的好時機。結果證實這是有科學根據的：當賭金愈高時（這大概也是文斯押過的最大筆賭金），愈容易虛張聲勢，也愈容易贏得所有賭金。這個方法奏效了，其他的賭客都棄牌，好險，文斯手上可是沒啥好牌的。當另外四人退出賭局後，文斯有資格再進一局。現在其他的賭客開始注意文斯了，他們將目光投射在他身上，盯著他的手和面孔。兩名賭客還在局中，三張公共牌分別是A、Q、四，發牌者翻出一張九，在河底圈中，又給了一張四。文斯對面的男子攤牌：A和九，有人吹起口哨。文斯翻看自己的牌，一對Q，他押下另一顆籌碼。還不到一小時，已有兩個人離開賭桌，全輸光了。其中一人是來自奧馬哈海灘的老人，他看著文斯，文斯擠不出半句話，在他腦中的畫面裡，老人還在軍中，全副武裝沒入黑水中。「很榮幸跟你玩牌。」文斯說。他的籌碼堆成一座小山，但不是一疊一疊整齊放好，原本的兩千塊現在已成六千元；此時，真正的高手坐了進來。

「剛剛你說自己是做甜甜圈的，你是指……？」

文斯轉頭看了左手邊的男子。「您說什麼？」

「甜甜圈。」這男子的臉似橡膠般，眼窩凹陷、嘴唇厚實，還帶著一口外地腔調。「你談到楓蜜棒之類的東西？還是炸圓麵包？」

「對，楓蜜棒、炸圓麵包、長泡芙、蛋糕甜甜圈，什麼都做。」

橡膠臉大笑。「哦，我還以為這是什麼事的婉轉說法呢，你知道的……比如說，做甜甜圈。」

同桌的其他賭客也跟著大笑，但其中一人認真問道：「你塗果醬嗎？」

「沒錯，我們塗果醬。」

男子微笑。「這樣聽起來才讚呀！是不是啊，肯？難道不好嗎？要不要來個有果醬的甜甜圈？」

一個坐在對面的鼬鼠眼黑髮男孩聳聳肩，指指他的絲質襯衫。「我穿這件襯衫的時候才不會吃果醬甜甜圈咧！去你的，湯米，見見世面好不好，大人才不吃那種甜甜圈。」

文斯打量著牌桌上的其他人：司機、騙子、吹牛專家、朝五晚十者，都不是什麼有智慧的人，大概也沒有誰發達了，當一個老傢伙夸夸其詞時，文斯實在找不到不海削這些王八蛋一頓的理由。他將自己的兩張牌摺起一角，一對十，凝望著。對於今晚，他設想過許多情節：他會被趕出賭場；他能留下，但見不到強尼·保伊；他終能與他碰頭，但強尼·保伊會立刻下令將他拖出去斃了；實際上，文斯最不敢奢望的就是好運。

挾著領先的氣勢，文斯殺紅了眼。他擺出蠻橫氣焰，不理會他人的虛張聲勢，結果便是籌碼愈堆愈高、傾斜，最後崩塌，壓垮其他的籌碼堆，像個羅馬柱遺跡。手氣好時，他選擇下大注，給其他賭客嘗點甜頭。在這個傍晚，拿到什麼牌不重要，怎樣動腦筋才重要。即使手中無牌，他也能贏得半數的牌局，另一半的牌局中，賭客則照著文斯的劇本走。

剩下三人時，文斯認真起來了，等待其他人走過來坐下之際，他瞄了一眼自己的牌（Q和九），先押小錢，讓其他人加注，接著再跟上多一倍的籌碼，惹來其他人的怒目，他們看看自己的牌，也瞧瞧文斯的，又看看自己的，再瞧瞧文斯的（牌蓋著，他不會再看第二次，這些人不禁懷疑，他真看過自己的牌？）。他們看自己的牌，又看文斯的，最後跟注。公共牌發下，Q、J和九。

看吧！現在他們抽不了身：至少不會爽快退出。不大說話、頭髮烏黑發亮的第三名賭客此刻將所有賭金押下，文斯仍持續加注一倍的動作，隨後，肯也押上全部籌碼。牌局來到轉機圈和河底圈：一張六、一張Q。桌上的賭金數量正合他意。

肯翻出一個Q領頭的順子，頭髮烏亮者亮出以A為首的同花，好牌，每八十局只有一局能出現這樣的牌。但文斯拿了葫蘆，三張Q兩張九，贏得賭金。文斯很久沒玩過賭金如此高的牌局，更不用說贏錢了。在繳納兩千塊入場費、與八人交手後，文斯在兩個多小時內贏得一萬六千塊，即使扣掉給考勒提的錢、幫比提付的兩千元以及給屋主的抽成，他還有八千塊可拿，現在，強尼是他唯一的目標。

文斯坐回原位，喝光威士忌，烏亮黑髮男子點燃一支菸，靠到椅背上。「你說，你是做甜甜圈的？」

「沒錯。」文斯說。

男子揮舉起手中的香菸。「對一個做甜甜圈維生的人來說，你他媽的牌打得真好。」

「誰說我靠那個維生？」

眾人大笑。

「你專出老千呀？這才是你本行？」

「不是。」文斯說。「我只是運氣好，每個人都有好運來臨的時候。」

「不對。」烏亮黑髮說。「他們就不能，不是每個人都能獲得好運，這就是運氣，它像個賤貨一樣會歧視人的。」

文斯笑笑。

烏亮黑髮伸出手。「我是卡麥。你剛獲勝的是我拿手的牌局。」

「文斯。」兩人握手。

「還早，想再多玩一會兒嗎，文斯？」

「你是說還有其他牌局，卡麥？」

「文斯……」卡麥吸了一口煙。「牌局總是有的。」

見鬼了，到處都是，連盜屍賊都有。除此之外，還有骷髏、牛仔、公主、青蛙、流浪漢、各種角色扮演，怪異地搭配著面具、披風和假鬍鬚，看得杜普立目不暇給。另一頭，尤達和黑武士（譯註：兩者皆為電影《星際大戰》中的角色）各抓著一個枕頭套。查爾斯警探在街上緩慢地開著，成群的孩子在車頭燈前忽隱忽現。街道旁為一長排工整的兩層樓房，其中半數的門前插著美國國旗，孩子們在房子前高聲唱和。「我忘了今天是什麼日子。」杜普立說。當發現這個是非顛倒的地方：警察像發酒瘋似地蛇行、竊取毒品、接受口交……也有萬聖節的時候，杜普立感到欣慰了些。此外，這兒的房子一戶貼著一戶，見不到任何院子，讓他覺得有點像在史坡堪，原本迷惘的心也開始有了點方向感。

查爾斯停在一間小磚造建築前，上頭的膠合板寫著「四四一二選區」，門上掛有另一塊牌子：支持吉米・卡特，窗內還可見到紐沃克市議員候選人詹姆斯・伯基的名字。查爾斯下車，「我待會兒回來。」

杜普立張嘴想抗議，但查爾斯已甩上門。他走到建築物的門前，轉轉門把，但今天是週六，門鎖著。他繞到後面，過了一會兒，杜普立聽到窗戶被擊碎的聲音，幾分鐘後，寫著伯基的標語被扯下，查爾斯從前門走了出來，微笑，拿著兩個伯基的標語以及一個敞開的電話簿，其中一頁貼有標籤。上車後，他將標語丟到後座，將電話簿放到大腿上，有標籤的那一頁寫著戴瑞・格林。

杜普立靜默，只是盯著窗外。

查爾斯沿著修整過的人行道邊行駛，讀著門牌，最後停在一間帶有紅色邊飾的白屋前，他熄火，又看了一次電話簿，接著將它丟到後座，轉向杜普立。「聽著，我知道這不是你此行的任務，如果待會兒的事對你來講很……」他找不到更婉轉的詞。「糟糕，我很抱歉。但這件事比你想像的複雜，這個調查非常重要。」杜普立一聲不吭，他繼續道：「總之，我要去處理一下麥可交代的事，沒什麼大不了，然後我們就去找你的人。他叫什麼？」

「文斯。」

「對，文斯。」查爾斯警探踏出車外，接著又坐回來，拿走放在後座的夾克，以及一張伯基標語與一盒網球鞋。走到人行道時，他回頭看了看杜普立，微笑，接著走了進去。同一時間……杜普立很確定他做了什麼……解開夾克底下的前胸槍套。

郵筒上漆著「D・格林」的字樣，兩名小海盜站在D・格林的門廊上等著糖果的到來。一隻老蘇格蘭犬嗅嗅他們後，趴回去，躺回門廊的地毯上，吠叫了一聲。一名高瘦的黑人探出頭，用肩膀抵住紗門，將幾個小枴杖糖丟進他們的袋中。

當男孩們討糖吃的時候，查爾斯就躲在門廊旁的造景中，像個家長般殷殷切切地看著兩名孩子。他回頭看了看杜普立，露齒而笑。看著孩童「不給糖，就搗蛋」的身影，杜普立突然下定決心：他不會讓這種事發生。他要跟上前去，他不會插嘴，但絕不讓任何一個人受到傷害：這是他給自己的底線。杜普立抽出槍，將握槍的手伸長到膝蓋前，另一隻手則關上保險；做這些動作時他未低頭。什麼樣的人做什麼樣的事。他告訴自己：如果查爾斯將手伸進夾克，他就衝到車外；不得改變心意。

海盜離開了D・格林的門廊，查爾斯將伯基的標語捲起，像劍一樣地握著，但兩個男孩完全沒注意到，逕自踱步經過查爾斯身旁，他拉拉夾克，走上門廊的台階。

杜普立左手握槍，右手放在車子門把上。

查爾斯敲敲D・格林的大門後，走到旁邊撫摸蘇格蘭犬。高瘦的黑人再度應門，低頭尋找討糖孩子的身影，原本在撫摸狗的查爾斯站起來，走近大門，與黑人距離約一英呎，D・格林砰一聲打開紗門，聆聽。杜普立全身緊繃，他從未在射擊場外開火，但他會把這當成是自己的射擊場，他會將查爾斯的背部想像成平常練習的標靶，扣下扳機。

就好像觀看無聲電視般，查爾斯拿著伯基標語和鞋盒比手劃腳，D・格林靜靜聽著，查爾斯將伯基標語交給他，他將頭歪向左邊，接著右邊，好似提出了兩種選擇。查爾斯仰頭大笑，D・格林沒露半點笑容。查爾斯的手朝四周揮了揮，說了些什麼。

D・格林指著查爾斯的臉，手顫抖著。查爾斯聳聳肩，好像在說：嘿！別激動，我們誰也沒在嚇唬誰。他邊笑邊在D・格林的面前揮動鞋盒，接著兩手一攤做出無辜樣。下一秒，他走向前，打開盒蓋，D・格林沒往盒裡瞧。他說了些話，揉揉太陽穴，走進屋內，點點頭，關上門，滅掉門廊的燈。

杜普立鬆了一口氣，放開門把，將槍收回夾克中，當查爾斯愉快地走回車旁、打開後車門、將鞋盒丟進時，杜普立的呼吸還有些急促。「好人一個。」查爾斯說。「但他穿十二號的鞋，看來他們說得沒錯。」

他因為自己的笑話而樂開懷，接著抓起另一個鞋盒，關上後車門，踱步回去。他在造景旁停了一下，撿起一塊壘球大小的石頭後，繼續向門廊走去。他先用鞋盒抵住紗門，再走到蘇格蘭犬的地毯旁，接著，在杜普立還沒搞清楚前，查爾斯已用腳踩住老狗，將石塊砸在狗頭上，接著又砸了一次，再一次，蘇格蘭犬甚至叫不出聲。

「噢！天啊。」杜普立喃喃地說。

查爾斯警探把血跡斑斑的石塊帶到鞋盒邊，腳踢開盒蓋，將石塊丟進。當他回到車內時，露出了見到杜普立後的第一個輕鬆表情。「不給糖，就搗蛋。」查爾斯說。他喝了一口威士忌，將酒遞給杜普立。

「好啦，西雅圖小子，我們現在去辦你的事。」

強尼．保伊這個人正如班尼的客戶所形容：魁梧。他的手臂肌肉發達，黑襯衫緊繃著粗壯的身材，一隻手套著金鍊，另一隻手則戴著勞力士；老滑頭一個。這種類型的人裡，他算長得不錯。他就是這樣有型的人：他的頭髮服貼、鬢角發白、額頭兩側微禿，頭頂則有一圈濃密的黑髮；文斯若想跟他比冷笑的威力，簡直不是他的對手。

文斯坐在強尼．保伊的正對面，背後是寬敞的空間，他換了一萬塊的籌碼作為這局遊戲的入場費，同時口袋裡的錢也空了一半以上。他們的所在地是一戶空公寓的飯廳，九名男子圍坐一張橢圓形桌，面前的籌碼多寡不一，玻璃杯中均斟滿威士忌加汽水，幾個菸灰缸裡塞滿還在悶燒的白色菸頭。坐在強尼左手邊的男子握著玻璃杯和一瓶皇冠威士忌，文斯點點頭，儘管他不喜歡在贏錢的時候喝酒。門的另一邊是客廳，一群人安靜坐著看電視。

坐在強尼右手邊的胖子滿友善的，穿著一套棕色襯衫與褲子，很像跳傘裝，上衣的下襬塞進褲腰裡，露出的皮帶看起來簡直就像赤道。「卡麥說你只用兩小時就掃光他那一桌，一毛錢都不剩，沒錯吧？」

文斯聳聳肩。「還好啦！」

「你來這兒是為了送錢到我們手上？」

文斯微笑。「走著瞧囉！」

「我叫安吉。」

「文斯。」

安吉一一介紹起大家。「陶多、傑瑞、杭克、尼諾、比恩斯，還有你已見過的卡麥。」

他並未介紹強尼・保伊，最後，他自己出了聲。「強尼。」

「文斯，說說你做什麼的吧？」安吉問道。

「他做甜甜圈。」卡麥說。

幾個傢伙笑了。此時一名年輕人走到桌旁，在強尼・保伊的耳邊私語一分鐘之久，他聽完所有的訊息後，轉過頭，跟年輕人簡短交代幾句。

當年輕人離開後，強尼說：「那我們就是修水管的。」

每個人都收起笑容。

現在的賭金更高了，玩家的技巧也更勝一籌，文斯雖然拿到A與K的同花，還是輸了四百塊。這張桌上沒有人談論工作、保釋或低級笑話，他們談的是運動博彩，例如在這個比賽裡輸了多少錢或是賭盤的讓分（譯註：運動博彩的一種押注方式）很糟糕。如果你不瞭解情況，你可能會以為這裡聚集了一群好咒罵的橄欖球教練。他們談話的內容包括：綠灣包裝工隊打敗了匹茲堡鋼人隊（「我的老二都比泰瑞・布萊德肖（譯註：匹茲堡鋼人隊的四分衛）有腦袋」）；坦帕灣海盜隊完勝絕望的紐約巨人隊（「去他的巨人隊，在主場還掛鴨蛋」）；以及紐約噴射機隊領先新英格蘭愛國者隊九分（「我老二扔的旋球都比史帝夫・葛洛根（譯註：新英格蘭愛國者隊四分衛）還讚」）。

牌落下，文斯獲得兩張不同花色的A和十，下注。

文斯不得不承認：與這些傢伙同桌挺好的，讓他有衝勁。人們不瞭解的是：混蛋也挺風趣的；當然，除了他們壞起來的時候。這時耳邊傳來愈來愈多的橄欖球話題，似乎牌桌上每個人都對當天的大學橄欖球賽瘋狂：加州大學洛杉磯分校輸給了亞利桑納州立大學；更絕的是，密西西比州立大學擊敗第一名的阿拉巴馬大學。

「那群王八蛋給了十四的讓分，結果他們一出去就是六比三。天底下哪有這種事？讓分十四，才得三分，我不相信，太可疑了！」

公共牌圈，文斯拿到第二張A，下了大賭注。

「只有白癡才輸掉十四分！」強尼・保伊說。

「我是說，有人收買了那個混帳四分衛，不是不可能。」卡麥說。

「胡扯淡！」

「我只是覺得，這不是不可能。」

「不，不！」強尼・保伊將酒喝光，轉過頭。「這完全不可能，根本他媽的不可能，去你十萬八千里的不可能！」

「聽著，強尼，我說的是……」

「你說的話代表你簡直是個無知的人！卡麥，誰會做這種事？他媽的中情局?!」

卡麥的聲音弱了下來。「我只是覺得有可能。」

「不，不，**不可能**！你以為貝爾・布萊恩（譯註：當時阿拉巴馬大學橄欖球隊教練）會讓幾個小鬼破壞全國冠軍之路嗎？你覺得阿拉巴馬隊傳給一個四分衛的球多到足以輸掉比賽嗎？操他媽的你是哪根筋不對了？」

轉機圈，河底圈，文斯沒得到其他有利的牌，他手上的是一對A，希望這樣夠大；賭大點好了。安吉和強尼・保伊跟注。

「我只是說這是有可能的，就這樣。隨你去糾正。」

「你這隻蠢豬。」強尼・保伊火氣上揚，揮舞著杯子，立刻有人朝內注滿酒。「你可以閉嘴的，但你他媽的蠢到極點！好，你想知道為什麼不可能嗎？你要我告訴你嗎？」

「好啊！」

「因為我沒聽說。」

「因為你沒聽說？」

強尼將酒喝光，杯子又被注滿了。「沒錯！」

除了文斯外，其他人都笑出聲，但文斯正專注於桌子中央的一千兩百元。

時機正好，文斯亮出一對A。

卡麥還在火上加油。「所以你是說，你沒聽說它有沒有發生，那麼……它就沒發生？」

「你總算懂了。」強尼掀起他的牌：一對八、三張同號牌，贏家。

「所以，如果有人在中國發明了會飛的車，但你沒聽說……」

「那就完全沒這回事。」

「你在想什麼，強尼，以為自己是上帝？」卡麥問道。

「不。」他將籌碼攏進懷中。「還不是。」

蒂娜・迪佛瑞第一個引杜普立注意的地方是她小巧玲瓏的身材，搭配著一頭野性、帶紅的金髮，以及不太被什麼吸引、有些冷淡的眼睛，使得杜普立不自覺地加快說話速度。她穿著一件男用長睡衣，站在門邊，只將紗門開一個小縫，就像D・格林防著查爾斯警探那樣。

「我告訴你了，我不認識什麼文斯・肯頓！現在，如果你不介意的話，已經很晚了，我先生明天還要上班。」

杜普立遞上手中的信。「這是妳寫的嗎？」

她瞧了一眼，杜普立見到她的下唇顫抖一下，她掩嘴假裝咳嗽。「我不知道你在說什麼！」

「妳知道為什麼信封上的名字被切掉嗎？」

她看看杜普立，接著將視線移到手中的信封上。「對不起，我什麼都不知道。」

「這不是妳寫的嗎？」

她盯著信。

杜普立將信拿了回來。「如果妳還有跟他聯絡，至少跟我說一聲。」

一句話也沒說。

「聽著，我其實可以要求檢察官強迫妳跟我合作的，麥克葛瑞夫太太。」

她考慮了一會兒，就像棋士思考著下一步棋般。「我告訴你了，我不知道你在說什麼。」

杜普立回頭看了看車內的查爾斯警探，他原想跟到門前協助杜普立的，但杜普立對查爾斯所謂的「幫忙」心生恐懼，他懷疑這裡是否有他不知道的語言，也許要用些特別的方式才能讓紐約人開口，又或許她也有條狗，杜普立得殺了才能奏效。

在蒂娜身後，一名穿著棉製緊身內褲的寬肩男子走下樓，他頂著一頭短鬈髮，來到狹小的客廳。「蒂娜？誰在門邊？」

她轉過頭。「沒什麼，傑瑞，我來處理就好。」

杜普立想起了信上的一個日期，那是一年多前，他找到機會了……「我何不問問妳丈夫有關這封信的事，也許他知道什麼……」

她的頭猛然轉回來。「別這樣，拜託你！」

傑瑞・麥克葛瑞夫已來到前門。「寶貝，這是誰？」

杜普立看了看蒂娜，她張開嘴卻不知該說什麼，因此，杜普立秀出他的警徽。他猜對了，傑瑞沒發現這不是紐約警察的徽章。「嗨，麥克葛瑞夫先生，我們正在尋找一名搶匪，他可能就在這附近，你今晚有見到任何不尋常的事嗎？」

「沒有。」他說。

蒂娜微笑，拍拍她先生的胸膛。「傑瑞，我來處理就好，你回去睡吧，很晚了。」

他微笑，很俊美的一張臉。「謝了，寶貝！」他低頭一看，似乎這時才發現穿著內褲似的，聳聳肩。「我四點要工作。」

「沒關係。」杜普立說。「抱歉這麼晚了還打擾你。」

傑瑞踏著沉重的步伐往回走，蒂娜則踏到門外，關上身後的門。她接過信件，讀著信封上的字。「聽著，我不認識什麼文斯・肯頓，這是我寫給前男友的信，他叫馬蒂・哈根，但我已經三年沒見他了！」她將信件翻轉過來。「他也沒回信。」

杜普立將馬蒂・哈根的名字寫進記事本中。「約六呎高嗎？棕髮？有點……」杜普立試著形容文斯・肯頓的訕笑。

「對，是馬蒂沒錯。」

「妳從沒聽過他使用文斯・肯頓這個名字？」

她搖搖頭。

杜普立將這點寫進記事本中。「他在這有任何朋友或親戚嗎？」

「他的父母過世了，也沒兄弟姊妹，我不知道是否有其他的親戚，他從未提過。」她轉過頭，確定自己的先生沒有在偷聽。「你可以試著聯絡我的哥哥班尼，他們是朋友，班尼是他的律師。」她給了他班尼・德佛里斯的電話和地址。

杜普立拿了張名片，將自己的旅館名稱寫在上頭，接著回頭看了看查爾斯警探，在車後的他正盯著杜普立瞧，此刻將近午夜十二點了。「聽好，」杜普立說：「如果你見到文斯，我是指，馬蒂，如果妳有他的消息，請打到這間旅館，留話給我。」

她點點頭，接過名片。「你們為什麼認為他會來找我？」

「他消失的那天，他在一張紙上寫下妳婚後的名字，還有這封信，就放在他的床頭櫃。」

她似乎很訝異，也許還有點開心，但接著便收起情緒。「他做了什麼？」

「他竊取信用卡。」

她轉動眼珠，好像這不是新聞似的。「你來紐約只是為了竊取信用卡這件事？」

「我們還認為他也許知道一宗他殺案的內幕。」

「你該不會以為他……」

「也許，但我們不知道。聽好，麥克葛瑞夫太太，如果妳見到他……」

她點點頭，看了看名片。

「最後一件事，妳知不知道他為何在史坡堪落腳？」

她歪著頭。「什麼意思？」

「他為什麼從紐約搬到史坡堪？」

「嗯……我以為是你們安排他到那兒的。」

「**我們**安排他到那兒？」杜普立好像突然感覺到時差，摸不著頭腦。

「在他出庭指證後。我以為是你們讓他搬過去的。」

這下子，所有事情都說得通了：沒有任何紀錄或駕照、假名、被裁掉名字的信件。「我的天！他在證人保護計畫裡？」

「是啊，你不知道嗎？」

杜普立大笑，搓揉著鼻梁。一個影子。一隻幽靈。

「對，」他說。「對，我不知道。」

強尼・保伊用他肥大的食指戳著文斯的臉，就像一根帶有指甲的香腸。從文斯的角度來看，他正處在一群男人渙散目光的焦點。

「他有個地方錯了！」強尼說。「他有個地方他媽的錯了！」

文斯連大氣都不敢呼一聲。我錯了，他心想：有的事情實在不能跟醉鬼提起。

時候不早了，牌桌上只剩下五人：文斯、強尼、卡麥、比恩斯和安吉。賭金在幾個人之間流轉，不過大多數時間只在卡麥和安吉手上流動，他倆各有約三萬五千元，比恩斯大致上保有老本，仍是原本的一萬塊，強尼在一小時內就輸了一萬元，不過，當他面紅耳赤、緊咬上唇時，其他人趕緊將籌碼借給他，只是一轉眼他又輸掉八千元。強尼此刻喝得爛醉，手頭只剩兩千，甚至連下注前都忘了看牌。至於文斯，他已沒了第一桌時的好手氣，只能打得保守，幸好後來一副同花來得正好，讓他不至於輸得精光，現在他只剩一千五百元。

他試著不去想臉頰旁那支肥膩的手指，並且懊悔自己將這個議題搬到檯面上。

強尼環顧牌桌。「你們這些無知的混帳覺得如何啊？有哪個笨蛋知道吉米・卡特犯了什麼錯？」

卡麥說：「沒在那群賤貨綁架我們的人質後立刻炸爆他們？」

強尼終於將手指收回，文斯鬆了一口氣。「不對。」

「讓那些石油輸出國組織的下三濫抬高油價？」

「不對。」

「沒在當選的時候，把比利（譯註：吉米・卡特的弟弟，曾因涉嫌收受利比亞政府的賄款，使得卡特的形象大損。）痛毆一頓？」

除了強尼外，其他人都笑了。強尼搖搖頭。「他犯的其中一個錯是這樣。」他環顧牌桌後，露出滿意的表情，靠回椅背上。「他忘了這點：別做個娘砲！」

全室哄堂大笑，大夥舉杯高喊：**乾杯**！

「我他媽的可認真了！人們願意跟隨酒鬼，甚至是智障。他們也願意跟隨冷血罪犯、神經病、瘋子和惡霸。但如果他們認為你沒膽量，即使只退縮一秒，你他媽就完蛋了！」

「所以你覺得雷根會當選？」

「就是這樣，雷根贏定了！會見到全新的面貌，那些他媽的旗子、遊行、軍隊、處女，統統都會回到他媽的一九五〇年代。一個娘砲可以當選一次，但不會有第二次，我們不能八年來都膽小如鼠，我們喜歡發威，我們只是假裝沒興趣而已，但我們其實喜歡！」他大手一揮。「外頭的那些人……跟我們沒兩樣，當我們得忍受大保羅（譯註：知名紐約市黑手黨人物，甘比諾家族的老大）而不是尼爾（譯註：甘比諾家族的地下老大）做我們的老大時，就跟他們沒兩樣了。我希望雷根能當我們的老大！」

牌桌上的人緊張地互相張望。

「等著吧！我們有天會有自己的雷根……真正的老大……會出現，真正有領袖魅力的人物，大家都尊敬他，上台後能重建一點自尊……和榮耀。還會對那些我們過去三年來忍受的混蛋發威，而且第一個就該從那個肥胖的王八蛋娘砲大保羅開始！」

安吉輕輕地將手放在強尼的粗大手臂上。「強尼，拜託，別在這裡談這些！」

「我沒有什麼不敢說的。」強尼將手抽回，舔舔自己的薄唇。「我只是說……我只是說人們不會原諒你的是，如果你不像個男人……幹，就給我滾下台，讓其他人當王！這就是我要說的，安吉，這就是我要說的。」

大夥舉杯打斷強尼的話，希望他結束這番滔滔不絕，但強尼無視大家，持續東拉西扯。「比如雷根！他可以做我們的老大！我會跟隨他，他知道！他知道怎樣當個男人，所以大家跟隨他，他知道必須為朋友付出、必須當個男人、必須保護你的家人，不管怎樣都要站起來。你知道為什麼嗎？哈？」他掃視大夥，接著朝牆揮揮手。「因為外頭……那些人……他們都不一樣，那些西班牙裔、同性戀、上東城區的笨蛋還有嬌小的中國老女人……但他們有一點是相同的，所有的人。」強尼喝光杯中的酒。

「他們都害怕，怕死了，所以才想要這樣的老大，知道嗎？就是不害怕的那種人，就這樣而已，就好像當你是個小鬼時，你看爸爸的那種眼神。」大家互使眼色，屏住呼吸，似乎知道接下來將上演什麼、似乎他過去曾跨進這塊地雷區般。「就這樣。」強尼滿面通紅、眼眶泛淚。「所以，某個他媽的賤人開著他媽的車撞到你他媽的孩子，然後又開著他媽的車在附近繞，一點都不尊重悲痛的母親，結果那女人還得去察看小男孩斷氣的凹痕！這樣的人，我一點都不在乎他是不是得在牢裡蹲一輩子，但你要站起來，要做點事！」

大夥喃喃地說：「沒錯，強尼！」「就是這樣。」「沒關係的，強尼！」

強尼陷回椅子中。「你他媽的要做點事！」

眾人動了動身體，極度想要轉換話題。

「所以……」安吉希望說些什麼，卻腦袋空空。

最後還是比恩斯插了進來，使得其他人放下心中大石。「強尼，你覺得我們會選一位義大利人當總統嗎？」

他好像沒在聽，只是盯著牌桌。

比恩斯繼續道：「我是指，愛爾蘭人推出了一個總統候選人，為什麼我們不行？」

卡麥看著自己的牌，下注。「達馬托（譯註：美國政治家一九八二年至一九九九年間擔任共和黨紐約聯邦參議員）怎樣？如果他能打敗賈維茲（譯註：美國政治家，一九五七年至一九八一年間擔任共和黨紐約聯邦參議員）和那個戴眼鏡的婊子，我看他有天也能當總統，那傢伙超搞笑的。」

強尼嘆了一口氣，環顧四周，好像這會兒又更蒼老迷惘。他坐回椅子上，閉上一隻眼，看著自己的牌，順了順頭髮。「達馬托永遠都不能當總統，他快禿頭了，這是大家在意的第二件事：頭髮。你不能是個娘砲也不能禿頭，誰想要又娘又禿的總統？」

「可是福特呢？」卡麥說。「他是禿子，他也挺娘的。」

強尼打了他一巴掌。「首先，他不是被選上的，你這個愚蠢無知的笨蛋！他是安格紐（譯註：美國前副總統，因水門案被撤職）那混帳東西出了紕漏後才被欽點接位的，而且他在密西根打橄欖球。你覺得他媽的密西根大學會讓一個娘砲去打橄欖球？他還是前鋒咧，幫幫忙，老天！」其他人死盯著自己的牌，祈禱安然度過這場風暴。

文斯強迫自己低頭看牌，現在有一對十，好，風暴似乎結束了！現在就賭一把，要不就錯失良機。他押了五百塊，安吉和仍滿腔怒意的強尼跟注，其他人退出。在公共牌圈時，文斯獲得另一張十，押下最後的五百塊，其餘兩人跟注。文斯在轉機圈和河底圈時未得到好牌，只有三張十上得了檯面。其實不錯了，強尼什麼都沒有，但安吉握有三張Q。

「抱歉啦，甜甜圈！」安吉將錢掃入懷裡，文斯盯著那堆被吃進安吉籌碼堆中的錢，他抬頭看著強尼，他也正瞅著那堆錢。文斯不敢相信，他居然輸了，他打算拿那些錢還債的，卻這樣沒了。他的袋子裡還有約六千元，但不夠，遠遠不夠，完蛋了。

強尼扶著桌子踉蹌起身。「我要去撒泡尿。」他的嘴唇間連著一條唾液絲。文斯只是坐在那兒盯著自己的牌。

結束了，你要跑路了！加拿大如何？當然，可以在那兒開間餐館，或許野餐籃是個不錯的點子，野餐的法文是什麼？

文斯退出牌桌，謝過大夥，準備離開，但連他自己都訝異的是，他居然轉身跟著強尼・保伊走向廁所，且佯裝正在排隊的樣子，站在外頭狹窄的通道上聽著水流聲。你在幹嘛？快跑！但如果你現在逃跑，你將一輩子都在逃亡，也許這兒是你停下腳步的最佳場所。

他能清楚聽到自己的心跳。通道上有一張小茶几，擺了一疊雜誌在上頭，包括《讀者文摘》與《星期六晚郵》，這裡竟有這種雜誌，感覺真怪。他打開《讀者文摘》，翻到他最喜愛的欄目「現實生活劇」，是個與逃亡和磨難有關的驚人故事。它描述一個男子的車衝進河裡，此人足足在與頸齊高的水中待了兩天才被發現。文斯讀了男子在文章中的第一句話：「我知道我快死了！」；「現實生活劇」中的人總是這樣說，人們總是知道自己快死了。

文斯闔上雜誌，他已是這禮拜第三次知道自己快死了。但是……他老是有這個念頭不是嗎？人們也總有這樣的念頭；除此之外還會發生什麼事？然而，當死亡來臨時，人們又總是很驚訝。文斯想像著，如果能從這裡脫身，他將把自己的經歷投稿到《讀者文摘》的「現實生活劇」：我和一個想殺我的男人對坐打撲克牌，**然後我跟著他走向廁所，當我站在那閱讀雜誌時……我知**

道我快死了。

強尼在裡面待了很長一段時間，當水流聲停止時，他還留在廁所裡，清了清喉嚨，接著似乎喃喃自語了起來。文斯想了想，他應該忘了這件事，轉身離開才對……噢，加拿大！……但此刻門開了，強尼出現，與文斯正面對上。

他比文斯矮一些，但文斯訝異於強尼的塊頭；坐在這傢伙的對面，你無法正確判斷出他的分量，以及那對手臂、那片胸膛的厚實，就好像要爆開般。他的雙眼半閉，看似來似乎筋疲力竭，文斯這才發現，這傢伙整晚在牌桌上說笑其實只是在演戲：一場喧鬧的戲。文斯突然明白，有時候每個人都需找時間獨處，都需照照鏡子，看看自己的真實面貌；即使怪獸也需上床睡覺。

文斯的聲音響徹腦海：說句「借過」，然後走進廁所吧。加拿大！他們也有自己的橄欖球聯盟。**總之想辦法走進廁所**。可是加拿大太冷了。

強尼盯著他，先是等待，然後是憤怒，文斯有股強烈的衝動想問：你認識的人中，有多少人死了？

然後，無法克制地，你開始思考這樣一個大人物會從誰開始算起：被車撞的男孩，還是開車的人？先感到悲傷呢，還是想先復仇？當夜間上床時，他會見到哪張臉？當迷糊地醒來或感到害怕時，又會見到哪張臉？哪張臉會在夢中追逐他？不過，這些都不是文斯準備來這兒問的問題，因此，他理好情緒，努力直視那雙單調、冷漠的眼睛；諷刺的是，在他開口前，他的耳邊響起強尼的話：**站起來，做點事**。

文斯深吸了一口氣：「戈提（譯註：強尼真正的姓）先生，」他說。「我欠了你一些錢。」

強尼毫無反應，文斯繼續說：「我就是你派人去追殺的傢伙。」

紐約州　紐約市

一九八〇年十一月一日，週六，凌晨一點三十八分。

第五章

打到班尼・德佛里斯公寓的電話仍無人接聽，杜普立掛上公用電話的話筒，走回查爾斯的車旁，爬進前座。「什麼都沒有！」杜普立說。「唉！你可以回家，我們兩人都在這兒守著沒意義。」

查爾斯咀嚼著一根牙籤，望著天際，搖搖頭。「沒事！」他們停在班尼的公寓外，杜普立認為附近環境不錯，但查爾斯卻宣稱此區不安全。律師一整晚都沒回家，杜普立明白，若假設班尼正與文斯・肯頓／馬蒂・哈根在一塊兒，未免太武斷，不過，至少在這兒守著還是值得的。他已多次要求查爾斯回家，但他總是揮揮手說，要是杜普立被殺了，他可會難辭其咎。

見到大塊頭警察正經起來，杜普立鬆了一口氣，回想當他到機場接杜普立時那副狂暴急躁、雙眼濕潤迷茫的模樣，現在總算冷靜下來，杜普立非常欣慰。這會兒，查爾斯眼沒眨地凝望窗外。「我從不排斥監視這件事。」查爾斯說。「寧靜。這樣很好。」

從下水道冒出的蒸汽讓街道變得濕滑，上頭的車輛出奇的多，計程車疾駛而過，成雙成對的人們小心翼翼地走下人行道。

「今早第一件事，我會幫你找到哈根的檔案。」查爾斯說。「週末時比較不方便，但我會幫你找到。」

「謝了！」杜普立靠回椅背上。在維多利亞皇冠車內等待嫌犯沒有想像中的糟，就好像在等待討糖吃的孩子一樣，他甚至開始關心起查爾斯，好比關心夥伴的近況那樣。「所以，遇上麻煩事了？」

查爾斯先是轉過頭，接著再度盯著擋風玻璃。「是啊！」他扭扭粗厚的脖子。「沒什麼大不了！不過，麥克說的那些事……其實不是那樣。我沒強迫那女的做任何事，我們說說笑笑，然後她想到我的車裡……都是她的主意，整個都撲到我身上了，根本是在求我，我可以在我媽面前發誓，我是為了給那女的機會，讓她不用坐牢。該死的口交，你說有誰損失了？」

杜普立望著窗外，視線落在班尼・德佛里斯的公寓上。

「給你看樣東西。」查爾斯打開皮夾，拿出一張寫著號碼的紙片。「瞧，我甚至有她的電話號碼！我以為她看上我了，我還操他媽的準備打給她，我以為我們還滿投緣的。」查爾斯不屑地聳聳肩，似乎在嘲笑他自己。「結果是空號。」即使如此，杜普立見他還是將號碼收回皮夾中。

兩個人都安靜地盯著窗外，一陣子後，一輛計程車停在德佛里斯的公寓外，兩名男子走出，其中一人擁有鬈曲的金髮，另一人較年長、壯碩，是個一頭灰髮的大塊頭，濃眉毛、表情冷峻，杜普立一眼認出：此人是黑手黨一員。他們站在公寓前交談，其間不時四處張望，計程車則等在一旁。

「鬈髮的。」查爾斯坐直身子。「他是你要找的人？」

「他不是肯頓，也許是班尼。」

「因為我認識另一個傢伙：比提・嘉丹奴，很內向，曾受雇幹掉過一些人。」查爾斯似乎被事件的發展激起興趣了，杜普立不禁想問，查爾斯上次認真當警察已經是多久以前。此刻，兩名男子站在街上聊天、點頭，彼此相距只有幾英呎，最後，兩人握手，比提・嘉丹奴坐進計程車中，鬈髮男子挨了下去，朝後座車窗內說了些話，接著目送計程車離開。正當男子朝公寓走去時，杜普立打開車門喊道：「班尼？」

班尼・德佛里斯轉身，一開始，他露出好奇的表情，想知道是誰在呼喊自己，但下一秒，警戒。他一邊做做樣子地揮手，一邊快速朝公寓大門走去。

杜普立衝過馬路，拿出他的警徽。「慢點，班尼！我是警察，我只想問幾個問題。」

班尼有些拿不定主意，但他仍在原地等杜普立站到人行道邊上，將警徽攤在他面前。「我叫艾倫・杜普立，從華盛頓史坡堪來的，我正在找一個你的朋友，文……」他改口。「馬蒂・哈根。」

「馬蒂？」班尼微笑。「老天，我多久沒見到馬蒂・哈根了？自從……」他呼了一口氣，望著天空。「真是的，我都記不得了，他沒出亂子吧？」

「也許吧！」杜普立說。「據我所知，你是他的律師？」

「沒錯，竊盜案，還有幾宗詐欺案。」

「他幾年前進入證人保護計畫？」

「是的，那時馬蒂惹上麻煩，欠人錢。」

杜普立希望自己沒把名字記錯。「欠比提・嘉丹奴錢？」

德佛里斯大笑，望向計程車離去的方向。「比提？沒有。我是比提的律師，我們剛有事商量，然後喝了點酒。」他笑道：「唉！在聯邦人員將馬蒂帶走後，他發生了哪些事我都不知道，他消失了！你知道他們甚至不讓這些人和他們的律師說話嗎？」

「我原本不知道。」杜普立說。

「確實如此，他們就這樣……消失了！」他聳肩。「聽著，如果沒別的事……我很累了！」

「我跟你妹妹談過。」杜普立瞥見律師臉上的第一道擔憂。

「她有他的消息嗎？」

「沒有。」杜普立說。

班尼鬆了一口氣。

「所以，他涉入的那件案子，你能透露多少？」

「不多。」班尼說。

「也許你能告訴我，週一早上我能從檔案中發現什麼。比如他指證了誰。」杜普立微笑。

「沒有屍體，事情不是這樣。那時馬蒂在搞信用卡詐欺的時候被逮了，僅此而已。他必須向皇后區一個有頭有臉的人物借錢，好讓他保釋，結果那傢伙的同夥想從馬蒂的生意裡分得大餅，所以他冒險還清債務，卻又被逮了，事情從這開始愈來愈糟。」

「或是屍體埋在哪兒。」

「他無法還清借款？」杜普立問。

班尼點頭。「其他那些傢伙又害怕他會招供，當時聯邦調查局聽到風聲，有人想取他的性命，所以我們做了協議：如果他出面指證，就將他安排進證人保護計畫裡。這種事常聽到，到處發生。」

「只因信用卡詐欺就讓他進入證人保護計畫？」

「當時他們鎖定這幫人，想讓馬蒂上頭的人現身，不過那個在他頭上的人，你也知道，就像骨牌效應，」班尼說。「全失敗了，都達成認罪協商。」

「他沒有暴力前科吧？」

「馬蒂？沒有，馬蒂只是竊賊，他不使用暴力的。馬蒂是個……」班尼望著破壞夜空完整性的路燈。「……有趣的人。他很聰明，如果他出生在別的地方，手裡有錢、有機會的話……我也不知道……。」

「如果他回來紐約，會去哪兒？」

班尼將視線移回來。「馬蒂？我不認為他會回來。但如果他這麼做了，他可能去任何地方：四處漫步、望著大樓、在書店閒晃……或是坐在碼頭邊、腳擱進水裡。鬼才知道他會去哪兒。」

「他有其他的朋友嗎？」

「我是唯一一個，我不知道還有誰。」

「女朋友呢？」

「唯一知道的，就我妹一個。」

兩人又談了一分鐘，杜普立謝過班尼・德佛里斯，接著，得到一份無用的承諾，與從班尼妹妹那裡聽到的一樣：「如果有文斯的消息，你會打給我吧？」

「當然！」班尼說著，接過警探的名片，卻連一眼都沒看。杜普立轉身走回車裡，試圖理出頭緒；快凌晨兩點了。

車裡，查爾斯靠在方向盤上。「怎樣？」

「他們見過面了。」

「他跟你說的？」

「不是。」杜普立聳肩。「但他提到文斯的時候使用了現在式，這不是很怪嗎？如果你三年沒見某人，你講到他的時候會用現在式嗎？」

「沒錯！沒錯！」查爾斯說。他盯著德佛里斯的公寓，然後收回視線。「現在式是他媽的什麼鬼東西？」

日子交替的時間點為何？鐘表和日曆會說午夜十二點，但凡事依照鐘表生活的人比機器人好到哪兒去⁉日光呢？讓太陽來決定日子又太隨便了。那到底要怎樣？自己去察覺？還是一起床就算新的一天？從一天到另一天有個特定的分界嗎？即使清醒著，文斯也能感覺出日子已轉換到第二日，沒有規則可循，當這一刻來臨，你就是知道。如果他必須為時間的轉換點定位，他會說關門的時候，也就是當酒吧打烊之際，對文斯來說，通常這是一天的結束：史坡堪的凌晨兩點，紐約的凌晨三點；就是此時，文斯感覺到自己踏進第二日。當世界交替時，文斯也覺得自己新生了。

這會兒文斯坐在牌桌前，頭上頂著一層雪茄與香菸製造出的煙霧，高腳杯緊抓著絨布桌。安吉、卡麥和比恩斯的注意力不在牌上，而是抬起頭，著迷似地等著聽更多的故事。強尼看來沒什麼興趣，儘管剛才就是他在聽完文斯的經歷後，將文斯拖回牌桌的。話說方才當文斯解釋了欠債、證人保護計畫與雷・史帝克斯的追殺後，強尼毫無反應，現在，當其他人接二連三地向文斯拋出問題時，強尼仍像個陪審團員般耐心聆聽。

「然後呢？」安吉問。

「這個嘛，司法官要你在桌前坐下，你就講講曾住過哪裡、在哪兒工作或去哪兒旅遊，任何你有朋友或家人在的地方都要透露，他們排除這些城市所在的州，還有相鄰的州後，挑出剩下的州，選定一個城市讓你混入，這個城市要夠大，因為必須有聯邦辦公室，但也不能太大，否則你會扯上當地已經存在的活動。」

比恩斯搖搖頭。「所以沒有你插嘴的餘地？」

「頭先沒有。」文斯說。「剛開始，你就是在這個鎮上醒來，然後一切都變了，不只是住的地方和身邊的人，而是每一件事：語言、味道……連我目前所在城市的天空都好寬闊，比這裡的天空還要觸手可及。」他伸出手，好像能搆到似的。「又大又藍，邊際是白色的，沒有灰煙或繁忙的交通。對了，樹！當你開車經過，你不會察覺這是座城市，因為房子都建在樹林裡。」

「沒鬼扯吧？」卡麥傾身向前，微笑。「就好像隱形了？」

「有點像。那裡的人也很有意思……自己住在這麼完美的地方，但因為沒見過世面，都以為還有其他更好的地方。」

「我聽說蒙大拿有個地方，在自家門前就能抓魚。」大夥都望向比恩斯。

「哦，有一條河流經史坡堪，河底幾乎到處都是魚，有吸盤的那種，但沒有人會在那釣魚，因為流速快，還有瀑布和激流。在山上的話，不管你從哪兒扔石頭，都會扔進湖中，那些冷山湖泊都二十、三十英呎長，深得很，有的甚至湖底在哪兒都還沒測出。」

「扯淡。」

「那是來自冰河的水，其中一個在英屬哥倫比亞，另有兩個在北邊幾小時遠的地方，你站在山頂上就能見到那裡的冰。在往南流的河中，你能抓到百歲的鱘魚，有二十英呎長。」

眾人搖頭。

「女人呢？有很多娘們嗎？」

「沒有很多，不過那裡的女人都……」文斯正打算描述凱莉，但貝絲的形影卻出現在腦海，令他感到訝異。「不錯。」他很快地說。

安吉問道：「政府給你很多錢嗎？」

「一開始可以拿到一些，但他們會重新訓練你，希望你到外頭工作，為自己賺錢，所以我上了烘焙課。」

比恩斯、安吉和卡麥熱切地點頭，強尼啜著酒，盯著文斯，面無表情不發一語。

「我一直想開間餐廳。」文斯說。「所以我找了這份甜甜圈的工作，為之後的開店做準備。」

「義大利菜呢？那裡有好的義大利餐廳嗎？」

「沒有。」文斯說。「頂多就是通心粉和番茄醬帶骨肉。但義大利菜我做不來的。」

安吉聳肩。「我能給你幾份食譜。」

面前的菸灰缸滿是菸頭，比恩斯發現已無空間後，將菸蒂彈進卡麥的菸灰缸。「你還能做什麼？比如……我也不知道……醫生？」

文斯聳肩。「真能當醫生嗎？我不太相信，但也許吧。我是說……理論上，我猜啦，別人能做的事你也能做，就是要全新的生活。」

「嘿！」卡麥咯咯笑了起來。「知道我想做什麼嗎？海洋生物學家。你看過和海豚一起游泳的那些人嗎？我就想做那樣的工作，我想搬到夏威夷，整天和海豚一起游泳。」他轉向戈提。

「強尼，他們能彼此溝通呢！」他發出尖銳的斷續聲。

其他人啜飲著酒，幻想著自己的新生活，除了強尼外。他的眼睛直勾勾地，對象不是文斯，只是望向他處。

「你要為自己選新名字嗎？」安吉問。

「可以這麼說，不過他們也會幫你，給你一些容易記的字，就拿我來說，文斯是我爸的名字。」

「不是蓋的。」安吉轉向強尼。「真不賴！是吧，強尼？他選了自己老子的名字，還不賴吧？」

強尼喝著威士忌。

「你知道我會怎樣選嗎？」矮小又禿頭的比恩斯問道，他臉上有一條從眼睛至嘴唇的疤痕。「雷根納‧華森頓‧艾登菲爾德，三世。」

「這好像是頗重要的事。」文斯說。「你會從零開始，沒有紀錄、沒有負債，就好像……剛出生。」他拿出皮夾，在眾人期盼的心情下，秀出選民登記證。「我剛拿到的。」

安吉看了看後，交給卡麥，他將卡片翻到背面，用似乎上頭寫著法語的表情閱讀後，遞給比恩斯，比恩斯直接將卡拿給強尼。

強尼將卡翻轉過來，壓彎，彈到桌上。「了不起！」他說。「你跟其他那數百萬的傻瓜一樣，不簡單！」

「那，」文斯終於開口。「你怎麼找到我的？」

其他人轉向戈提，他聳聳肩。「你以為自己消失了嗎？」

吸菸，沉默。

「拜託。」強尼‧保伊喝光威士忌，他的頭大幅擺盪，晃到右邊、左邊，再來是後面。「他媽的快發牌。」

卡麥將牌發給自己、比恩斯、安吉與強尼。「文斯，這是你第一次回來嗎？」

「是呀！」文斯很高興他們這樣叫他，希望他們因此能將悔改的文斯和告密的馬蒂區分開來。他看著牌發到其他人手上，期盼自己也是牌局的一分子；他不喜歡在一旁乾瞪眼，無法加入，不喜歡被貼上**出局**的標籤。「當我認出雷・史帝克斯，我知道自己必須出城，我有想過逃亡……即使幾分鐘前我還有這個念頭，但我決定了，面對自己做過的事更重要，那就是還清我的債務。」

比恩斯不解地搖搖頭。「我才想說史帝克斯去哪兒了，原來你派他出任務啦，大哥？」

強尼抬起頭，沒答腔。

比恩斯轉向文斯。「孩子，你一定嚇到尿褲子了。」

「一點點。」

「不過，回到這兒還是需要點膽子。」安吉的語氣帶著希望，他瞥了強尼一眼，他似乎沒在聽。「難道不需要膽量嗎，強尼？」

文斯覺得安吉好像公派律師，在強尼面前為自己辯護。

文斯的目光在強尼和安吉之間移動。「我昨天去看了老多・考勒提，跟他和解了。」

比恩斯笑笑。「沒扯淡吧，冷血老頭？他怎樣啦？聽說他什麼病發作了，搬進灣脊區的一間小公寓。」

「沒錯。」文斯說。「中風。他氣色不好，我盡可能地還了他一些錢，還約好剩下的錢如何給，所以至少我跟他扯平了。」他快速瞄了強尼一眼，他面無表情。「我希望跟你也能這樣做，戈提先生，我希望能結清債務。」

強尼喝了口威士忌，抬頭看著文斯，除了原本就費解的眼神外，沒有其他表情。

查爾斯警探把車開到杜普立的旅館，在停車場找了個位置，熄火。他說早上的時候會幫杜普立找到馬蒂・哈根的檔案，然後他們便能一一核對名字。查爾斯打了個哈欠。「喂，你結婚了嗎，西雅圖小子？」

杜普立轉了轉手上的戒指。「嗯，好幾年了。」

「有孩子？」

「還沒，我太太正在攻讀學位，之後我們會想要孩子。」

「是嗎？她讀什麼？」

「語言治療師。」

「哇靠！」查爾斯抬起頭，眼皮沉重。「所以她會做……什麼……你說那是啥？」

「語言治療師……替那些有語言障礙的人治療。」

「這樣講就懂了！」

杜普立伸手握住門把。「所以你明天能幫我拿到哈根的檔案？我可不想求助司法官，那可能得花上幾週的時間。」

「是呀，操他的聯邦單位！我會幫你拿到手。」

「到時候我自己來就好，你不用浪費週日的時間跟我到處跑。」

「喂，我們已經走到這兒了！我想知道結果如何。」

「不用這樣。」杜普立說。

「他們要我加班呀！」

「這樣吧，我會跟你的巡佐說，你整個週末都跟我在一起。」

「別啦！我能幫你找到想去的地方，省下你很多時間，我甚至還可能認識幾個傢伙，例如比提・嘉丹奴。」查爾斯伸手轉動引擎鑰匙。「還有，如果我留你一個人，結果你被殺了，我可要倒大楣！所以，我會在中午左右來接你，沒問題吧？」

「不行！」杜普立盡可能顯得斬釘截鐵。「謝謝你。」

「什麼？」查爾斯轉頭看他，笑著：「你他媽的開玩笑吧？」下一刻，他的臉漲紅、冒汗。「不想讓我幫你？」

「不用了。」

查爾斯瞪了他良久，杜普立想移開視線，但他察覺到挑釁的味道，也瞪了回去。

「你知道我為什麼喜歡你們這種人嗎？」查爾斯最終問道。「你們認為自己什麼都懂，你們覺得工作是一回事、生活也是一回事，你們能不顧一切地盲目向前衝。嗯，你知道嗎？有一天，比如十年後，你會瞭解到……誰操他媽的是好人，或誰該有報應。都無關了，重點是我們……」他反手指著城市。「還有他們。」

「接著一天晚上，你走進一個又黑又臭的門廊，身邊都是毒蟲，然後你他媽的聽到點四五手槍在耳邊發出『喀』的一聲，你將清楚明白，有人在你身後是世界上唯一該在意的事。這就是為什麼我們穿上同樣的制服、為什麼我們拿著同樣的警盾，因為互相扶持是第一要事！西雅圖小子，我們是兄弟，跟親兄弟一樣，如果你他媽的兄弟需要幫助，如果他生病了，你會怎麼做？」

「打電話給我媽，問她為什麼沒告訴我還有個兄弟。」

「操你的！西雅圖。」查爾斯說。

杜普立張嘴想說些什麼，但決定不冒這個險。他走上旅館的人行道，旁邊停了一排計程車，車上的司機正躺著睡覺。當杜普立看著沒有標誌的警車駛離時，他認真回想大塊頭警察的話（**如果你兄弟生病**），同時回望了計程車隊伍一眼。

強尼的視線從手裡的牌往上移，似乎已下定決心。「把襯衫撩起來。」

文斯將上衣撩到脖子高度，轉身。

「褲子。」

文斯頓了一下，解開皮帶，讓褲子落到腳踝處；牌桌上的人，除了強尼外，都刻意不將頭抬起來。

對文斯沒帶竊聽器感到滿意後，強尼問：「所以，你要怎樣？」

文斯正將衣物穿回。「抱歉，什麼？」

「如果……」他張大嘴巴伸長脖子，在一聲響嗝衝出前閉上嘴。「如果我取消這項交易，你打算做什麼？」

「我不知道。」文斯感到訝異，因為他還沒想這麼遠，對於在這之後會發生什麼事，他還沒想過。但從強尼的臉上看得出這個問題的答案很重要。其實，當文斯詢問自己要做什麼時，心中馬上有了答案……希望這個回答妥當。「我猜我會回到史坡堪，我會把剩下的錢寄給你，然後……繼續過生活。」

強尼瞅著文斯，他只能繼續。

「我在那兒租了一間小屋，有份喜歡的工作，還有朋友。」再一次地，他發現自己想到貝絲。「我不介意為這個目標努力，你知道的，就是正正當當做人。」

強尼把酒喝光，他看看自己的牌，接著問右邊的安吉：「賭金多少？」

「五百，該你了，強尼。」

強尼低頭察看自己的籌碼，正好五百塊，他又抬頭看了看文斯，瞇起眼，腦袋則微微晃著八字形，然後花整整一秒舔濕嘴唇。「你有多少錢？」

「這個嘛，我今天給了考勒提四千，然後……」

強尼揮揮手。「你他媽到底有多少錢？」

「我身上嗎？我還有六千塊，但這就是我所有的錢了，就像我說的，我一直想開一間餐廳，但當我回到這，我瞭解到……」

強尼伸手制止。

「我希望能還你錢，當……」

戈提的手停在空中，不斷點頭，像一艘在激流中的船。

文斯環顧牌桌後，手伸進口袋，拿出厚厚一捆錢，塞進強尼的手中。

強尼．保伊將錢丟進賭金堆裡。「我看到你加五百塊了，該你加注……要加多少？」

「六千。」

卡麥和比恩斯面面相覷，然後看看安吉。

「跟注啊！」強尼口水噴出。「他媽的給我跟注，安吉。」

眾人只是睜大眼睛。最後，強尼傾身向前，越過桌子抓了一大把安吉的籌碼，丟到賭桌中央。「他媽的給我跟注！」他也將手伸到比恩斯與卡麥面前撈了一堆籌碼，直到文斯的一捆現金被籌碼堆團團包圍。

「瞧！」強尼大喊：「賭金剛剛好！」

眾人有些不知所措，因此一個接一個秀出手上的牌。比恩斯有幾張Q，卡麥有一副Q領頭的順，安吉有兩個對子，大夥兒接著望向戈提。他的視線越過自己的牌，盯著桌子中央的兩萬五千塊，然後抬頭看著文斯。

「明天給我登上那混帳飛機。」強尼說。

文斯看著賭金堆，他的錢正端坐在那。

強尼也盯著那堆錢。「我不管你是要劫機還是怎樣，中午前給我搭上該死的飛機。」

「我會的。」文斯說。

「你有兩週的時間，把剩下的錢寄給我。」

「好。」

其他人望著強尼的牌，他的牌還握在大手上。

「還有，如果你再回到這兒，我會親自動手，你這個他媽狗娘養的耗子。」

文斯點頭。

眾人安靜了一會兒，盯著強尼的牌，即便是文斯也不例外：他的性命可是剛剛才回到自己手中的。

最終，安吉清了清喉嚨。「呃，強尼？」

這位胖傢伙嘆了口氣，將牌丟到桌上。一張六、一張二，什麼都不是，連對子都沒有：眾人不知該如何是好。強尼起身，走到窗邊，盯著外頭。文斯趁機退出牌桌，摸到門邊，他飛快回望一眼，桌前的眾人仍瞅著賭金堆，文斯也看了看窗邊的戈提，他的肩膀垂在胸前，像個老人。就在他關上門前，他見到強尼轉身走回牌桌，似乎打定了主意，要不然就是改變了心意。

查爾斯警探開到第六大道上，轉進B街，沿著路邊駛過一個街區。他靜靜開過一名拿著高跟鞋的妓女身旁，妓女微笑，彎身，和他閒聊起來：「你好呀，查理，買還是賣？」

「都不是。」他從身側拿起一瓶酒遞給她。「你有見到馬里歐嗎？」

「他剛還和一群人在那邊。」她邊說邊指著街區深處。接著，妓女直起身，查爾斯駛離，又走了兩個街區後，停在一棟老舊公寓的前方，這棟公寓被油煙燻成棕色，生鏽的逃生梯露在外頭。他拿起威士忌酒瓶灌了一大口，調整了一下帽子，爬到車外，走到後座，掏出兩個鞋盒。兩個多明尼加人坐在門廊前喝著瓶裝啤酒。「嘿！」查爾斯問：「最近如何？」

兩人答還可以，其中一人和查爾斯握了手後，再以四指勾勾手。

「見到馬里歐沒？」

一人朝一棟建築甩了甩腦袋。「他在上頭，處理從城中搞來的草根。你要我去踹他屁股拖他來這兒嗎，查理？」

「對！」查理說。「不過別告訴他是我。跟他說這兒有人想跟他買雪片。」查爾斯一人給了一個鞋盒，他們將鞋拿出，衝著鞋露齒笑容。「呎吋對吧？」

「沒錯！你真行，查理。」其中一人綁好鞋帶後，從門廊座爬了起來，起步上樓，腳上的新鞋閃閃發亮。當他離開後，查爾斯走回車旁，打開後車廂，拿出一根修輪胎的扳手，關上後車廂。

剛上去的多明尼加人下樓了，身旁跟著另外一人：身材較小、戴著黑框眼鏡、頭髮束起。小個子的傢伙先是微笑，等見著查爾斯後，兩手伸出，在空中停格，下一秒，追逐戰開始。只是跑沒五步，處於優勢的大塊頭警察便將這傢伙壓在地上。

「我什麼都沒做，查理！我發誓我沒告訴人任何事！」

查理沒理會，專注抓著對方的馬尾，揮下扳手，重擊小個子男子的手臂和頭部，他的眼鏡滑出，越過人行道，哐噹一聲撞到停車計費器。「我跟你說了別耍我，馬里歐。」

馬里歐掙脫開，跌跌撞撞朝公寓的門廊爬去，在那兒的其中一人將他踹回查爾斯身邊，馬里歐作勢往左，實際上往右衝了出去，查爾斯丟下扳手追上前，抓到馬里歐的雙腿，接著雙雙跌到磚造建築旁，兩人纏鬥的影子投射在路燈之間；查爾斯只花了一秒便壓制住小個子男子。

「我發誓，查理！我一句廢話也沒說！拜託，查理！」

彎著腰，查爾斯拽著馬里歐的頭髮，將他拖回門廊。當他往身後一摸，想拿回剛才丟下的扳手時，發現它不見了。他四處摸索，接著直起身，轉頭看著坐在門廊前的傢伙。

「他媽的搞啥？」坐在門廊前的人兩手空空，望著大塊頭警察的身後。

查爾斯轉身痛毆馬里歐，拳頭落在他的身側與臉上。「操他媽的扳手在哪兒？」只是，馬里歐手上也空無一物，正以手護頭，嗚咽著，直到查爾斯的頭部稍微轉動後，他瞧見杜普立從暗處走出，手裡握著他的扳手。

「阿杜？」

「你不能這樣做。」

「做什麼？我正在審問一名操他媽的嫌疑犯。」他鬆開馬里歐，微笑，下一秒，撲向杜普立，緊緊抓住他的襯衫，但杜普立的扳手已早一步敲向查爾斯的腦袋。

查爾斯被打得倒退幾英呎，放開杜普立的襯衫，但令人訝異的是大塊頭警察竟然沒有倒下。坐在門廊前的幾個傢伙爬進建築內，查爾斯看著他們，轉頭盯著一輛計程車敞開的後車門。「你坐那王八蛋計程車跟蹤我？」他大笑，伸手摸了摸太陽穴上腫起來的大包。「扳手給我。」他走近杜普立，但杜普立退後幾步，再一次舉起扳手。

「馬里歐！」杜普立大喊。那孩子抬頭看他。「你那裡有親人嗎？」

馬里歐猶豫著。查爾斯的目光在杜普立和馬里歐之間來回。「馬里歐，」查爾斯咆哮。「操他媽的別給我動，馬里歐！」

「馬里歐！」杜普立再度大喊。「走！」最後，馬里歐踉蹌爬起，撿回眼鏡，迅速逃離。杜普立與查爾斯看著他離去的背影。

查爾斯冷酷地笑了。「操他媽的你知道自己做了什麼嗎？」

「你是對的。」杜普立說。「你確實需要我的幫助。」

查爾斯大笑，揉揉頭上的腫包。「你剛放走了一個大毒販，西雅圖小子，真渾球！」他的聲音聽起來有些惱火。「現在，把扳手給我。」他再度大笑，杜普立對他忍痛的程度感到訝異。「幫幫忙吧！我會送你回家的。」他搓揉著腦門，轉身走向自己的車，然後……以和身材不搭軋的敏捷速度將手伸進夾克內，解開槍套，抽出瞄準，但同一時間，杜普立也衝上前再度揮出扳手：查爾斯的嘴迸出鮮紅。

牙齒裂了，血液飛濺，查爾斯的臉部向右歪斜，好像被鐵絲拉扯住般，槍枝鏗鏘掉到人行道上，查爾斯腿一軟，極力想站穩，他的身體傾斜向前，內八字的腳留在後頭。「慢著，」他說，

「慢著！」嘴中的血液跟著噴出。對於查爾斯還挺得住，杜普立感到訝異，甚至當查爾斯試圖站直雙腳時，杜普立還有些佩服他。不過，查爾斯終究倒向人行道，徹底癱了，他的臉、胸膛與手臂全撞擊到人行道上，像一株傾倒的大樹。

文斯在人行道上踱步，深吸著潮濕的空氣。就是這樣了，你自由了，可以飛到任何想去的地方，想做什麼就做什麼，可是……過去某種程度上不也是自由的嗎？因此，問題是：當你不受拘束時，你是否真有能力去做這些事……就像湖與烏鴉的故事一樣。

不，事情還沒結束。文斯看著一輛貨車在一間餐廳的地下室門口倒車，店主以手示意兩英呎的距離，接著比出一英呎，好像也在暗示文斯……危險將至。

整件事讓文斯憶起了在鬧鐘響起前便驚醒的清晨，一股憂慮油然而生。下一秒，一隻手便落在他的肩頭，轉身，他見到安吉微笑的圓臉，穿著褐色的連身衣褲。「嘿，做甜甜圈的！好消息，強尼叫我開車送你去機場。」

「開車送我？」文斯問。**要一起上路嗎**？「你……嗯……安吉，怎麼了？真的沒關係，我會自己想辦法。」

「唉呀，我得堅持送你！」安吉擠出下嘴唇。「強尼想確保你安全到達，還希望我跟你談談，行嗎？」

「當然！」文斯嘴巴乾澀。用膝蓋想都知道，他們不會這樣就放你走，你無法在打完小報告後就離開，如果他們隨便讓告密者大方走進，道個歉，說自己破壞了這群混帳唯一的規矩，然後閃人，那整個體制不就瓦解了？

安吉舉起手上的一捆鈔票。「強尼也要我幫你買機票，因為你的錢都被他拿去了。」

「真的沒這個必要！」文斯說。「我可以借錢。」

安吉揮揮手。「強尼堅持的！聽著，他真的不壞。」他靠近文斯。「但你確實必須離開。做甜甜圈的，這事我只跟你說，我不覺得強尼會喜歡你留在這兒。」

文斯點頭，當然了，強尼不會喜歡的。不過，還好來接他的是安吉，這讓文斯有些開心，牌桌上所有的人裡，文斯最喜歡安吉，他似乎能瞭解文斯・肯頓想成為另一個人、想重新出發的渴望。不，要是非得有人扣下扳機……至少安吉會給個痛快，不必受苦，文斯甚至可能說服他別下手。

「來吧，甜甜圈，出發了！」

他們走到安吉的車旁，那是輛紅色的道奇外交家。文斯其實能試著逃跑的，但即使他逃出安吉的掌控……如果他們能在華盛頓的史坡堪找到他，即使是天涯海角，他們一樣有辦法。他的思緒奔馳，想找一條生路。一個念頭閃現。「你想，我們能先去一個地方嗎？」

安吉思索了一下。「老大要你離開。」

「有個女孩……我之前就很想見她……。」

安吉轉頭看了看，點頭。「好吧！」

「然後會很快的，是吧，安吉？」

「別擔心，甜甜圈，你會到家，一刻都不耽擱。」

杜普立坐在醫院的候診室裡，吃著甜甜圈、喝著美式咖啡，盯著空無一人的護理站。同一時間，麥可，也就是查理的警察慈善協會代表，正緩緩走進大廳，不確定到底發生了什麼事。杜普立站起身，擠出一個笑容。「嘿，麥可！」他說道，好像兩人是多年友人般。「謝謝你過來，這對查理來說意義非凡。」

瘦削、灰髮、長臉的警察慈善協會代表走向前，帶著一臉盼望，似乎心裡正想：最好別出大事。醫院的廣播系統響起，正在找一名醫師，麥可轉頭看了看。

「他沒事。」杜普立說。「別擔心。不過，我想他們會為他的下顎動手術，要安上金屬線，會好一陣子都不能說話，這聽起來不會太糟對吧？」

「護士說他被揍了？」麥可說。

「他幫我處理一個案子，我們在……那是哪裡？字母城？總之在那兒審問幾個人，然後某人從暗地裡竄出來，毆打他，接著用一根扳手敲他，我想，敲了兩次有吧……」

「某人……」麥可說。

「就是這樣，」杜普立說。「某人。」

兩人對視良久後，杜普立聳聳肩，微笑，目光瞥向別處。「我很抱歉，沒有幫到他。我不會應付這樣的狀況。」

「是嗎？你不喜歡打架？」

「嗯，不太喜歡。」杜普立看了看表。「是這樣的，我得走了，但我想，在他手術後最好有人陪著，他一定會很困惑，最好有人勸他冷靜下來，要他嘴巴緊一點。」

「緊一點？」

「對。」他小心翼翼地看著麥可。「告訴他，我很感激他的協助，也告訴他，就我的瞭解，我們的事了結了。」

麥可迅速點頭，他無法給予任何承諾，但他似乎明瞭杜普立提出的「停戰協議」。「聽我說，我不知道你對查理的瞭解有多少……發生在他身上的事……」

「比我想瞭解的還要多。」

麥可聳聳肩。「他曾是個好警察……」

杜普立直盯著他。

麥可看得出杜普立不在乎，他只能聳肩。「好吧，我會盡我所能。你還需要什麼嗎？」

「事實上，」杜普立掏出一個小本子，寫下馬蒂・哈根的名字。「本來他要幫我取得這傢伙的檔案，現在你能幫我嗎？」

麥可說他會試試。

杜普立邁出步伐，麥可在後頭叫住他。「你還要在這兒多久？」

「找到那傢伙為止。」

「哦，」麥可說。「如果我是你，我會加緊腳步。」

你的眼前所見好比一幅幻象：你不曾有過這樣的記憶，但你卻能完整地描繪出。週六早晨八點，涼爽多雲，就在那個對街，蒂娜從她的小門廊內出來取報，她赤著腳、穿著一件短毛線睡袍、健美的大腿有一半露在外頭，她將深色的頭髮紮成馬尾，睡袍內可見到一小塊白色絲綢。所有文斯曾渴望的生活都在這幅畫中：一個女人、一棟房子、早晨的報紙。然而有那麼一刻，他為自己渺小的夢想感到苦澀，他並不是追求總統的職位，但他卻連這樣簡單的生活都無法企及，這種其他人毫不費力就能擁有的生活，而且還是他們想放棄的，總想藉由前往公車亭、火車站、小酒館來拋開的生活。文斯站在街的另一頭，倚在安吉車的引擎蓋上。車內，安吉靠在方向盤上，帶著微笑，指了指，用豐厚的嘴唇做出唇形：**是她嗎**？

她一動也不動地站著，讀報、翻報，他想走上前，他確實想這麼做，想站到她身旁，感受她胸膛的起伏，觸碰她睡袍衣襬下的柔細大腿金毛。

一輛車駛過兩人之間，文斯從自己的世界裡驚醒，但蒂娜的眼神始終未離開過報紙。車裡，安吉高舉雙手，眉毛上揚，他寬大的臉上盡是擔憂，嘴形再度浮現：跟她說話啊！但在文斯下定決心前，蒂娜已攏著報紙轉身，打開紗門，走進屋內，大門在她身後闔上。文斯只是站在那兒，站在街的另一頭，靠在車旁。

安吉爬出車，壓在車門上。「嘿，難道不是她嗎？做甜甜圈的？」

「不，是她沒錯！」

「那你搞什麼呀？你叫我大老遠開到這兒卻不跟她說話？我以為你要跟她聊聊的。」

「我說不出口。」文斯說。「不知道要說什麼。」

安吉盯著房子，然後回到文斯的臉上。「她很漂亮。」

「謝了，安吉。」

文斯打量著那棟房，是狹小的隔板屋，與兩旁緊鄰的房子一樣，漆著白、黃兩色，窗前栽了一排花，掛有美國國旗；這正好是文斯想給她的生活，也是她堅持自己不需要的生活：至少當他們還在一起時是這樣。而那時，文斯也還沒能力讓她過這樣的日子。

安吉仍壓在車門上，搔抓著後腦勺。「所以，你是說我們老遠開過來，你卻他媽的不打算跟她說句話？」

「我猜，自己只是想見見她吧！」

「多久沒見了？」

「三年。」文斯說。

「你都沒打給她？或寫信給她？」

「沒有。」

「怎麼會？」

文斯盯著窗戶，搜尋她的身影。「我答應過她哥會離開她身邊，他不希望自己的妹妹受到傷害。」

「嗯。」安吉點頭。「這有點……老天，真令人難過。」

文斯聳肩，轉身踏出步伐，打開車門準備進入車內，但他頓了一下。「唉，我知道接下來要幹嘛！」

安吉瞇起眼。「是嗎？」

文斯點頭。「強尼不會就這樣讓我走的，對吧？」

「做甜甜圈的……」安吉聳肩。「聽著，這很複雜，你必須理解他，他責任重大，凡事有規矩，得按一整套規範和方法行事；每樣東西都有價值，也都有代價，你不能就這樣讓一個人拍拍屁股走人，不能沒有一點……」安吉搜尋著精確的字眼。「補償。這套規則比你或我甚至是強尼都重要，是好幾代以前就定下的，也比所有在這圈子裡的人都重要，這就是為什麼它可以運作無礙。」

「但我們沒必要死守，你和我……我們可以跳出這個框架。」

安吉微笑。「如果擺脫這種生活，我能幹什麼？做甜甜圈嗎？你嘛幫幫忙！」他縮縮那寬大的肩膀。「上車吧！」

文斯再度看了蒂娜・麥克葛瑞夫的窗子一眼，但那些窗就像強尼・保伊的雙眼一樣冰冷無情。他默默上車。

「振作呀！甜甜圈，你做的對，從現在起事情簡單多了。」安吉發動車子。「準備好了？」

文斯躺到椅背上，閉上眼睛。

馬蒂・哈根的警局檔案厚厚一疊，但令人訝異的是，都僅是些雞毛蒜皮的罪刑：九次被捕，至少四次定罪，但沒有一項是暴力犯罪，既沒有攻擊罪，也沒有搶劫罪，除了偷竊和偽造罪外，見不到更嚴重的了：這肯定不是一個謀殺犯的案底。杜普立記下哈根保釋官的名字與幾個住址待查，但若想藉由馬蒂・哈根這個人的檔案去找出文斯・肯頓，線索不多。杜普立讀著檔案上的信用卡偷竊、車輛盜竊、財物竊取、支票本剽竊的紀錄，發現有個缺失的環節。

檔案的最後是為該案檢察官所準備的簡短調查報告（……基於當事人所處環境與似乎不願悔改的態度，哈根有可能再度犯案……）與該頁訂在一塊兒的，是一份四頁的聯邦調查局竊聽摘要，其中兩名未知身分的嫌犯表示，他們得找人去「收拾」那個「愛爾蘭耗子哈根」，他也應該在某地「替自己挖個洞」。該份紀錄被公證過，兩名聯邦調查局探員在上頭簽了字。

上頭還有該案檢察官的電話號碼，是個名叫珍妮特・凱莉的女性。

即使今天是星期六，杜普立還是撥了電話，當他發現這是女檢察官的家裡電話時，他趕緊道歉。週六一大早被打擾，女檢察官一開始就顯得不悅。她已不是檢察官辦公室的一員，早在一年前便前往懲治部門擔任管理工作。杜普立再度道歉，這次是因為大清早的打擾而道歉。他也詢問對方是否記得馬蒂・哈根的案子。

一開始沒有印象，但當杜普立唸出女檢察官所寫的報告時，「喔，對！」她說。「搞信用卡的傢伙，如果我記得沒錯，那狗娘養的還滿有趣的。他竊取信用卡來買電視、洗衣機、音響……然後賣給兩個替前黑手黨老大效力的傢伙，他因為欠錢才與這兩個傢伙接觸，所以他們也壓榨他一點，一開始看起來像個大案子，但後來我們放棄了。」

「為什麼？」杜普立問。

「他的律師很狡猾，與這案子的副檢察官是法學院同窗，他說服副檢察官，這個哈根手上握有多到該死的情報金礦，說這件信用卡案子只是該死的冰山一角。」

「然後？」

「頂多只是冰塊的一角。」

「妳認為他對妳有所隱瞞嗎？」

「不認為。」她說。「除了他自己的信用卡交易外，我根本不認為他還知道些什麼。我也不覺得他與那些事有關，他只是一個普通的竊賊。但當我們瞭解到這點時，已經讓那傢伙取得十足的豁免權。」

「只因為信用卡詐騙，就把他送進證人保護計畫？」

「這個嘛，還有聯邦調查局的竊聽紀錄，感覺起來，如果我們不把他安置在計畫底下，他就要被做掉。」

杜普立將紀錄抽出。「是啊，我讀過報告了，但如果妳是對的，那傢伙一無所知，為什麼有人要做掉他？」

「你問錯人了，你得找聯邦調查局的人談談。」

杜普立盯著聯邦調查局的報告，有個不對勁的地方。「妳說妳記得馬蒂・哈根，妳也記得他的長相嗎？」

「喔，當然！長得不錯，一臉會惹事樣。」

「妳覺得他像愛爾蘭人嗎？」

「我不知道。」

「哈根是個德國名。」

「我不覺得這有什麼……」

「竊聽報告中，那些傢伙說他們要收拾掉『那個愛爾蘭耗子哈根』。」杜普立將紙張湊到眼前，轉到側邊，讀著逐字打出來的對話。

在電話那頭的珍妮特・凱莉笑了。「我不知道該說什麼。不值得為這些傢伙的種族問題而失眠吧！現在，如果沒別的事……」

杜普立仍盯著報告瞧。「是啊，沒別的了，就這樣，抱歉了！」他掛上電話，看著檔案。到星期一清晨，他才能聯繫上聯邦調查局的人，這意味著這兩天他都得留意著房門，想著查爾斯警探會在何時爬下醫院的病床，走到車中，然後……

杜普立環顧自己的旅館房間：其中一張床布滿筆記紙張，另一張床在杜普立幾小時的短憩後顯得凌亂不堪。突然間，他覺得自己如此渺小，這個追查到紐約來，領悟到流氓政治與紐約司法錯綜關係，還與東尼・查爾斯這種人結仇的傢伙到底是誰呢？在這個擁有七百萬人的城市中，竟然還會如此孤獨。杜普立站起身，兩張床間的空間窄小，僅能容納他的雙腿，他必須側身走，沿著房內的家具找一條出路。他聽得到外頭的警笛聲以及早晨的第一波車流聲。他拉開窗簾，沿著下面的第七大道朝時代廣場望去，天空多雲，他看著車潮思考著：長久下來，這樣一個稠密又快速的城市會如何影響一個人呢？若自己住在這兒，是否會變得與查爾斯沒有分別？又或者，這與住在哪裡沒有關係，查爾斯已經幹了十八年的警察，也許十八年才是改變一個人的因素。杜普立心驚了一下，惶恐了起來，他希望能為自己寫一封信，然後寄出，到了一九九八年再打開。**親愛的杜普立，小心啊，別當個一無是處的混蛋**。他拿起電話撥打，鈴聲刺耳。

「喂？」她的聲音透著擔憂。

「黛比。」

「嘿，是你呀！」他感覺到她整個鬆懈下來。

「抱歉，這麼早打給妳，我只是……」

「我很開心你打來了，我也想你，你何時回家？」

「我不知道，也許星期一吧。」

「紐約如何？漂亮嗎？」

「漂亮啊。」他說。在這個旅館小房間中，每一面牆他不出兩步就能觸摸到。「它很……不賴。」他真希望自己能坐在沙發裡，窩在她身旁，就在那個他們的沙發中，那個他最熟悉的環境裡。實際上，他希望這件案子已經完結，這樣昨天他就不會在機場見到東尼・查爾斯，他的腦海中浮現大塊頭警探的身影：下顎被固定住、開車橫越城市、身旁擺著酒瓶、黑色雙眼直視前方。

「也許哪天我們能一起去紐約，杜普立？不是公事，就是去觀光，看看帝國大廈，在中央公園坐坐馬車。」

他躺到床上去，閉起眼睛。「當然可以。」

最新的想法：從《糊塗偵探》後就沒有真正有趣的電視節目了；香腸肉餅比成串的香腸好吃；要是某人不在了，電話公司還會持續寄多久的帳單；傳切戰術正在扼殺專業的足球賽；義大利食物被捧得太高了；能養隻狗還滿酷的。

文斯看著窗外的建築往後退，無法跟上腦袋思考的速度，他試著將注意力集中在眼前所見的事物上，讓自己只感受到視覺刺激。他思考著，一個人的記憶能持續多久，它是否會隨著光線的熄滅而消失？那些眼睛所見的事物呢？例如日出和同花順，又能持續多久？當你不在了，會發生什麼事呢？文斯貪婪地希望記下更多的影像……不必多有內涵，只要美麗就行。他真希望自己能要求安吉往南開，因為大部分他喜愛的建築物都在曼哈頓下城，包括市政廳、舊標準石油大樓，還有大理石與水泥鋼筋路面的錢伯斯大街，只是，他們朝北而去，文斯絞盡腦汁想著北面有哪些想看的建築：大都會博物館……舊卡內基大樓，還有百老匯街上的安索尼亞飯店。

文斯兩次將手放在門把上想跳車，但兩次都鼓不起勇氣，他們下了通往拉瓜地亞機場的出口，文斯疑惑了，安吉為什麼仍製造出他能上飛機的假象？也許安吉慣於在機場做這種事；也許文斯的屍體會被裝進貨櫃裡運到西西里。

高架橋上，一名騎著摩托車的男孩望著文斯，文斯與他的目光對上，渴望從男孩帶著曙光的眼神中尋得一抹希望；他真想跟隨男孩而去，在摩托車上度過下半輩子，穿梭在車流中，自由自在，閉上眼睛，放開握著龍頭的雙手……靜態世界裡唯一移動的物體……在摩托車座椅上的孩子是無所懼怕的：至少文斯這樣認為。無所懼怕，正是文斯所欠缺的。他閉上雙眼，腦中畫面浮現：停著的車輛快速向後退去，人們站在自家的門廊上，他甚至能感覺到吹上面頰與髮間的風。

老天，如果有個地方能傾倒你所有感受到與見到的事物該有多好？就像把底片從相機裡抽出那樣，這就是為什麼人們要寫書和故事，不用說，肯定是為了將一些記憶留下，去分享美和痛苦。這就是我的所見所聞或塗鴉：到此一遊！該死，我真的到此一遊了！你他媽的怎麼就沒記下任何事，或為什麼不在這個時間點做個記號？這很難嗎？

接著，很奇怪地，車子轉進機場，安吉俯在喇叭上，蛇行於計程車陣中，最後在票亭前的轉彎處停了下來。男士們拉著硬皮箱朝計程車走去，女士們一手拿著菸、一手拎著行李，計程車像夏天的蚊子般成群移動。安吉將車子打到停車檔，轉身對文斯說：「到啦，做甜甜圈的！」

文斯不知該如何接話。「你……你真的要讓我回家？」

安吉歪歪腦袋。「是啊，強尼說你可以回家啦！怎麼了？你以為我們要幹什麼？」

「我以為……但是……你說過事情沒那麼簡單。」

「對啊！強尼要你幫他做件事，你沒弄清楚嗎？」

「不，」文斯說：「我以為你要……。」

「要什麼？」

「你知道的……」

安吉咧嘴想笑。「你以為我……」

「對啊！」他皺眉，模仿著這位大塊頭的聲音：「**這套規則比我們都重要，做甜甜圈的。**」

安吉盯著他，接著爆出笑聲，他捧著大肚子，黑眼睛擠成一條縫。「你以為……噢，天啊！我從沒說過我要……我只說，強尼替你計畫好了！就這樣。」

「這個，你要怎麼做當然不會**說出口**。誰會告訴某人他們要槍斃他了？」

安吉笑得幾乎說不上話。「做甜甜圈的，這他媽的實在太好笑了！你以為我要……然後你還坐在那兒！噢，去你的！你這狗娘養的怎會這麼冷靜啊！」

安吉笑得太大聲，一對帶著情侶手提箱的男女經過時不禁停下來，朝車內觀望。「我……我真不敢相信你就乖乖坐在那兒，想著待會兒我就要……」

「喔，你其實可以表達得清楚一點。但你說的卻是……我不能就這樣離開，不能沒有一點……補償？」

安吉眼淚都流出來了，他吃吃笑著，伸出手搭到文斯的肩上。「你以為……噢！我的天……天呀！天呀！天呀！這實在他媽的太搞笑了！」

此刻文斯也笑了，兩人笑成一團，笑到快岔氣，拍打著儀表板。

最後，安吉抹抹眼睛，搖搖頭。「老天，我喜歡你！做甜甜圈的。我真希望你能留下，你很會帶動氣氛！不過你知道嗎，如果我要做那件事，都會一次派兩個人出面的！」他好像吃到酸東西似的擠眉弄眼。「一個人很難辦好事。」

文斯用袖子背面擦擦眼。「那要我做什麼？要什麼……補償？」

這個字眼再度讓安吉爆出笑聲，他看起來就像心臟病要發作般拍打著胸膛，接著用手指做出槍的形狀，對準文斯，文斯很配合地頭往膝蓋處垂下，笑個不停。

「噢—老—天！」安吉好不容易說出一句話。他悶笑完後，手伸進口袋，掏出一捆錢，塞到文斯手中。「好了！」他調整呼吸。「強尼要你做的是：收下這些錢，飛回那個啥都沒有的小鎮，聯邦調查局顯然把所有耗子都送到那兒了；然後買支槍，對準雷・史帝克斯那對騙人眼睛的中心點，把那個告密者幹掉！」

伊利諾州 芝加哥市／俄亥俄州 哥倫布市

一九八〇年十一月二日，週日，凌晨四點十三分。

第六章

他溜進廁所，尋找獨處的空間，他最近常常這樣，脫掉鞋子，站在鏡子前，盯著面前那張陌生、蒼白的臉：棕色頭髮已經灰白，原有的特質逐漸消逝……一九七六年入主白宮時的招牌笑容已凋零，眼角出現魚尾紋。他將熱水轉開，待會兒外頭的房間將只剩腳步聲與壓低的交談聲……還有一雙雙擔憂的眼睛。他知道自己離開房間後，討論的話題只剩下一個：如何處理他，如何讓他擺脫天生的缺陷。他們表面上將分歧拋在腦後，但他知道他們內心真正的想法；直說吧，他也是這麼想的。很久以前，他們就說服他相信自己不夠強硬、不夠果斷、太過謹慎。很久以前他們就表明了，無法忍受他的和善天真：他總是執拗地堅信，若自己盡全力，事情就能做到最好。很久以前，他們就說服他相信，那些反面的聲音才是眞切的，他最大的敵人就是自己。

現在，他與他們的看法一致：他們的職責就是避免他受到另一個自我的干擾。此刻，他們共同的敵人就在鏡前盯著自己。熱水冒出陣陣蒸氣，他放下簡報，雙手伸到水龍頭底下不斷沖洗；熱水所帶來的感官刺激，讓他擺脫了腦中的另一個自己，他因此感到高興。

「唉呀！」他甩甩燙紅的雙手，靜下來看看是否有人聽到；但外頭安靜無聲。一股不尋常的戰慄襲來，他察覺到自己如此孤單。這些日子他都沒有機會獨處，然而，他的內心卻總是孤獨的……房裡的人愈多，他愈感到形單影隻。他舉起那雙溫暖潮濕的手，抹抹面頰。之後……若結果不妙……該怎麼辦？打高爾夫球？上電視？回家？當所有事情都結束時，一個人通常會做什麼？當你坐到這樣的職位後，卻因爲不夠格而再度回到原點時，該怎麼反應呢？他忘了，有時候這種事也與他自己、與他的生活有關；他忘了，這個機構裡還是得有個核心人物。卡德爾（譯註：一九七〇到九〇年代的美國民意測驗專家）將會拿到一疊新的數據，事實上，他們面對的還是最基本的問題：人們就是不喜歡他，與他的政府或政策無關：就是他這個人。然後房中的其他人會邊點頭邊做筆記，好像他們談論的是一塊肥皂或一場電視秀。不過，他也會做同樣的動作，即使內心還有一個微弱的聲音：慢著！這就是我啊！他們不喜歡我！這眞的很令人訝異。民意調查顯示他比對手要好，他更有智慧、更具同情心，更不可能讓國家陷入災難性的戰爭中……儘管如此，人民還是想要換個總統。

有時候他思考，這些人是誰？這些相信他良好、聰明、誠實、慈悲，卻又不喜歡他的人是誰？他們是什麼樣的人呢？他的耳際響起民調專家幾次當面對他說的話：看，問題在這兒，你讓他們想起自己的缺點。

有時候，他覺得自己好像和房裡的其他人一樣坐在另一頭，看著桌後的那位小丑，將他當作一道可解的謎題，或一樣能賣得更好的產品般討論。有這樣的念頭，通常是在他起身到洗手間的時候……他想到那兒看看鏡中的自己，看看自己是否還存在。

他關上水龍頭，拿起洗手台上的簡報，打開，好像自己可能漏看了國務院人質釋放報告中伊朗所開出的幾項條件似的：不干涉、歸還巴勒維（譯註：前伊朗國王）的財產、解凍資金、取消訴訟。即使都依條件來，伊朗也只會分批釋放人質，得拖上幾個月的時間。

三個月前，這原本稱得上好消息；三個月前，只要派個說話有條理的人與對方談判，就可取得重大進展。但現在，距離大選只剩兩天……已成定局，它既非新進展，也非新聞，就是這樣了：局勢不利。這幾週來，不斷有強硬的聲音出現，認為伊朗與伊拉克的戰爭才是唯一的出路：用武力換人質。他拒絕了，但現在他瞭解為何這個論點不斷出現，因為這是他唯一獲勝的機會。

相反的，他始終真心盼望協議能夠達成，認為伊朗議會將提出合理的條件。但現在……就如同喬帝（譯註：吉米・卡特任內的白宮新聞秘書）總掛在嘴邊，也是最初幾天一名在大使館台階上戴面罩的學生所說的：我們讓美國屈服了。

其實是讓他屈服了。

這些相信他該受譴責的人是誰？這些誤將恐嚇視作勇敢的人是誰？哪個神智正常的人會想要領導這些人？

他看了看手表，打電話給羅絲（譯註：吉米・卡特的妻子）還太早了！今天是星期天，芝加哥，星期天在芝加哥，他在腦中檢視著行程表：與黑人牧師會面。這將是競選日裡的一個關鍵時刻，最後一搏，為全力衝刺累積能量，他將在今日扭轉局勢，他已為這個目標努力數週了：每日二十四小時，白天在東岸、晚上在西岸，聯合工會教師與各族裔的牧師。

但是他們不喜歡他。

星期天，芝加哥。當他無法在週日上午入睡時，他有時會待在家。他必須早起，小心翼翼地將手伸到床頭櫃上，拿起聖經，以免打擾到羅絲。他的手指會滑過燙金邊的頁緣，想著當天主日學校將講授的課程。他會將絲帶放到一旁、讓聖經平攤，這也是他現在想做的事，但他知道那些在房間裡的人見到後會有什麼反應：盯著鞋面、轉動眼珠。在空軍一號上有本聖經，在旅館房間也必須有一本，毫無疑問，只要有床的地方，床旁邊就會有本聖經，還是說他們已經不在旅館房內準備一本聖經了？

星期天，芝加哥。

他閉上眼睛，想像著絲帶、翻開燙金頁面的清脆聲以及聖經被平攤開來的景象，然後他在腦中讀到了「大衛的詩」，內容充滿固執與絕望，這是一位堅毅男子的懇求，他向國王哭求道：耶和華啊，求你爲我伸冤，因我向來行事純全。（譯註：處事正直的意思）

他睜開眼，伸手觸碰鏡中的臉龐，但摸到的只是冰冷的玻璃。

在他離開房間前，喬帝才說道：我們有幾條路可行，然後兩派人馬陳述己見，兩種將當前局勢轉化成政治優勢的方法也跟著出現：鷹派的人認爲他必須揮出拳頭說：不！我們無法接受這樣的條件！旗幟加拳頭，才有總統的氣勢。一年後的今天，我們不能屈從於伊朗開出的條件，我們不能像人質般被劫持。這個方式是把利劍，要比雷根的路線還強硬：其中一人如是說。第二種方式是宣布勝利，暗示雙方開出的條件類似，人質的釋放只是一種形式：時間問題而已，我們的人其實已經自由了。藉此彰顯出自己的政治家風範，正好與對手的好戰形成對比：他認爲這種方式就像牧羊。一個是利劍、一個是牧羊，這就是他的選項，言下之意是：還有時間挽回。

兩派人馬音量提高，指指點點、爭論不休，穿著西裝外套和開領襯衫的男子在四周來回踱步：把握最後的機會……這是緊急的……然後，喬帝揚起手，所有人都停下望著他，對象不是喬帝，而是他，等待他的決定。但，未來取決於……等待。他們是否恨透了他，恨他的缺陷和弱點，恨他既不嚴肅又不幽默？他們是否也像他那樣痛恨自己？他們等待著。一會兒的時間有多長？他的目光掃過一張張面孔，然後落在大腿的剪報上。有人清了清喉嚨。

處在這個職位，你總會令房中一半的人失望。

他就是在這個時刻離開房間的。現在，他待在這兒了，一個人盯著鏡中的自己，試著回想上次獨處是何時？在那之前，他並非一個集軟弱、失敗理念與黯淡民調數字於一身的人。

還有第三種方式的。

星期天，芝加哥。

剪報攤開的那一頁，正好是部分五十二名人質的最新照片。

我向來行事純全。

那一刻，他下了決定。

他會回到房中，表示將飛回華盛頓，取消今日的競選活動，他既不準備揮舞利劍、也不打算宣布勝利。他會說出實話：我們根本還沒到那一步。

這番話很有可能讓他敗選。

星期天，芝加哥。鏡中的面孔也盯著自己。

也許之後……將開始新生活，也許他能找回自我，也許當他在床上醒來時，他會知道自己在哪兒，然後他也能根據自身的能力來評斷自己，而非依照那個已失去自我的他來評斷。房中的人會盯著他，試圖說服他放棄這個念頭，但，不，他會說，我很抱歉，我們要回家了，各位，今天不談政治，今天……今天，我們行事純全。

星期天，芝加哥。這些人是誰呢？他深吸了一口氣，再度看了看自己：帶著希望與恐懼……打開門，走進房中。

每個人都信心滿滿、領帶鬆開，洋溢著勝利的喜悅，也激盪著各種沙盤推演的策略。此時，每個人都注意到門邊出現大人物的身影了，他的黑髮梳得一絲不苟，完美地分向兩旁；他們之間流傳著一則笑話：他一定是站著睡覺，就像他拍的電影中的某匹馬一樣，南西（譯註：雷根的妻子）將他牽出馬廄，幫他戴上眼罩、掛了一桶燕麥在脖子前，然後出發。

他們突然提問，就好像……好像他已取得勝利。「州長先生，您會做什麼？明天是您的重要日子。」

他手握門框，身體往前傾，讓自己的上半身在房內，但雙腿仍踏在門外。這是電視劇《傻瓜派爾》（譯註：六〇年代美國熱門喜劇影集）中公爵的出場方式，他有時候會擺出這個姿勢，既不必眞的踏入房中，又能掌控全場。大夥兒認爲這是他的天賦：在帶有一點表演氣氛的情況下施展領導權。

「這個嘛……」他微笑，眼睛壓成一條線，他的民衆支持度上升了兩個百分點。「這個嘛，也許我要睡不著覺了。」

衆人大笑，這對他來說不是個問題。

「現在情況如何？」

「幾個條件，先生。伊朗議會釋放人質的條件。」房中的每個人均低頭察看總統好意派人送來的五頁簡報。

他緩步到窗邊往外望去。太陽剛升起，東邊的雲朵被染成藍色，天際線浮出，但都無法告訴他下一步該怎麼走……

「哥倫布（譯註：美國俄亥俄州首府），州長。」

他仍舊盯著窗外。

「俄亥俄。」

他對著冰冷的窗說話：「我和鮑嘉（譯註：一八九九年出生的美國演員）一起拍攝《黑闇勝利》時，導演是一個叫做埃德蒙・古爾丁的可怕猶太人，他總要我們做得更好、更強調一些地方，他常說：『我們要讓電影也在俄亥俄上映，保證他們在俄亥俄能觀賞到。』有很長一段時間，我討厭俄亥俄。」

他轉身，不帶一絲情緒，如同以往，眾人不禁要想，他是否知道自己話中的重點在哪兒。

「別把剛剛那番話放到今天的演說中吧？」

更多笑聲。

有人送上一份報告的複印本，他擺擺手。他喜歡將這類事情寫在小卡上，不過，他沒有用眼鏡，他討厭戴眼鏡。事實上，當他演講時，他會在一隻眼睛裡戴上隱形眼鏡，然後他就靠那隻眼睛讀講稿，這樣，他就不用說自己需要戴老花眼鏡才能閱讀，好像年輕有活力也是選民看重的條件般。「跟我說說。」他道。

眾人你看我我看你。「基本上……這是站不住腳的，他們獅子大開口。」

「解凍資產，歸還巴勒維的錢。」

「蘇珊・桑瑪斯（譯註：一九六〇至九〇年代美國好萊塢著名影星）的裸照。」

「哦，」他說。「我們自己也拿一組吧。」

房間爆出笑聲。

「所以……這表示？」

眾人忍住笑。「嗯，先生……這表示今天或明天，他都不可能站在有海軍樂隊演奏的停機坪上迎接五十二名人質下飛機，然後親吻大地。」

「先生，站在停機坪上的將會是您。」

大笑，有的人鼓掌。

「不，不，別這樣。」他不喜歡這樣，過早歡慶準沒好事。一九六四年的時候，即使對手派特・布朗已認輸，他還不肯承認自己會當選加州州長。

他的面容謹慎，甚至要發怒的樣子。「我們會以陸軍樂隊來代替海軍。」

掌聲響徹雲霄。

他舉起手。「他們的策略是什麼？」

「很明顯的，他們飛回華盛頓了，我猜他們會宣布勝利，希望沒人注意到人質實際上還在伊朗，要不然，他就會揮舞軍刀，換做是我就會這麼做，揮舞拳頭然後說：『我們不會屈服，我們不會任極端分子擺布。』」

「他還有什麼選擇？」

「他可以問問艾咪（譯註：爲吉米・卡特最小的孩子，生於一九六七年，在美國總統奧巴馬的孩子進入白宮前，艾咪是白宮有史以來最年輕的小主人）的意見。」

半屋子的人爆出笑聲。

「或打從心底承認他想要逮住阿亞圖拉。」

另外一半的人大笑。

「我們的計畫又是如何？」

「這就是它美妙的地方，它會自己前進，我們一路暢行……」

「是的，就好像……」

「就好像我們高高在上。」

「哦！這我喜歡，高高在上。我想在上頭，我們做得到嗎？我們能在上頭嗎？」

眾人點頭。「我們不對這場危機做出直接的評論，我們鼓吹應慎重其事……」

「我們衷心希望如何如何。」

「國家的祈願者……」

「這與政治無關……」

「回到什麼什麼的正題上。」

他轉頭望向窗外，太陽已升起，雲朵褪回灰與白的顏色。雲朵的另一頭是華盛頓，還剩兩天，他感覺自己是名將軍，將在最後幾天攻下一座大城，就像他們從沙加緬度（譯註：加州首府）一路征服到華盛頓，像一部精彩的電影。他回到門邊，他最喜歡從這看出去的視野。「數字呢？我們有數字了嗎？」

眾人相視，露出微笑。「還只是初步的……」

「但我們有了嗎？」

「偉斯林想當面跟您報告。」

「但我們有數字了？」

「是的，我們有數字了。」

他等待。

大夥兒忍不住了。「十一個百分點。」

他的手臂垂到身側。我的天，眞的要成眞了。「十一？」他沉默地站在門邊，就像《傻瓜派爾》裡的公爵那樣。

「我是指，仍有誤差，不能把它計入……」

「十一？在剩下兩天的日子裡？」

「是的，先生，這是我們能輸掉的幅度。」

其餘的人瞪了他一眼……能輸掉的幅度？……拙劣的比喻，特別是在去年夏天他對三K黨和台灣問題做出糟糕的評論後，他還說過大部分的汙染是樹木所造成，還有不該將錢浪費在投資智性好奇（譯註：對人物、事情與某種觀念的好奇心）上，他離題後會說出一些危險的話，胡說八道，他曾在一週內掉了八個百分點。衆人不能讓他再度流失選票，但他似乎沒注意到大家的擔憂，他享受著眼前的榮耀，他享受著滿滿的自信，不過絕大部分，他享受著十一個百分點的領先。剩兩天了。「你剛剛說什麼？跟眞心希望有關的？」

「我們衷心盼望……」

「不，等一下。」他笑了，滿臉的笑容，一個七十歲的大人流露出孩童般純眞的喜悅。「是我的衷心盼望。」

全部的人注視著他。就是這樣，就是這種感覺。

「現在重點是我了。是我的衷心盼望。」

他在門邊站了一分鐘之久，看著大夥兒忙碌，然後漫步回自己的房間，關掉電燈，仰躺在床上，在黑暗中聆聽自己的呼吸聲，想著今天他們會爲自己挑選哪條領帶。

華盛頓州　史坡堪市／紐約州　紐約市

一九八〇年十一月三日，週一，上午七點二十分。

第七章

大衛・拜斯特掙扎地從香檳色水星山貓車的駕駛座爬出，他的大肚腩被方向盤擠壓出一塊肥肉。當他總算下了車，不屑地看了車一眼後，他關上車門，在停車場轉個彎，然後，文斯・肯頓映入眼簾。

大衛往後跳了一步，撫著胸口。「文斯，老天！你嚇死我了！」

「我真不敢相信你把雷・史卡泰瑞安排到這兒。」

大衛仍一臉驚嚇的表情，往後退了一步。「什麼？你在說什麼？」

「雷・史卡泰瑞，你讓他進入證人保護計畫，然後把他送到史坡堪。我的天，大衛，你知道這傢伙是怎樣的人嗎？他是隻禽獸。」

大衛寬大的面頰潮紅，左顧右盼，緊咬雙唇。「該死，文斯，你不能和計畫中的任何人有所接觸……」

「哦！我們是有了接觸沒錯。」文斯說。

大衛面目猙獰，他轉頭，左右張望。「跟我來。」

文斯隨著大衛進入大樓內，時間還早，大廳空無一人，電梯門滑開，兩人靜靜上了六樓，大衛刻意避開眼神接觸，文斯則強忍睡意，他這週沒睡多少小時。

司法官那層樓的橡木大廳也是空無一人，他們走進大衛的辦公室，他坐到自己的桌前，手垂到身側：這是他屈服的姿勢，或代表各種可能，也或者，根本不意味著什麼。「好吧。」大衛說。「這次是哪裡？」

「什麼？」

「當證人間有了接觸，我們要把其中一個安置到他處。所以……哪裡？你選。你想去哪兒？」

「我沒有……」文斯望著小窗外：一個多雲的早晨。他沒想過這點，當然，何不讓他們重新安置你到其他地方？遠離史帝克斯、小廉，還有戈提要你做的事，然後……消失。重新來過，一個全新的生活，只要就這樣離開。

大衛打開抽屜，拿出一張地圖，放到桌上，在兩人之間攤開。「你跟我說過你想開間餐廳？好吧，我們會幫你，你選個城市，我們會給你找棟樓。」

地圖上展現的是整個美國，呈現脈絡狀的是高速公路和河流，山巒點綴其中，各州以不同顏色作區分，州界以黑線勾勒，州的首府則標上一顆星星。這些熟悉的圖案流露著一股慰藉之情，你的手指滑過各個州界，並想起上小學時玩的拼圖遊戲：就像那樣，你可以選擇自己想要的州：每個州都是一塊拼圖，田納西州的州界平坦且相互平行，中部的州大都是長方形，以河流為界的州則有鋸齒狀的分界。小時候，你總是將佛羅里達和愛達荷州的拼圖拿來當手槍玩，因為他們狹長的土地就像槍管一樣。看在老天的份上，你總用佛羅里達對著其他孩子射擊。

「夏威夷？」大衛建議，說話的語氣好像在推薦一個飲料般。「加州？」

文斯抬頭，目光從地圖移到卡特總統的照片上：即使這張照片攝於四年前，你還是看得出他臉上的恐懼與抉擇的重量……文斯瞭解這種感覺。

有時候，僅一刻的時間就足以影響你未來的日子，目光嚴峻的卡特總統也這樣認為吧。就像這樣：你在那兒過著你的生活，然後每四年，他們給你發言權，一次微不足道的發言權，讓你談談這一刻該如何進行，但內容既真實又抽象，就好像黑色的州界般，只是描繪出事情的輪廓，只是一次渺小的發言，談論我們將往哪個有益的方向前進，但當然，後來的過程都是悲觀的：先是響應，然後減弱，最後誤入歧途。但很該死的，如果每四年都只是讓你停下腳步，瞭解自己僅是整體運作的一個小齒輪，那也許每四年都只是一次他媽的微小奇蹟而已。

文斯用指頭搔搔頭，平靜地說：「大衛，你為什麼把雷・史帝克斯送到這兒？」

大衛往後躺。「文斯，我不能跟你談論這種事。」

「大衛，那傢伙很壞……」

「那傢伙可能是全美最有價值的證人，文斯。」

「但來到這？你一定要把他帶到這嗎？」

大衛聳起寬厚的肩膀，做了一個大大的聳肩動作。「我們能怎麼辦，文斯？這計畫裡有三千人，許多人是狡猾的傢伙，我們不能把他們放到紐約、底特律或克里夫蘭，或任何一個受幫派控制的地方。好，所以要排除二十個最大的城市和他們的郊區，拿掉拉斯維加斯和大西洋城，還剩下什麼？列星頓？達摩因？鳳凰城？史坡堪？你告訴我吧，哪裡可以倒這些垃圾，文斯？誰家附近該倒這些垃圾？我們還有哪裡可以安置像那樣的傢伙？我們還有哪裡可以安置像你這樣的傢伙？」

文斯心頭一緊。「還有其他人？」

「這裡？」大衛在回答前想了一下，然後聳肩。「當然，什麼時候大概都有四或五個。實際上，我們認為這兒是個好城市，有義大利族裔、生活費不高、封閉、有許多服務業的工作、有聯邦辦公室。大到足以讓你們隱入，但又不會大到讓你們惹上一堆麻煩。」

文斯猜想他是否還認識其他證人，腦中立刻開始推敲這一類的人：吉諾店裡的洗碗工，經常在山姆店打牌的跛腳矮小傢伙。他憶起杜普立警官用的詞：幽靈。「你就是不能把雷・史帝克斯這類人放到這種地方，大衛，他是個罪犯。」

「喔，是嗎？」大衛嘆口氣。「他做了什麼？賭博？偷信用卡？賣大麻？」

文斯撇開視線，看到了吉米・卡特的照片。

「你呢，文斯？你光做甜甜圈就很滿足了？」大衛面無表情。「聽著，我們都知道回到正常生活是個挑戰，當你做起狐狸的生意，有時難免會失去一隻雞。」

「而有時候你必須幫狐狸搬第二次家。」大衛傾身向前，將地圖推到文斯面前。「來吧，文斯，選個新城市、選個新名字，將你那些神經質和蹩腳事業拋下吧！」

他確實沒錯，這是擺脫雷・史帝克斯和強尼・保伊的唯一方式，或許也是擺脫自己的方式。有那麼一刻，文斯拿起地圖。重新開始，這次要下定決心，人間蒸發。文斯低頭看著地圖，「很好。」大衛微笑。「我會開始公文作業。」他走向辦公室外頭，關上門。

文斯盯著紐約州東南方，曼哈頓島看起來像是裂片的一端……一個渺小、無害的角落，一個自成一格的世界，班尼和蒂娜就在那個角落。一天前，他還在那個島上，與安吉同坐一輛車，談論著如何做掉雷・史帝克斯。地圖就有這個問題，只秀出表面上的東西，無法見到更深層的真相。大衛怎麼知道大麻和信用卡的事呢？那些文斯的**蹩腳事業**？

文斯起身，環顧辦公室。當他打開房門時，在大廳中的大衛正好背對著他，正在講電話，小聲地說：「我會把他留在這兒，直到……」大衛直起身，意識到有人盯著自己，他轉身，見到文斯站在門邊。大衛咕噥著該掛線了，他放下電話，抬頭望著文斯，好像剛見到他一樣。「你剪頭髮了。」

「是警察嗎？」文斯問。

大衛目不轉睛，好像正盤算著自己是否能說謊而不被發現。最終，他聳肩。「他們派了個警察到紐約，那個人發現你在計畫裡。這位費爾普斯警探昨晚打給我，說想跟你談談，他們正在路上，文斯。」

「他們說了什麼？」

「費爾普斯？說你涉入一些事，信用卡盜竊、販售大麻，他們還想問你有關一宗謀殺案的事。」

「這事我已經跟他們談過了！」

「哦，那他們想再跟你談談。」

「我沒殺任何人，大衛。」

「當他到這裡的時候，我們會向他解釋的。」

「我已經跟他解釋過了。」

「我們會再跟他說的。」

「你要拘留我嗎，大衛？」

「我只是要求你留在這兒，跟警方合作。」

文斯環顧辦公室。「在他們來到這兒前，我有多大的機會走到大廳，然後走出大門？在你呼叫警衛之前？」

「別這樣，文斯。」大衛笑笑。

「五分之一的機會？十分之一的機會？」

大衛眼睛眨都沒眨。

「大衛，我要走了喔？」文斯走出辦公室，一派輕鬆地來到電梯前。他希望大衛掏出一支槍、抓住他，或至少呼叫大樓警衛，但碩大的副司法官僅像個小弟弟一樣跟在他身後。

「哎呀，別這樣！文斯。」他說。「等一下，跟警察談談，我們會把事情弄明白，然後重新安置你，別這樣，跟他們談談就好。」

「我明天會自首。」文斯踏進電梯中。「但我必須先做一些事。」

「文斯，想想吧！**別做傻事**。」

真有趣，安吉在機場時跟他說了同樣的話。就在他全盤托出之後：聯邦調查局要雷・史帝克斯在費城協助調查一宗案件，過去幾個月來，他身上都配了竊聽器，結果他大概在紐約時把竊聽器摘了下來。之後，有一天，他就這麼消失了，而史帝克斯知道的事，足以讓戈提和他的同夥坐好幾年的牢。所以強尼・保伊和文斯的交易很簡單：飛回史坡堪、殺了史帝克斯，那麼他剩下的債務就一筆勾消。安吉說，你這是幫全世界一個大忙。文斯知道他說的沒錯，但是，如果他沒殺掉史帝克斯呢？那麼，他們不只會親自對付史帝克斯，連文斯也要完蛋。就是這個時候，當文斯不確定是否下得了手時，安吉微笑道：別做傻事。

電梯門關上前，文斯見到大衛滿面憂愁的臉，文斯按下二樓，出了電梯門後，他鎮定地走進大廳，進入樓梯間，下樓，經過一樓，到達地下室。門未關上，門後是一條水泥走廊，文斯往前走，走到一個儲物櫃前，打開門，找出一件工作服，穿上，再往前走，穿過一扇門，到達大樓後方的裝卸台，接著，抓起一大箱衛生紙，扛在肩上，遮住臉，走上大樓後的一條坡道，一直往上走到街上。當他準備帶著箱子過馬路時，一輛沒有標誌的警車在街角附近呼嘯而過，當警車經過身邊時，文斯見到前座坐著壯碩的山羊鬍警探費爾普斯以及另一名員警。等車子離去後，文斯一派輕鬆地過街，轉到河前公園中，將衛生紙箱放到公園長椅上，拉下工作服的拉鍊，脫掉，鎮定地穿越公園。

班尼・德佛里斯小辦公室的牆上掛了一張復甸大學的畢業證書，以及好幾張加了框的相片，都是班尼與無罪開釋的幫派分子的合照；坐在底下的班尼和上次杜普立在街上堵到他時比起來，似乎更放鬆、更有自信。杜普立坐到班尼的對面，兩人隔著一張辦公桌，杜普立感謝班尼再次見他。

「不會耽誤太久的。我只想問幾個後續問題。」

班尼不耐地看看手表。「我把知道的都告訴你了。」

杜普立搖搖頭。「嗯，不對，你沒有。」

「你在說什麼？」

「那天晚上，你說你沒見過他……」

班尼躺回椅背上，微笑，饒富趣味地說：「沒錯！」

「……我說過，如果你見到文斯，打電話給我？」

「然後我說我會的。聽著……」

「今天早上我突然意識到，我說的是**文斯**，不是**馬蒂**，我從沒跟你說他的新名字是文斯，你說自從庭訊後就沒再見過他，但你卻知道他在計畫中的名字是文斯。」

班尼・德佛里斯瞪了他一會兒，接著放聲大笑。「是呀，真有趣！我是說……沒有用的：我可以說，我推斷你指的是馬蒂，或你在之前的對話中提過文斯這個名字。不過，嗯……你很行。」

杜普立傾身向前，使出殺手鐧：「聽好了，班尼，我最不想做的就是讓你有如晴天霹靂、吃不完兜著走。」

「吃不完兜著走。」班尼重複道，臉上仍掛著微笑。

「我只是覺得，在檢察官或律師協會知道這件事前，我們能再談談……」

笑容更大了。「律師協會！」

「瞧，也許我能幫你，只要你告訴我文斯在哪兒，但你現在就得說，否則就要大難臨頭了。」

班尼大笑，點燃一支菸，笑容未減。「你真的想當個好警察！」他揮動香菸。「現在……你說你叫啥？」

「杜普立。」

「好吧，杜普立警探，首先，假設我已經見過我們的朋友，我也真的對你撒謊，但如果你在紐約能找到一個檢察官願意處理這種特權案，還因這種雞毛蒜皮的事起訴我，那我的老二都會爬出褲子、長出翅膀、飛越這間辦公室了！這是第一點。第二點，那些檢察官，不管他媽從哪兒來的都一樣，即使他們行事正派，也沒有權力管這事。第三點，說到律師協會，你想要的話，我可以給你紀律委員會頭頭的電話，因為他結婚時我可是他媽的伴郎！」

「即使你真有本事起訴我，也只是你的一面之詞，不過最後，你的話根本無關緊要。你想知道為什麼嗎？」

杜普立默不作聲。

「因為你沒問我是否見過文斯・肯頓。你問的是我有沒有見過馬蒂・哈根。哦！馬蒂・哈根這個人已經不存在了，這可是你們幹的好事。所以不論如何……我說的都是實話。自從庭審後，我沒再見過馬蒂・哈根。我見過文斯・肯頓嗎？你沒這樣問我。現在，滾出我的辦公室，沒拿到搜索令不准給我進來，你這混蛋！」

「我想你不明白我要說什麼……」

「噢，我的理解是，有人要把我送進監獄！」班尼激動不已，臉部漲紅，還不打算結束話題。「你當警察多久了？」

杜普立低頭看他。「五年。」

「你幾歲？」

「二十七。」

「你當警探多久？」

杜普立原想撒謊，但又不想被這傢伙抓到把柄。「三個禮拜，我是借調過來的。」

「還是個菜鳥。」班尼俯身靠到桌上，露出笑容。「你覺得我住的這個城市如何啊，菜鳥？」

杜普立笑笑。「這個週末很漫長。」

班尼大笑，躺回椅背上。「想聽點建言嗎？你這個愚蠢單純的可憐蟲。」

「我應該付不出諮詢費。」

「給你免費服務。」

杜普立等待。

「我的建議是：回家。這地方不像你的家鄉，在紐約市開一家餐廳，其中牽涉到的腐敗、陷害、賄賂，比起你那小地方的任何一件犯罪都要多。」

杜普立打量他。「我們史坡堪也有髮型難看的低級律師。」

杜普立穿上外套，拉過背包，從裡頭抽出一張來自馬蒂・哈根檔案的文件。「讓我給你點建言，如果下次你還覺得阻止某人跟你妹妹結婚的唯一方式，就是把他放到證人保護計畫中，換成我，我不會竄改聯邦調查局的報告。」

他將文件放到班尼面前，他不看一眼。

「所以，這是作偽證？還是阻礙司法？」

最終，班尼低頭看了文件。

「取得這捲帶子的聯邦探員說，它是另一件案子的竊聽紀錄：有關一個叫布里的人。」杜普立指指文件。「有人動了手腳，把布里的名字換成哈根的。我正好跟這個聯邦探員聊到，你跟此案的檢察官是法學院同窗，更發現這位檢察官也正好是傑瑞・布里的檢察官。你相信這只是巧合嗎？」

班尼摸摸太陽穴，外頭街上一個駕駛猛按喇叭。

「他在哪兒？」

「我不知道。」班尼悄聲說。「我兩天前見他的。」

「如果你有他的消息，會告訴我吧？」

班尼點頭。

杜普立站起來準備離開，不過，最後一秒，他彎下腰，隔著桌子湊到班尼面前。「怎樣，班尼？這樣子夠糟吧？」

遜克走進廚房，咧出一個大大的笑容。「文斯先生！你回來啦！」遜克穿著烘焙圍裙，上頭沾了一堆麵粉和糖。「葬禮怎麼樣，兄弟？難過得死去活來？」

「還沒舉行。」文斯說。

「一直有人來這兒問你的情況。有警察，還有幾個傢伙，老頭子嚇死了。噢！」遜克想到什麼似地跳了一下。「這個，兄弟，這是你的。」他脫下圍裙，交給文斯。

「不。」文斯搖頭。「現在它是你的了。」

「我不是烘焙師。」遜克說。「你才是。」

「不，我待會兒要走了，遜克。我只是回來辦些事。它是你的，現在你是烘焙師了。」

遜克盯著圍裙。「好像你是歐比王，而我是路克（譯註：兩者皆為《星際大戰》中的角色，歐比王是路克的師父）。我都打冷顫了，沒騙我吧？」他接下圍裙，鞠躬。

文斯拍拍他的肩膀，離開他身旁，走進掃具間，將木桶倒扣過來，站上去，從天花板中摸索出鑰匙，取下，走向暗門，背著背包爬下地下室，拉來一條燈繩，瞥了梯子上方一眼後，挪開空袋子，拉出帶鎖的箱子，打開，東西都還在：兩萬元鈔和一些零錢。

文斯左右張望後，從地上撿起一個空麵粉袋，把錢裝進去，接著將袋子塞進背包中，爬上樓，遜克正在穿圍裙，手上捏了一張摺起來的便條紙。「噢，你知道那個老在星期三買一打甜甜圈的女孩嗎？法拉？她是今天早上第一個出現的，給你留了這個。」

文斯接過紙條打開：

文斯：請打給我。我要跟你談件重要的事。凱莉。

文斯用了廚房的電話，聽到他的聲音，凱莉鬆了一口氣，想知道他是否有時間談談。她答應到甜甜圈店兩個街區外的巷子接他。文斯掛上電話，走到廚房門口，回頭看了看甜甜圈店。遜克站在櫃檯後的牛奶箱上，那是文斯的老位子，而此時遜克正與一名老人談論週日的職業橄欖球聯賽：鋼人隊是否戰勝綠灣包裝工隊端看他們最終能否穩下軍心。南西四處遊走添加咖啡。香菸菸霧在富美家（譯註：家具品牌）桌上繚繞，好像營火上的灰煙。

如果你能拍下思緒快照，那會是怎樣的光景？讓世界停在某個時間和地點？然後你就能像看相簿似地翻閱記憶：最後一次見到父母在一起、坐在第一輛偷來的敞篷車駕駛座看天空、將蒂娜留在床上向聯邦調查局報到的那個早晨；令文斯訝異的是，他好像從未如此靠近過這個地方。

文斯吸進最後一口濃郁的氣味：那是甜甜圈、咖啡和香菸的味道。他跨過大門，將背包甩到肩上，穿過廚房，走出後門。

杜普立一屁股坐在自己旅館房間的床上。「他在那裡？」

「對，」費爾普斯在電話另一頭說道。「我昨晚打給負責這件案子的副司法官，告訴他你查出肯頓的事了，他答應合作。然後他今天早上打來，說肯頓去過他辦公室了。」

「他什麼時候飛回去的？」

「顯然是在你看自由女神的時候。」

「他說了什麼沒有？」

「他告訴副司法官，他沒殺道格，他還有點事要辦，但明天他會自首，然後他逃走了。我們對他家進行監控，但目前為止……啥都沒有！」

「那女孩呢？」杜普立問。「幫他做不在場證明那個。你派人去找她了嗎？」

「那時候我們有點人手不足。」費爾普斯說。「昨晚發現，有個人頭部中彈後被塞進自己的後車廂裡。讓我告訴你吧，菜鳥，跟那天的感覺很像，等你回到家我們再談。」

掛上電話後，杜普立走到浴室收拾自己的刮鬍工具，塞進行李箱中。今天他原本打算去見多米尼克・考勒提，還想回頭跟班尼做確認，但已經沒這個必要了。他打給旅行社，對方要他等一下，接著替他找到從甘乃迪機場飛到丹佛的聯合航空班機，九十分鐘後起飛。如果轉機時間不長，他可以在十點鐘前回到史坡堪。

他打給黛比，但沒人接。他退出槍中的子彈，把子彈放進刮鬍袋中，將槍放在行李箱中的槍套旁，抓起夾克，衝出門，到達旅館走廊。他跑向電梯間，轉了個彎，然後發現自己就站在東尼・查爾斯寬大的背後。查爾斯正低頭朝大廳張望，想知道房間號碼的順序是如何安排的。他的大臉一轉，與杜普立碰個正著。

此時的東尼・查爾斯外貌如何呢？他的下巴右側紅中帶黃，腫得就像含了一大團菸草似的。他的嘴巴被緊緊纏住，裡外都是；金屬線在他粗大的脖子上一圈又一圈地繞，然後繞到下巴下，最後在兩片嘴唇間消失，那嘴唇的顏色和形狀就跟蚯蚓一樣。至於他雙眼上方的傷痕則平坦、呈現深紅色。他的右眼窩只剩一條縫，透著深紫色。

他們對峙了一會兒，杜普立忍不住了，後退一步。「你到這兒來該不會是想送我去機場吧？」

查爾斯從口袋裡掏出一枝筆和一個小記事本，旁邊用一排螺旋固定頁面。他匆匆寫下東西，拿到杜普立面前。

何時

班機

查爾斯點頭。接著，他以杜普立無法反應的速度將他舉起，再「砰」一聲摔到花地毯上。他坐起身，查爾斯踹了他的臉一腳，讓他在地上打滾，當他回過神來的時候，杜普立見查爾斯跨坐到他身上，草草寫下些什麼，最後，他彎下身，把記事本攤在杜普立面前，他屏住急促的呼吸，定眼一瞧：

「一個半小時後。」

飛機

趕不上了

凱莉減速，接著將自己的第二代野馬車停在亞倫・格雷比的家對面。「文斯，我能問你嗎？你和亞倫離開的那晚，是不是發生什麼事？」她的金髮在後頭紮成一束馬尾，文斯猜想，她怎能將頭髮綁得這麼服貼，她兩旁腦袋瓜上的頭髮很平整，絲絲分明，閃閃發亮又完美，好像成千上萬不同顏色的金絲般。她在單人圓背椅上挪了挪身子；至於文斯，他儘量讓自己別老盯著她穿藍色牛仔褲的長腿。

「沒有，沒什麼特別的。」文斯撒了謊。

「只是……」她用頭點了點格雷比的錯層式房屋。「他今早沒去工作，沒去競選，昨晚也錯過了一場候選人座談，他甚至不接我電話，我只是……我不知道該怎麼辦，文斯。」

文斯環顧四周。「他的小卡車呢？」

「應該是他太太開走了，他自己一個人在家。」她瞄了一眼文斯，好像他懷疑自己怎麼知道這件事。「今早我坐在這兒留意房子動靜時，見到他在房裡晃來晃去，我想他喝了酒。」她捂起嘴巴，用那修長、優雅的手指，文斯察覺自己把她當作建築物那般看待，帶有崇敬之心，甚至有些渴望，但總是有距離感。

「我不知道還能打給誰。我想你大概知道怎麼辦。」

「沒關係。我會跟他談談。」文斯拍拍她的肩膀，他抓起背包，打開車門。

「文斯？」

回望。

「你會跟他說……我很抱歉嗎？我沒有要……」她沒接下去。

文斯點頭，下車，走到街上，穿越馬路，爬上台階，按了電鈴，接著門內傳來拖著腳步走的聲音。防盜眼黑了一秒後，門開啟。

亞倫．格雷比鬍子沒刮，穿著寬鬆長運動褲，上身赤膊，露出寬大的肩膀和結實的身材，然後，也看得出他醉了。「嘿，原來是我的支持者呀！」

格雷比轉身走進屋內。「進來吧！幫自己倒些酒，我正在看《匹配遊戲》，你喜歡《匹配遊戲》嗎？我喜歡《匹配遊戲》！」

他跟著格雷比走進鋪著地毯的客廳，客廳中的淺色木質高級音響旁散落著酒瓶。格雷比拿了一個內有金色液體和冰塊的玻璃杯一屁股坐進沙發裡。文斯走向酒瓶叢林，發現大部分是空瓶，不過還有個半滿的深色蘭姆酒瓶。他為自己倒了一小杯，坐進棕色皮革的躺椅上，格雷比拿起被塞爆的菸灰缸，翻找出一個還能吸的菸蒂。

落地式大電視關成靜音，主持人基恩・雷伯恩咧開嘴大笑，對其中一名參賽者說了些什麼。

「你還好吧？」文斯終於問了。

格雷比的視線從電視移到文斯身上。「好極了！」

「凱莉打給我，她很擔心。」

格雷比喝了一大口酒。「我現在不能跟她說話。」

「你太太發現了？」

格雷比看起來要哭了。「我愛寶拉，真的，如果我再多想想的話……」

「發生什麼事？」

「那件事……的晚上……在我送你回去後，我回家，發現她還醒著，你知道嗎？可笑的是我瞞了她兩年，但就在那晚我說了實話。『我和這傢伙見面。』我跟她說：『是個賭徒。然後我們去一家傍晚開始營業的賭場，我跟一些選民聊天，然後幾個人想對這傢伙施暴，我救了他，確確實實救了他那條命。』」

「她只盯著我看，然後她說：『你有外遇。』」他大笑。「我可以說謊的，我可以跟她說，我當時在做競選標語，或雷根的兒子帶我去吃早餐。但我沒有，我必須說出她永遠不會相信的事：

那就是事實。」

「我很抱歉。」文斯說。

他聳肩，以此回應文斯的抱歉。「我可以把這件事帶過的，或至少不跟她提到凱莉。你知道嗎？我很會說謊，非常厲害，真的！但我腦中開始閃過那些見過的畫面，在牌桌上的人、在車裡的傢伙……我本來可以槍斃他的，文斯，我是說……我想斃了他！但這又說明什麼呢？我是指，我跟那種人有什麼區別呢？一定有的……我們這種人跟他們一定有不同之處，像他們這種……」

他低頭看著手中的玻璃杯。「我想當個更好的人。」

他聳肩。「所以，我跟寶拉說對不起，我不是故意的，但事情就這樣發生了，她問對方是誰，我說不重要，她說：『這當然重要！』」

「所以我告訴她了。」他沉默，一會兒後，文斯傾身向前。

格雷比抬頭，好像很訝異文斯仍在這兒。他的頭左右擺動，「她很沉著，點點頭，好像早知道對方是誰。然後她走進房間，打包，帶著孩子，……離開。」

「你知道她在哪兒嗎？」

「寶拉？在她姊姊家。」

「你必須說清楚，去找她吧！」

「她不會跟我說話的。」

「別打給她，過去找她，像個男人，告訴她你不會再犯。」

格雷比將一個嗝忍了下來，目光狂亂地掃射四周，好像快生病似的。他起身，走到浴室，但除了水龍頭的水聲外，沒有其他聲響。

文斯坐了一會兒，看了看手中的酒後，走過絨布地毯的客廳，拿起格雷比的飲料，踱到音響旁，撿起地上的一堆瓶子，夾在腋下，帶到廚房，將瓶中剩下的酒倒進水槽，然後把空瓶放到後陽台，回到客廳，基恩•雷伯恩正恭喜一位戴著超大眼鏡的女子，「一五、〇〇〇元」的數字在女子的臉上閃爍。浴室的水流聲還在。

一分鐘後，文斯步下狹窄的走廊：斑駁的牆上掛了一排格雷比孩子帥氣的學校生活照……然後走到關著門的浴室前。他輕輕敲門，沒回應。「嘿！你還好嗎？」

最後，格雷比打開門跨了出來，從文斯身旁擠過去，他後頭的浴室充滿胃酸和酒精的氣味。「對不起。」他說。

回到客廳後，他發現《匹配遊戲》已經結束，這件事似乎比起生病或酒被倒光都還要令他難過。

「你現在打算怎麼辦？」文斯問。

「我想《兩萬美金金字塔》（編註：節目名稱）要開始了。」

「明天的選舉呢……」

「已經不重要了。」

文斯看了一分鐘的電視後，起身往大門走去，但他停了下來。「聽著，做你想做的事，我不在乎。」

他搔搔頭，想弄清楚自己想表達什麼。「但你那天說的那些事怎麼辦？你說你每天都迫不及待起床工作，還有，一個**更好的動物園就是比較好**。從價值面來說，政客說的話裡，那是我聽過最好的了，也許是所有裡頭最好的。」

格雷比望著咖啡桌沉思，頭埋在手中。

文斯盯著電視，聳聳肩。他抓起背包，走向大門，打開，但他發現了門旁桌上的報紙，他將橡皮筋取下，不斷翻頁，直到看見分類廣告，接著，他走到外面，午後的空氣寒涼，他在門廊上打開報紙，以手指搜尋房地產那一塊，找到了。他抬頭，對面的街上，凱莉正躺在車內座椅上，盯著車頂。文斯留在門廊，直到格雷比打開蓮蓬頭的聲音響起，他才跳過馬路，坐進車裡。「他會沒事的，他會把事情處理好。」

「他的太太有沒有……」

「有。」

「噢，天啊！」

最終，文斯轉向她。「嗯，妳現在必須和他保持距離，妳能理解吧，凱莉？」

她低下頭哭了，肩膀起起伏伏。建築物就是這樣，有的大樓還是遠看比較美。文斯耐心等待，直到她停下擦擦眼淚、深呼吸。當文斯確定她哭夠後，拿出摺起來的報紙。「妳能帶我到這個地方嗎？」

杜普立挪了挪身子，他的雙手被銬上，想為下背部找一個舒適的姿勢。當他深呼吸時，肋骨隱隱作痛，左邊底部的兩根肋骨也許斷了。臉頰上的瘀青痛到牽動腦部神經，他在查爾斯沒有標誌的車內俯著身；自從警校畢業後沒再被上過手銬，這感覺真不舒服。查爾斯飛快轉過一個街口，杜普立摔到鞋盒堆中，胸口刺痛，他縮了一下，努力坐直身體。

「你的所有事我都告訴巡官了。」他謊稱。「如果我出事，他們會直接找上你。」

查爾斯開著他的車，沒回頭。杜普立盯著他後脖子與後腦袋上的水平線，那是一條從下顎固定架上牽過來的帶子，杜普立還滿高興有這條帶子的，否則他看不出脖子到哪兒結束、頭部又從哪兒開始。

「在旅館大廳的人聽到我的喊叫了。他們目睹整個過程。」杜普立說。事實上，他們看杜普立的樣子，好像把他當銀行搶匪或變態似的；他的手被銬在後頭，被一個大塊頭警探拖著穿越大廳，這警探還一路把警徽亮在胸前。在路邊，杜普立假裝走不動，試圖逃脫，但查爾斯僅將他的頭熟練地往車頂一撞：等到他清醒並假設自己能活下來的話，他會記得下次也試試這招。

他試圖在後照鏡裡與查爾斯對上眼。「只要打一通電話到旅館，我的巡官就會知道發生什麼事，你那滿嘴的金屬線很容易認出！」

沒回話。

杜普立躺回後座椅背，他們沿著中央公園往北開，杜普立盯著窗外，突然感到訝異，在這種規模的城市裡，步調快速、人口稠密，它的中心點居然有這麼美麗、寧靜的地方。慢跑者、溜冰者、騎腳踏車者、牽狗的女士，那條狗還穿了件毛衣。杜普立抬頭看看查爾斯，他一手放在方向盤上，一手擱在窗框上，然後杜普立看了看腳下的行李箱，他將箱子夾到兩腿中間，抬頭瞥了瞥查爾斯的背部。如果他能想辦法將袋子拿到他後頭的椅子上，打開它，取出槍，找到子彈，裝上，轉身然後射向查爾斯的話……但現在他的雙手被銬在後頭，所有的事都得靠背後摸索。

好，還有B計畫：「嘿，難道我不能打一通電話？」

查爾斯開上阿姆斯特丹大道，經過哥倫比亞大學，進入晨曦高地，哈林區。車兩旁的霓虹燈黯淡，磚造店面被噴上亂七八糟的塗鴉，外頭圍著欄杆。查爾斯靜靜開車，街區轉變成模糊的人臉以及磚造建築，杜普立躺回椅背上，閉起眼睛。最後，車子慢下來，杜普立張開眼，路牌寫著「一五三街」，他們沿著一片長滿藤蔓的岩石牆面往前開，盡頭有個精緻鐵門，杜普立透過後座車窗，先看到最後一個字，然後逐漸讀到第一個字。

三一**墓園**。

聽起來不吉利。查爾斯慢慢前進，爬上長滿雜草的小山坡，路上覆蓋著厚厚一層榆樹與橡木的落葉，前方是個迴廊，迴廊連接著一個鄉村教堂。杜普立不敢相信城市裡居然有這樣一個地方，就在曼哈頓的頂端。他環顧四周，在曲折道路的兩旁有不少的車和人，他們在墳前鞠躬、獻花，或正朝陵墓走去。

最終，查爾斯停了車，下車，打開後車門，抓住杜普立的手臂，將他猛拉出來，拖著他一路往前，走上一個長滿雜草的小丘，直到一個被花朵和填充玩具動物包圍的墓碑前。他把杜普立往下推，他一頭栽到塑膠花和花瓶間，臉被壓到冰冷的墓碑前，他掙扎地跪直身子，讀著碑文：**我追尋主，祂領導我，帶領我走出恐懼。茉莉・安妮・查爾斯，一九七八年三月九日——一九七八年十一月十一日**。

杜普立抬頭。「你女兒。」

查爾斯噘起嘴，在本子上匆匆寫下：

心臟病

瓣膜阻塞

「我很抱歉。」杜普立說。他再次看了一眼日期：約兩年前。「天生的嗎？」

他寫道：

四次手術

貴

杜普立想像得出，這種情況下會做出什麼事。查爾斯會絞盡腦汁想辦法多賺些錢，好支付節節升高的醫療費用……會感到恐懼、憤怒、絕望。

她

一直哭

他可以試著兼差，但只是杯水車薪。同一時間，每天工作的時候，他都會看到那些握有大把鈔票的藥頭，讓他心裡極不平衡：惡棍開著賓士、有錢的小孩開著父母的車到城裡買古柯鹼。然後，一開始，他一定做得很順手：沒什麼，只是拿了河裡的一杯水。

吵架

我太太離婚

查爾斯專注在筆記本上，他的臉扭曲，似乎在尋找合適的字眼，最後，他翻轉本子。

我
輸了

杜普立點頭。在那種情況下，誰知道他會做出什麼事？又會涉入多深？杜普立與一名經過的女子對上眼，他想像著這個畫面有多奇怪：一個男子跪在小墓碑前，雙手反銬，然後一個臉歪七扭八的高大警探，手上拿了筆和本子，陰森地站在後方。

工作
那晚

杜普立將視線轉回墳前，看著幾張褪色的卡片、塑膠花，還有一個大耳朵的填充象。查爾斯翻了一頁。

她死了
就像

他專注思考，又翻了一頁。

總算，查爾斯似乎說完了。他讓本子掉落在身側，杜普立將重心移到右膝，掙扎地想拉出一隻壓在身下的腳，肋骨和顴骨一陣劇痛，但他仍奮力站起來，查爾斯沒有阻止他，杜普立站直身體，看著查爾斯的眼睛，平靜地說：「我很抱歉。」他深呼吸，準備迎接拳頭。「但於事無補。你知道的對吧？根本沒有改變什麼。」

查爾斯瞪著他，眼神冷酷無情。

杜普立靠近他，更平靜地說：「有時候……只是讓事情更糟。」

眼淚滑落，沿著查爾斯的臉頰落下，他推了杜普立一把，年輕警察摔到地上，一直滑到墓碑前，撞倒了玩具和花朵。查爾斯壓到他身上，他猛轉頭，但他的下巴被金屬線纏住、無法張嘴，只能發出睡夢中孩童般的嗚咽聲……這低沉的顫鳴傳遍滿是雜草的山丘。

巧克力碎片餅乾。當文斯一走上灰泥小屋的門廊時，便聞到這個味道。紗門闔上，當他將門一把拉開時，還不小心撞到自己的前額。裡頭的門小了些，在他開門前，能從門縫邊見到裡面的燈光。

坐在餐桌前的貝絲看起來小小一隻，桌上放了兩疊房展訊息傳單，傳單兩旁則有一盤餅乾。她穿著棕色套裝，因為石膏的關係，她將左邊的袖子捲起，而石膏手臂此時正擱在攤開的雜誌上。「文斯？」她微笑，但很快地低頭望向桌面。「你怎麼來了？」

「找房子。」

她不予理會。「大家都在問你的事。」

「大家？」

「對啊，包括這個人，雷。」

文斯不喜歡貝絲這樣叫他的名字，透露著親密；她八成和他上床了；一陣顫慄爬上他的背脊。「妳得離這傢伙遠一點，貝絲，我不管他付妳多少錢，離他遠點。」

「前幾個晚上他經常到山姆的店裡玩牌。他說你們是老朋友了，他讓我想起你。」

「貝絲……」

她站起來，給了他一個不自然的擁抱，然後推開他。「謝謝你過來。你不用這樣做的。」

他抓住她的肩膀。「答應我你不會再見這個人，貝絲。」

她畏縮了一下，回到椅子上。「文斯，這次回來後就不離開了嗎？」

「不是的。」他說。

她點頭，面無表情。

「貝絲，我是說真的。妳要離他遠一點。」

她只是瞅著他。

「我只是想知道妳平安無事。」

「喔，」她擠出一個微笑。「這你就別管了！」

文斯拿起一張傳單。「房子賣得怎樣？」照片中的房子看起來比實際的還糟：小小的窗戶任意安置在粉紅色的泥牆上、兩房一衛浴、煤油暖氣、瀝青屋頂，要價三萬兩千五百美元。

「週末時有幾個朋友來過，但你是今天第一個……看起來賴瑞根本知道這房子賣不出去才給我。我不曉得……也是個教訓吧！讓我甘心做回原本的工作。」她撿了一片餅乾，在手中翻轉，然後又放回盤裡。

「才不是，只是現在不是買房的好時機罷了！」文斯說。「但妳坐在那看起來很棒，好像妳屬於這裡。」文斯真希望還能說些什麼。「妳難道不準備帶我參觀一下？」

「你沒有必要這麼做，文斯。」

他環顧四周：廚房的金屬櫃子、漏水的水龍頭、被水浸潤的客廳天花板。「妳不帶我四處看看，我怎麼知道想不想買？」

「文斯。別這樣。」她將餅乾盤端給他。

他拿了一片，咬了兩口。「妳做的嗎？」

「文斯。」

「我是認真的。真好吃。這是我的本行啊，貝絲，我是烤糕餅的，記得嗎？這些餅乾真是該死的好吃！真的，麵糰和巧克力碎片的比例完美、烤的時間剛好，餅乾成型，但又不會太焦。」

文斯拿了另一片餅乾後，將背包放到桌上。「聽好，我可能需要把這些錢藏一陣子。所以，告訴我，」他拉開背包拉鍊，拿出麵粉袋甩到桌上。「他們願意以多少錢賣掉這棟臭房子？」

轉帳的過程很簡單：在文斯的陪伴下，貝絲將文斯的兩萬美元存入銀行戶頭（戶頭的數字提升到兩萬四百二十八點五二美元），然後銀行起草房屋販售文件。在貝絲付了超過三分之二頭期款的情況下，銀行同意以房屋做抵押，貸出剩下的錢，雖然百分之廿的利率讓貝絲每個月要多付將近一百六十塊美元，但也差不多等同她現在的房租。在三十年的房貸下，貝絲要支付將近五萬塊的利息。文斯心想，這根本就是敲詐，若是讓他跟黑幫借錢利率還低些。

不過，當貝絲把兩萬八千五百塊交出時，她興奮不已，賣主更是嚇了一跳。當然，賴瑞不會少拿他的佣金，而說好要私下給貝絲的那些抽成也被他A了下來。她拒絕做房屋檢查和評估，也表示會自己處理保險事宜，當貸款人員一項項詢問貝絲時，她都快速點頭。

從頭到尾，文斯都感到前所未有的快樂。他必須以手掩嘴才能隱藏笑意。每隔幾分鐘，貝絲都會轉頭看他，他懷疑貝絲的手可能太小，小到掩不住臉上的笑容。

其實，自從文斯打開麵粉袋那一刻起，貝絲的笑容就沒停過。文斯秀出現金說：「我要妳和肯揚住在這裡。」

她的臉熱起來，看著他的眼睛。「你會……」但她沒把話說完，好像害怕多問些什麼似的。

「還沒。」他說。「我要辦些事，我還可能離開一陣子。」他吸了一口氣。「但當我回來的時候，是的，我想和妳試試。」他覺得自己堅信這一切。

一開始她還爭辯：「我不能這樣做，文斯，我不能拿你的錢，你說過，你存錢是為了開間餐廳。」

「我可以之後再開。」他說。「拜託，貝絲，收下吧！」突然間，他腦海中有個畫面：貝絲和肯揚坐在門廊等他從甜甜圈店下班……但這個他不只是「他」，還是肯揚的爸爸……這時文斯才意識到：**這就是你的夢想**。

當她總算點頭時，貝絲的臉上露出令人喜悅的表情。除了在電影中，文斯還沒見過哪個人這麼快樂。兩人喜極而泣。

銀行貸款人員將文件推到她面前。「之後還要讓賣主過目，需要幾天的時間，但既然妳名下沒有房子要賣，妳也放棄檢查和評估，我想大概兩週就能搞定。如果賣主同意，妳可以在一個月之後入住。」

貝絲抓起文斯的手，緊緊握著，她湊近他的耳朵旁細語：「快點回來！」

克萊在同樣的時間、同樣的位置、同樣的迪克斯漢堡店桌前等著文斯，文斯走上前，將背包放到長凳上，一屁股坐下。「你一定不相信我這禮拜怎麼過的。」他說。

克萊根本沒抬頭。

「你該不會還在為車的事生氣吧？那輛車很難看，克萊。」

「我擔下所有風險，卻沒有半點獎勵。」

「你應該買美國車。」

「如果我被逮了，我的工作、我的人生都完了。」

「你說的沒錯，克萊。」

「所以我們該收手了。」文斯說。

克萊訝異地抬起頭。

「這是什麼意思？」

「意思是我們該結束了。」

「什麼意思，結束？」

「結束了！克萊，這是個燙手山芋，那個做信用卡的傢伙有天晚上被殺了，你懂嗎？死了！

條子全都找上我。還有個在城裡的傢伙，危險人物，也是個黑幫人物。我的話你聽進去了嗎？」

克萊不發一言。

「這傢伙要我把你供出，克萊，他要你的名字。」

「那就給他。」克萊將鼻梁上的眼鏡往上推。「告訴他，我想見他，我想和他交易。」

「你不能和這種人**交易**，克萊。你把錢給他，他就朝你臉開槍。」

「我想見他！」

「不行。」

「聽著，文斯，你不想要的話可以退出，但我還想繼續，我可以做更多，我可以拿兩倍的卡，賺兩倍的錢。」

文斯彎下身，低聲說：「我已經跟你說幾百次了，信用卡不能再多拿了，你會被逮。」

克萊搖頭。「我可沒開口要你保護我。給我那該死的名字。如果你沒種再繼續，至少別擋我財路。」

「克萊。」

他在口袋裡翻找半天，接著在桌底下用雙手握住某樣東西。

文斯笑笑。

「看看桌下，文斯。」

「你真該死，克萊。」

克萊迅速閃了一下……深灰色的東西……接著又放回桌下。

「你打算射死我？在這裡？在迪克斯？有的地方目擊者可能比這兒還多，只是我一時想不起來。」

克萊看看四周，許多人不是坐在桌旁，就是在車內。「我們待會兒上車。」他說。

「你打算要去哪兒，克萊？」

「我不知道，樹林吧。」

「哪個樹林？」

「我不知道，到處都有樹林。」

「你開車的時候誰拿槍？」

「我。」

「你怎麼辦得到？我可是坐在你旁邊的。當你注意路況時，我就會搶過來。」

「我會讓你開車。」

「我不會開到樹林讓你殺我的。」

克萊低頭看向桌面，想理出頭緒。「去你的，文斯！如果你不想多給我些錢，至少給我那傢伙的名字！」

「聽我說，克萊，這傢伙會榨乾你，要你把所有能偷的卡都偷來，然後把你的屍體丟到河裡，你懂嗎？」

「我說真的，文斯，這是最後一次警告。」

文斯往後坐。「這週很不好過，克萊。」他拿了根薯條。「這……我不知道，五天？這五天來我沒睡多少小時。每當我轉身，就有人要恐嚇我。這是第一次有人真的拿槍指著我，但我得告訴你……這也是第一次我一點都不感到害怕。」

克萊瞪著他，嘴唇抽動，最後，他把槍放到兩人之間的桌上。「該死，文斯！這不公平。」

「對。」文斯握住空氣槍的槍柄，打開彈匣，將一粒BB彈倒到手掌上。「確實不公平。」

會有那麼一刻，能做的都做了，劇本已定案，不論是謀略或是錯誤，都已寫進腳本中。每個人各就各位，剩下的只有等待：無法再衝刺、拉票、讓步或請求，該來的總會來，劇本往哪兒走自有定奪。在那個時刻，時間是在嘆息、懊悔與諷刺中流逝：大選前夜的每一分每一秒就是這樣。

文斯昂首向前，望著建築物的頂端，迅速一覽所有景致：有改建過的磚造廉價房、體面的辦公大樓、也有他認為史坡堪最棒的建築：保爾森大樓，那是一棟十九層樓的裝飾派建築。當然，還有其他體面的建築，例如令人印象深刻的郡法院。此外，雖然鍾愛一間斑駁的老旅館很不可思議，但文斯認為戴文波特旅館也不錯。他猜測，美國的各個城市都有一間像這樣的旅館，就像各城市都有自己的小廣場那樣。他走進轉角處的報攤，買了一支上等雪茄預備著，他看了看表：五點四十五分，第一件要做的事就是殺時間。

文斯轉進史普瑞大道，那裡的一排酒吧店是全市最好的。他獨自留戀著八、九月的最後一抹夕陽，但當秋天過去，早早就天黑也是一個不錯的驚喜。鞋跟在冰冷、閃亮的人行道上嘎嘎作響；和一小群人轉進旅館大廳前，文斯經過一對候選人身旁。大廳中，一台彩色電視架在吧台上方，他抓了張凳子坐下，雙腳自然垂下，卻踢到吧台的圍欄，引起了酒保的注意。「金賓波本威士忌加可樂。」

當酒送上時，文斯開口：「我們能看新聞嗎？」

酒保的視線從文斯移到櫃子上頭的電視機，電視下方的架子裡擺了腰果、洋芋片，還有裝醃雞蛋與香腸的罐子。「你開玩笑嗎？現在是星期一晚上，要是我碰一下電視，我的手臂就遭殃了！」電視裡，克里夫蘭布朗隊的四分衛布萊恩‧賽普正在熱身；柯塞爾（譯註：美國職業橄欖球播報員）預測他今晚有機會打破該隊的職業傳球紀錄。

「明天就是大選了！」文斯說。「拜託，看十分鐘新聞，然後轉回球賽，這樣如何？」

現場還有其他八人，有六人跟文斯一樣俯在吧台上，其中一名穿著灰色長袖上衣、畫家褲的男子，傾身往前，對上文斯的目光。「我們來這兒不是為了看新聞，新聞我們在家就能看。」

酒保被眼前的一幕激起興致，他把手放在大肚子上，對文斯說：「這樣吧，我的朋友，如果你在這兒能找到另一個想看新聞的人，我就讓你看十分鐘。」

文斯望向吧台的一邊，收到六對白眼。「拜託，各位，要不要看？要是伊朗今天就釋放人質怎麼辦？」吧台上的人將視線轉回電視上。文斯環顧酒吧，只剩下兩個穿著西裝的人窩在一張桌子前，專注談論著什麼。文斯跳下凳子，經過一個老舊的撞球檯，到他們的桌旁觀望。

西裝底下的是兩名看起來像愛爾蘭人的男子，一副專業模樣，像移民第二或第三代的律師，其中一人身材壯碩、虎背熊腰，頭髮開始灰白；另一人矮小精悍，一頭黑色鬈髮。兩人均穿著灰色西裝、領帶鬆開，半個身體俯到桌上吃著牛排、喝著高腳杯裡的酒。其中一人的臉很面熟，文斯正好趕上他們對話的尾聲，矮小男士看了看手表……「二十分鐘後我們得上樓……」接著，兩人轉頭看見了文斯。

「不好意思，但我還需要一票支持我將電視從球賽轉到新聞。你們意下如何？就十分鐘的新聞？」

矮小男子想將他揮開。「我們只會在這兒待幾分鐘。」

但壯碩男子有點興趣。「你為什麼想看新聞？」

「喔！明天就是大選日了。」

「是嗎？明天？」這件事大大激起兩人的興致，文斯覺得有些進退兩難，然後他想起在哪兒見過那個面熟的男子了：他是個議員，名字是F開頭，但文斯想不起全名。「我不清楚呢！」那人說。他大概四十幾歲，像個農場男孩，也像嗜酒的律師，使得他既帶孩子氣，但又因下巴周圍臉皮下垂而顯得蒼老。他的聲音權威中帶著友善，不過語調柔和，好像含著一大塊牛排說話。「看來他們不想看新聞。」他朝坐在吧台邊的人們擺擺手，那一列頭正往上仰，看著電視，好像正從高處的飼料槽取食著。

「這也是為他們好。」文斯說。

「你這樣想？」壯碩的議員問道。他笑笑。「好吧，成交！」他站起來，舉起啤酒，另一手撫心。「尊敬的各位，這是偉大華盛頓州六號桌的代表……」

其他人大笑。

「……華盛頓州是榮譽麥田與鋁工廠的所在地，也有冰涼乾淨的河流與白雪覆蓋的山脈以及全美最好的酒吧老主顧，我在此將驕傲地投下這一票，支持看十分鐘悲慘又痛心的國家新聞。」

在吧台的人好像被催眠般舉起杯子，同一時間，酒保上前換了頻道。

桌前的兩人朝文斯舉舉杯，文斯走回自己的凳子。電視裡，吉米・卡特很陰沉，眉毛皺在一起，他不像是一個尋求連任的人。明顯的，他縮短了競選活動，從芝加哥返回，宣布伊朗釋放人質的需求仍舊不合理：**我知道所有美國人希望他們在適當的基礎下返回，必須讓他們所受的痛**

苦與犧牲得到回報。新聞切換到卡特和孟岱爾（譯註：卡特時期的副總統）一同走過白宮草坪，他們的手臂勾在一起，好像在互相勉勵，接著切換到阿亞圖拉朝一群瘋狂支持者揮手的畫面，然後是伊朗議會，放眼望去盡是領帶、頭巾、太陽眼鏡、長鬍子與粗山羊鬍……這時，丹・拉塞（譯註：美國CBS電視台當家主播）正說明人質釋放的條件：歸還前總統巴勒維的數十億美元、解凍伊朗資產……。

然後是隆納・雷根，與一群支持者握手、揮手，這群人的規模與熱情不輸阿亞圖拉朝的支持者：**顯然我們所有人希望這次不幸的事件獲得解決，這是我的衷心盼望，我知道這也是你們的盼望**。

新聞在伊朗和美國之間不停轉換：其中一名人質的家人、伊朗學生在燃燒的美國國旗上跳舞、埃德蒙・馬斯基（譯註：卡特時期的美國國務卿）、沃倫・克里斯多福（譯註：卡特時期的副國務卿）、伊朗石油鑽井台、加油站排隊的人、排隊的失業者……畫面一個接著一個，匯流成河，可能是歷史鏡頭，也可能只是一時的喧騰，像記憶一樣零碎、任意挑選，沒有來龍去脈……在收容所吊床上的孩童、在停車場中的未售車、從地下發射井中起飛的飛彈、還有義大利麵醬廣告。然後，酒保上前，把電視轉回橄欖球賽。

就這樣了。這就是你所相信的，也是你想要的；會這樣也無可厚非，但最後，他們都只是個念頭。歷史，就像每個人的生活，是由行動所組成。有時候，思考、信念與決定都不重要，剩下的就是行動。酒保後退一步，朝文斯笑笑。「抱歉，」他說。「你的時間到了！」

華盛頓州　史坡堪市

一九八〇年十一月四日，週二，凌晨十二點零三分。

第八章

文斯站在山姆地窖外的街燈陰影下，雙手插在口袋中。還早，但他已見到山姆走進店內。文斯將口中咀嚼過的口香糖拿出來丟到地上，左右轉動脖子。冷啊！在他面前的店內泛著光，好像鄉間的壁爐；他覺得自己已經準備好了。

走上階梯，文斯打開關著的門，溫暖的前廳出現，拿著烤雞的艾迪露出笑容。

「嘿，山姆！」

「真要命，文斯・肯頓！你到哪兒去了？」

「去一些地方旅行。」

「大家都在打聽你。甚至有天晚上警察過來了。」

「喔，我跟他們談過了，事情已經搞定了。」

「我說，『你問的是誰？文斯・肯頓？見鬼了，給我轉身滾出去，從那扇門進來的人裡，文斯・肯頓可是最守法的！』」艾迪眨眨眼。「知道那個自以為聰明的條子說了啥嗎？『對不起，山姆，但這不能代表什麼。』」艾迪仰頭大笑。「原來婊子養的也抓得到重點！」他低頭看了看托盤中的雞肉。「你想打牌還太早了。」

「是啊，我知道。」文斯說。他跟著艾迪走進餐廳，坐在櫃檯前，雞肉已被盛滿油的平底鍋吞沒。文斯身後空無一人，黑暗的餐廳裡唯一的光源來自廚房，使得艾迪彷彿站在舞台上做菜似的。

「那個新來的雷也一直在打聽你。」艾迪說。他從桌下拿了一瓶威士忌，給文斯倒了一杯。

「他常來嗎？」文斯放了張五元在桌上。艾迪俐落地掃下五元然後找了三元給他。

「雷？前幾個晚上他有來這兒，跟往常一樣，兩點左右出現，跟妓女打鬧等等，我猜他牌技不會太好，但對女人很有一套。」

在這兒等人自己上門，夠簡單了。

「所以，你去哪兒了？」艾迪問。

「回家幾天。」

在廚房的艾迪抬起頭。「不是開玩笑吧，在哪兒？」

「紐約。」

「跟我聽到的一樣。所以，你那裡還有熟人？」

「沒有了。」文斯挺驚訝自己承認這點的。那裡已經沒有熟人了，現在他熟識的人在這兒。什麼時候那地方已不再是個家了？

「我也是，」艾迪說。「我有個孩子在西雅圖，但不跟我說話，還有個妹妹在印第安納，她有孩子了，但我沒去探望過他們。除此之外……我熟識的人都不在了！」

文斯轉動杯中的酒，吸進雞肉的香味和烤爐的暖意。「你有數過嗎？」

艾迪抬頭。「數過？」

「對，你認識的人中多少人死了。有天我這麼做了。」

「沒鬼扯吧，你有多少？」

「我數到六十三。」

艾迪盯著他，好像在等待翻譯一樣，然後揮動手中沾了麵包屑的雞腿。「見鬼了，我一年就有六十三個！我報紙都跳過頭版、體育版、娛樂版，直接看訃聞，確定我沒在裡頭。」他邊說邊以鉗子翻動四個火爐上黑色平底鍋中滋滋作響的雞腿。「不，我不需要數。文斯，當你時間到了……你就知道了！」他抬頭，目光與文斯相對。「你還年輕，你可能每去一場喪禮時，都會有人邀請你去參加他們的婚禮！至於我，我不記得上次參加婚禮是何時，但我他媽的每個月都會接到葬禮通知。」艾迪將一個平底鍋帶到水槽。「我非常厭倦參加葬禮，可能連自己的都不想去了。」

文斯張嘴想說些有智慧的話，但出於迷信或單純的恐懼，他覺得還是不說的好，只對著老人的背影舉杯，然後飲盡自己的威士忌。

賭客陸續走進店內，每當門開啟，文斯就要緊張一下，但都不是雷。大家迎上笑臉，與文斯握手，拍拍他的背。「怎麼，你還想多賺些錢？」傑克斯抱抱他，一杯杯威士忌很自然地吞下肚。在文斯回過神前，他已經坐到老位子、老桌子前，盯著牌，在他手裡的牌就像流水一樣順暢切洗著，總會合成一堆而不會拗到邊角或是四散崩落；他為此感到訝異，這個動作他可做數百次而不會搞砸，每一次牌都能像兩潭水混合後那樣乾淨俐落。在這個時刻，你還會害怕像雷・史帝克斯那樣的模糊形影嗎？當你有能力施展這樣的魔法，當你有能力坐飛機離開，你還會怕這個俗氣又頭腦簡單的人嗎？文斯將牌發了一圈，撲克牌滑過平順的桌面，正好停在文斯想要的地方。若希望這個夜晚永不結束、這場牌局永遠進行，會不會很難？

傑克斯將牌整理成一堆。「那天晚上我老婆終於離開了，我們整夜沒睡，試著解決問題。我說：『拜託，寶貝。』接著我問她：『出了什麼問題？』她說：『你不夠聰明、不夠敏銳，你只關心食物和橄欖球，你也聽不進別人的話，賺得錢不夠多，你還對我家人擺臉色。』老天，饒了我吧，那女人一樣樣數落我，唸了整整四小時，然後她離開了，打包些衣服後走出大門。」

文斯看著自己的牌。

「那天晚上，是我十二年來第一次自己入睡。」傑克斯說。「我睡得糟透了！一直往她那邊看，那一側的枕頭塞在床單下，她十二年來都那樣做，只是這一次可能永遠都會保持那個模樣了。最後，我在凌晨四點醒來，睡不著了，滿身汗水，床單都黏到身上，但卻很冷，一點都不熱。你有過這樣的經歷嗎？」

傑克斯丟下兩塊錢，開牌。

「如今，我已經不記得自己的夢了，從來沒有，但那晚，同樣的理由……凌晨四點，夢境回來了！好像我坐在那裡，好像真的發生似的。夢裡，我在一場橄欖球賽裡，坐在這輩子坐過最好的位置上，那天是突襲者隊對海豚隊，突襲者擊敗他們，舒拉（譯註：海豚隊教練，被譽為美式職業橄欖球歷史上最成功的教練之一）還他媽的哭了！」

文斯咬了一口雞：又燙又油膩，但炸得很好……喝了一口威士忌，然後跟注。

「我愛橄欖球，但我從沒做過這樣的夢。隔天早上我拿起報紙，然後電視裡的比賽正好就是該死的突擊者對海豚，就像我的夢一樣。也許我早知道他們的比賽，這只是我的……你們怎麼稱它？……潛意識，但我對天發誓我不知道他們要比賽，所以我覺得這是個徵兆，對吧？」

傑克斯從樹幹粗的大腿間拿起香檳大酒瓶吞了一口。「所以開球前一小時，我打了一些電話，發現突擊者被歸在弱隊，有六分的讓分，我想一定有某些理由註定讓它發生，所以我押了奧克蘭突擊者，這就好像拳王阿里與巴瑞・曼尼洛（譯註：一九四三年出生的美國歌手）對打一樣。兩千塊，刷信用卡，所有我手頭上沒有的錢。」

眾人吹吹口哨，然後一個接一個下注或蓋牌，沒人看傑克斯一眼。

「我幹了這事後就覺得自己像個混蛋，整天都感覺糟透了，好像我犯了大錯。老天，我連工作都沒有，就因為一個爛夢賭下兩千塊？」

「比賽糟透了。突擊者根本沒辦法傳球。剩一分鐘的時候，海豚領先整整十三分，我那六分就跟賭場中的十美分一樣一文不值。」

眾人笑笑，身體壓向前。

「所以我坐在那裡，待會兒就要輸掉我根本拿不出來的兩千塊，突然間我看清自己的生活了：珮姬離開我，破產，還有一連串的爛決定，整個人生一團糟！真的，當我承認這點時，他媽的奇蹟好像出現了：史戴博勒（譯註：突擊者隊的四分衛）拿起球，佛萊迪・伯利尼寇夫（譯註：突擊者隊的接球手）衝出人群，安全跑到後方，接過球、達陣，還有四十秒，天啊！奧克蘭把分數追成十三比六，只要再拿下加分踢球就好，就賭它平手了，我不會贏……但至少我也沒輸，他媽的就是這樣。我是說：我想贏！當然，誰不想？但拜託，到最後像我這樣的人……除了別輸，還敢奢求什麼？」

整桌的人微笑、點頭。

「所以接著他們擺好陣仗，然後這幾年來頭一次，我開始祈禱，懂吧？比較像是交換條件，好比你老婆發現其他女人的胸罩，或陪審團考慮證據是否足夠時，你也會這樣做？」

理解般的笑。

「**我發誓我會上教堂，不再喝酒，對孩子和那個老混蛋好一點**。我還在禱告，邁阿密球員也站好防守位置，這時候我已經沒有禱告對象了，所以如果他們能拿下分數，要我做什麼都行：**我會去吃路邊的大便，我會去幫狗吹喇叭**。」

眾人笑得前俯後仰，眼淚都流出來了。

「只要能拿下分數，什麼都好，拜託！這可是該死的加分踢球，他們夢寐以求的！我認為會沒事的，就在我這麼想的時候，如果這並列開球傳得不夠高，我就死定了！當然，上帝不會讓我左右比賽，我們都知道，我沒資格這麼做。球高高飛過置球手的頭頂，我從椅子上跌下來，讓我死了吧……好，如果那狗娘養的遞補四分衛沒給我這輩子從未有過的驚喜，我就死定了！他跳起來，把球從空中截下……」

傑克斯雙手高舉過頭，眾人咧嘴而笑。

「就在那裡，我在十九吋電視的前面跪下，哭了。像個該死的嬰兒。當置球手把球放到地上、踢球手朝它跑去時，我在啜泣。我想，你知道嗎，你這狗娘養的，有時候像我這樣的人也能得到好運。」

眾人掩著嘴。

「然後，踢球手朝球跑去，他的步法完美極了，對方穩住陣仗，如果那該死的踢球手沒踢出我從未見過的好球的話，我就死定了；那沒用的懶狗要做的就是踢中那顆該死的球，我就不會輸掉兩千塊。踢到球，然後我就沒輸贏。誰知道，那狗娘養的婊子跑了三步後居然跌到球上，好像它是手榴彈似的：顯然他還忘不掉那個高開的球，就這樣跌到上面、壓在球上，像個混帳啦啦隊員。遊戲結束。兩千塊沒了！」

眾人拍桌大笑不已。

「幾天後，珮姬打來，問說我們何不再試一下？」傑克聳肩，喃喃自語：「婊子。」

笑聲已轉成醉醺醺的悶哼聲，在文斯收下牌，看到一對六，下了注並聽到開門聲前，他幾乎要忘了來此的原因，但文斯馬上瞭解到這場牌局無法永遠持續。當他抬頭見到廉・哈金斯的麻臉、尖鬢角與雷朋太陽眼鏡時，幾乎是鬆了一口氣。小廉環顧室內，目光停在文斯身上，搖搖頭，走上前。他走路的樣子和以前不一樣，文斯察覺到他帶著自信。他搜尋著小廉夾克的輪廓，想知道他是否帶著某樣東西。

只剩下他與傑克斯。撲克牌發下，桌上出現兩張六。文斯對自己笑了笑；四張相同的牌，別開玩笑了。小廉小心翼翼地靠近。「我退出。」文斯邊說邊將面前的錢推給傑克斯。

「你在幹嘛？」傑克斯問。

「我得走了！」文斯說。

「文斯！」廉・哈金斯來到桌旁。「真不敢相信你在這兒。我聽說你回來了，但我以為你會聰明些。」

「不，」文斯說。「我不聰明。」

桌上的大夥聽著兩人的對話，好像在看網球賽。

「你準備好了？」

「你麻吉在哪兒？」

「他等著我們。」

「我希望你知道自己在做什麼，小廉。」

「這是在警告我嗎？」

「對。」文斯說。「應該是。」他把椅子往後推，小廉從桌旁跳開，手伸到腰間。好吧，文斯心想，現在你知道槍在哪個位置了：如果情況轉壞，瞭解這點也許是好事。文斯站起來，手伸向背包。

「我幫你拿。」小廉說。

文斯猶豫了一下，接著丟給他。牌還握在他手裡，他將牌攤在桌上，除了派帝對他微笑外，其他人看到四張六都傻眼了。

「文斯，明天見？」派帝問。

真好笑，人們都是一派輕鬆地丟出這種問題，這可說是幸福的基本元素，每日的最低要求……明天。當別人這樣問時，有多少次，你會不加思索地給予肯定答案，即使有很多原因讓它可能無法實現？文斯看看小廉，接著回到桌前。「當然！」他說。「明天。」然後走向大門。

小廉將文斯的背包丟到後車廂，要文斯打開大衣、撩起襯衫和褲子。滿意了之後，他移到凱迪拉克的前座。「你開車。」他對文斯說。

「我喝了很多酒。」

「開慢點。」

「我不知道要去哪兒。」

「我會告訴你。」

「要不然你開車，我來告訴你去哪兒吧！」

「上車。」小廉說。

他要文斯往西開，穿越市中心。外頭又黑又冷，街上被露水浸潤，他們穿過一個又一個的街燈，一旁建築的影子歪斜，朝他們倒過來：一個由平行四邊形和尖角組成的城市。「你的里程數一定少得可憐。」文斯說。（譯註：此處指一加侖汽油能使車子開多少英哩）

小廉緊盯著他。「什麼？」

「車齡八年的凱迪拉克，你有多少？十？還是十二？」

「十五。」小廉說。

文斯大笑。「你不可能超過十二。」

「開高速公路時有十五！」

「不對！不可能，小廉。」

「閉嘴，文斯！」

「好吧！」文斯開著車。「但還是不可能。」

幾分鐘內，他們不發一言，然後小廉咆哮。「你真的很混蛋，文斯！為什麼每次你什麼都知道？」

「十二？」

「對！」小廉吐了口口水。「是十二沒錯。」

他要文斯開到日落小丘山腳下的汽車旅館，此地位在市中心的西側，緊貼著玄武岩地形，被松樹覆蓋的小丘像一座牆般護衛著城市，這城市又被一條通往城裡的四線道高速公路切割，但當與之平行的州際公路建好後，高速公路的車流驟減，只是它周圍仍有五、六十年代的老汽車旅館，這些旅館曾是城市將臨的指標，仍有帶著希望的摩登標誌，褪色的五彩馬蹄鐵招牌加上歪歪扭扭的亮燈箭頭：**露天游泳池！按時計費！彩色電視！**

他們停在最遠邊，漆黑無比，面前是一層樓的旅館房門。當車頭燈照過建築物表面時，文斯看見房門是從一到九的單號，礫石停車場中沒有其他車輛。

「九。」小廉說。他朝旅館的最後一間點點頭。「敲一聲然後手放頭上。我會開門，你再進去。」

「沒有密碼？你應該有個密碼。」

「閉嘴，文斯。」

他們下車，文斯關上車門，走過停車場，砂石在腳下喀啦作響。他在心裡盤算著：第一步總是最困難的，只要撐過這一晚，你就能回家了。文斯站到門前，穩定緊張情緒，敲了一聲，然後手放頭上。小廉從後面走上來，打開門，黑暗的房間出現，唯一的光源是在盡頭桌上的檯燈。他把文斯推進室內。

他們踏進汽車旅館的狹小客廳，裡頭有一張沙發、一把椅子、一台電視與一個茶几，客廳旁連著一個空間更窄的廚房，裡頭有一張富美家桌子，還有一把一半擺到客廳地毯上的椅子。客廳中還有兩扇關起來的門，裡面很有可能是臥房和浴室。

「坐。」小廉說。文斯坐到椅子上。沙發上頭是一幅異常平靜的山巒風景畫，前方一排黑色樹木。這是那種你不能指指點點的畫，因為裡頭的遠近物體全都混在一起：前排的樹木比在後面屏障的山巒還不清晰，你可以在這群模糊不清的樹林中躲藏一輩子。

臥室的門打開，雷・史帝克斯走出。他穿著深色休閒褲，上面的襯衫敞開，露出V領的T

恤，沒穿鞋。他將頭髮平順往後梳。「嘿，老大！」雷沒將門關上，文斯花了一秒鐘的時間才看清房內狀況：裡頭沒有窗戶，床上有個蜷縮在床頭板旁的人……貝絲。她的石膏不見了，她握著那隻稍微朝身體彎曲的發紅手臂，左眼瘀青。

「他把我手弄斷了！」她說完開始哭泣。

文斯把頭埋到胸前。突然間，他的計畫看起來既天真又魯莽。該死。

雷看看臥房然後轉回頭。「正確地說，我又讓她的手斷了。」

文斯勉強睜開眼。他的視線越過雷，直達臥房。「妳還好嗎？」他問。

她點了一下頭，頭髮順勢落下，一臉怒意地看著雷。

文斯說：「聽好，在你讓她走出大門前，我不會給你任何東西。」

「大門？」雷問道。他站在文斯面前，微笑。

但小廉開始在房裡踱步，說：「聽著，文斯，我一開始就跟你說這事可以很輕鬆，也可以很難過……」

雷看了看小廉後，對文斯笑笑，接著走到廚房打開冰箱。

「但你選擇了難過的那條路，」小廉說。「我不想……」

「你不需要她！」文斯對著雷的背影說。「讓她走！」

小廉甩了他一巴掌，文斯也沒怎麼閃躲。「嘿！這裡！我可是在跟你說話，你這不要臉的傢伙！」小廉說。

但文斯繼續把目標對準雷：「我說真的，在她離開前，我不會告訴你任何事！」

雷轉頭，面帶微笑。「當然！你怎麼說就怎麼做，老大。」他抓了兩粒蘋果、一把削皮水果刀、一條擦碗巾，然後回到客廳。

小廉的目光在文斯和雷之間游移。「你們在搞什麼鬼？為什麼只跟對方說話？對著我說啊。」

雷不理他，他將擦碗巾攤在咖啡桌上，將蘋果和刀子放在上面，然後坐到沙發上。

文斯的視線無法從刀子身上移開。「讓她走，你就能見到郵差，他想跟你談談，他想偷更多卡。」

「那就打給他。」雷說。他揀了一粒蘋果，拿起刀。「把他邀來這兒。」

「今晚不行，太遲了！他的電話已經關了，我明早會打給他，在餐館碰面，我會帶你過去。」

雷開始為其中一顆蘋果削皮。「我不知道，現在離早上還久得很呢！老大。」

文斯往前傾。「我有些錢。」

雷笑了。「是啊，你女朋友說了，說你要幫她買房子。」

文斯試著不露出極度失望的神情。

雷將刀身在毛巾上抹了抹。「我們已經決定，明天一起去把錢領出來，然後搞個小派對慶祝。」他眨眨眼。

小廉瞪著雷。「到底在搞什麼？你們說什麼啊？現在開始要照我的計畫走。」

雷站起來，伸手進口袋裡，掏出二十元鈔票。「幫我們買些喝的。」

小廉的目光在雷、文斯、貝絲三人間打轉。「現在是凌晨三點半，我到哪兒去找喝的？」

雷盯著他，最後，小廉抓起二十元，轉身朝門走去。雷抓住小廉的肩膀，把手伸進他的大衣裡，將黑色半自動手槍從腰間拿了出來，放到自己的後腰帶上。「我可不希望你把自己那話兒打爛了。」他說。

小廉瞥了文斯一眼：突然因意識到什麼而打了個冷顫，也許就要……但他還是出去買酒了。

「那傢伙真是他媽的白癡！」小廉離開後，雷說。「你怎麼會跟這智障一起做事？」

「遇上什麼就用什麼囉！」

「我想是吧！」雷走到臥室門口，手裡還拿著刀，貝絲在他目光下戰戰兢兢。「甜心，妳男朋友和我要談些事，妳可以休息一下。」他關上房門，坐回沙發，腳放在墊子上，仍舊比文斯高一截的姿態，互盯著對方。

文斯望著雷身後的畫，那些樹木看起來深不可測。

「你知道我是誰嗎？」雷用刀子指著自己的下巴。

「嗯，」文斯說。「我知道。」

「說說看。」

「雷・史帝克斯。」

雷在聽到自己名字時露出微笑，像飢渴的人找到泉源。「所以，你也是從那世界來的人？」

「對。」

「小廉就是這樣說的，但我以為他鬼扯淡，所以你是誰？我知道你嗎？」

「你不知道。」文斯說。

「你是專門操縱牌局的嗎？在誰的底下做事嗎？」

「我偷信用卡，跟在這裡一樣，我沒加入幫派。」

「噢，」雷失望了。「太可惜了！」他躺到沙發背上，打量著文斯。「所以你是無名小卒，但當你來到這兒，你有一點點本事……比如懂得玩牌，突然間你成了大人物，對吧？混混的首領。」他笑笑。「狗屎。」

文斯未發一語。他看著雷削皮，他只薄薄削掉最外層的蘋果皮，因此下面的白色果肉還泛紅。雷抬頭，粗厚的眉毛糾結。「我討厭削皮，我也不喜歡三明治上的硬麵包皮。」

他削完一顆後，把蘋果放下……就這樣暴露在空氣中……開始削另外一顆。「你覺得這地方怎樣？」雷問道。

「史坡堪？」文斯聳肩。「我喜歡這裡。」

「不會吧，你不喜歡的，不可能。」

「我很喜歡。」

「真的？」

「對。」

「你想知道我最討厭這裡的什麼嗎？」雷問道。

「什麼？」

「披薩。根本不能吃。真是他媽的丟臉死了。我是說，拜託！這裡你到哪兒去找能吃的披薩？」

「你要去適應。」文斯說。「我現在也能接受厚片披薩了！」

「不！拜託！那狗屎你吃得下？那是把義大利香腸放在法國土司上。你不可能習慣那種東西的。這什麼鬼地方，你居然連半片披薩都吃不下去？三明治也一樣，你不過想在裡面放一片他媽的起司牛排，結果他們看你的樣子，好像你要他們去烤個他媽的嬰兒一樣！」

文斯不由衷地笑笑。「你有叫過計程車嗎？」

雷的手放到頭頂。「兩輛都坐過！」

他們大笑。

「還有那些他媽的司機！」雷不敢相信似的。

文斯點頭。「我知道、我知道。好像全城都是老先生老太太，即使年輕人開起車來也像個老頭兒似的。」

「我從沒見過這種事，禮貌到家，真讓我想吐。我到這兒一個禮拜，就得在什麼……**四向停車標誌**（譯註：一種在十字路口四邊都有的交通標誌，車子駛到標誌前必須停下，先停者可先走）前停車，那是他媽的什麼鬼？」

文斯笑笑。「我知道、我知道。」

「四個混蛋坐在那裡，每個人都停在他媽的標誌前互相乾瞪眼，好像在開該死的午茶派對，就坐在那裡一直說：『你先走。不，你走。不，我堅持。不，真的。』我告訴你，老大，有一天我會開到一個四向停車標誌前，掏出我的槍，朝那幾個混帳的頭射過去。」

文斯微笑，點頭，瞥了臥房門口一眼。

「還有那個……」

雷還沒說完，文斯已起身打算穿越客廳，但他馬上失望了，也對雷的敏捷感到訝異。雷迅速從沙發上躍起，帶著那把閃亮的不鏽鋼水果刀，將鋒利的刀口抵到他的臉頰上：就在他眼睛下。雷的大手掐住他，臉上的疼痛和脖子上的力道，迫使文斯放開雷的肩膀，任雷將他推回椅子上。

文斯咳嗽，脖子一陣疼痛，接著以手觸碰臉頰上的刀傷，很小，只比刮鬍刀的傷口大一點，但他還能感覺到刀鋒抵在顴骨上的感覺：就在他的眼窩下。刀子摩擦骨頭的聲音讓他戰慄。

雷站在他面前，手握刀子，不耐煩地看著文斯的臉。「我看看。」

文斯把手移開，露出傷口。

「沒傷到眼睛，我瞄歪了，算你走運。」

雷在那兒又站了一分鐘，環顧室內。「好吧！」他說。好像很高興他們結束了剛才的愚蠢行為。他把刀上的一點血跡擦掉，坐回沙發裡，將蘋果分成兩半，然後是四片、八片，將其中一片丟給文斯，他接住了。雷怔了一下，好像忘了什麼事一樣。「我們說到哪兒了？」

「噢，」雷微笑，拍了一下掌。「還有那些賤貨呢？你有看過這麼醜的婊子嗎？我都不知道該操她們，還是叫她們滾蛋。」

小廉回來了，帶著一瓶四分之三滿的卡魯哇酒。

「這他媽的什麼東西？」雷問。

「卡魯哇，是一種咖啡利口酒。」

「你帶來的是他媽的巧克力牛奶？」

「它可以調出白俄羅斯，或……冰原泥漿。」

「冰原泥漿？」

「對。」

「冰原泥漿。」他看了看文斯。「我們他媽的要調冰原泥漿！」

小廉看看文斯，然後是雷。「我找不到還開著的店，凌晨四點了！雷。」

「那麼你從哪兒搞到這個？」

「我回家拿的。」

雷看看文斯，然後搖頭，似乎在說：**你相信嗎？我居然要容忍這種狗屁倒灶的事情**。他打開卡魯哇，嗅了嗅，喝了一口。「冰原泥漿？」

「好吧，文斯，接下來我們得這樣做。」小廉開口。「你得安排我們見郵差，跟他介紹我們。」

但不論是雷或文斯，都沒人想正眼看他。

「你的名字是他們給的嗎？」雷問起。「文斯？滿好的名字。」

「我自己選的。」文斯說。

「你真名是什麼？」

「馬蒂。」

「喔，文斯比較好，我本來應該叫雷夫・拉魯，你能想像嗎？雷夫他媽的拉魯？拜託，我試了一陣子，還是受不了。」

「你得習慣新名字。」

「我不會讓這些王八蛋改我名字的。」他想到其他事。「嘿！你做烘焙工作前受了什麼訓練？」他把卡魯哇瓶子遞出。

文斯接過。「我在社區大學待了六個月。」

雷歪頭。「感覺怎樣？」

「做甜甜圈嗎？我喜歡這工作。」文斯說。

「你有抽成？」

「沒有。」

「洗錢？」

「沒有。」

「盜用公款？」

「沒有。」文斯說。「我就只是……做甜甜圈。」

雷歪頭。「我真不瞭解。」

「那是……一種獎勵。你呢？你應該要做什麼？」

雷吃了一片蘋果。「他們讓我去上他媽的柴油引擎維修課。」

文斯微笑。

「我，去修他媽的裝備是吧？你懂嗎？**這是你他媽的動力傳輸系統，小癟三**。對吧？」雷聳肩。「事實證明我不是當學生的料，我的老師說我注意力不集中，給了我他媽的D！」他把酒瓶從文斯手上拿回來。「那傢伙是個混帳東西。」

小廉一直站著，手放在屁股上。「好了！如果你們聊完了，也許有人可以告訴我這是怎麼回事！」

「坐下。」雷邊說邊將一片去皮的蘋果放進嘴巴。

「不！你聽我說，雷。」

「坐、下。」

「不，我不知道你在想什……」

「你他媽給我坐下！」

小廉的臉漲紅。「你真該死，雷！」

「小廉。」文斯輕聲說。

「不要！我受夠了。我讓你參與這事的，雷，這是我的主意。」

雷昂起下巴快速穿過客廳，抬起前臂掐住小廉的脖子，將他往後推到牆上，接著舉起水果刀抵在他的肩膀，慢慢捅了進去，正好在鎖骨的上方。小廉粗聲尖叫、雙手亂扒，那把刀就這樣插在左肩。他踢著雷的小腿。當小廉試圖握住刀柄時，他發出尖細的叫聲。

文斯起步走向兩人，雷從腰帶裡掏出手槍，轉身對準文斯，他停下腳步。下一秒，雷將槍管塞進小廉的嘴巴。「閉上你他媽的嘴！」

尖叫聲停了。

「我的二十元咧？」

「什……什？」槍管在嘴裡，小廉含糊問著。

「我給你二十元，你給我從家裡帶來只剩一半的巧克力牛奶？我他媽的二十元在哪兒？」

小廉畏縮地從口袋裡掏出二十元，交給雷。

雷將錢收到口袋，把槍從小廉嘴裡取出。「好！聽著，要是再出聲我就斃了你，懂嗎？我想跟這男的談談，我想瞭解信用卡交易是怎麼一回事兒，所以我要你安靜一點！」

小廉低頭看著插在鎖骨上的小水果刀。「刀子呢？」

「那是我他媽的刀！你敢碰一下，我就用它砍你！現在，閉上他媽的嘴，坐下！」

小廉滑到地上，靠著牆壁，小刀還插在肩膀上。雷似乎對事情變成這樣有些尷尬，他咬著下嘴唇。「你也坐下。」他對文斯說。文斯走回椅子旁。雷回到沙發，頓了一下，把擦碗巾丟給小廉。「你的血敢流到地毯上，我就像這顆蘋果一樣削掉你的皮。」小廉將毛巾包在刀柄周圍，堵住泊泊流出的血。

雷坐到文斯對面。「我們剛剛講到哪兒了？」

「這就是我的問題，沒受過多少訓練，沒太多技巧。看看你，你有這些本事，你可以偷竊、賣大麻、做甜甜圈，還有信用卡交易，聽起來很有賺頭，我一聽到這事就想加入。這地方太適合你了！就這樣出門，為自己賺生活費，我呢，就只做那一件事。」

雷聳肩。「我很行的，但坦白講，沒太多事給我做，即使在從前，我都可能有幾個月的時間沒事幹，當然有幾個月我也會忙不過來，也是有旺季淡季的，懂嗎？像我離開費城前，忙到我屁股都要掉下來了，每個人都想要幹掉對方，曾經有人雇用我去殺個人，那人正好也雇我殺掉原先雇我的人。瞧？真是瘋了！」

「但後來我被逮了，應該要在紐約低調過日子，但我悶得快發瘋。我是說……我過了幾個月不工作的生活，然後我，不知道，緊張了吧。是我自己的錯啦！我猜，我工作太勤奮了。我得打起精神，我想做點事，但……」……他彎下身，坦承……「就你和我知道，最後我還是只能回到那樣我唯一會做的事情上。」

他看了看小廉，他正盯著肩膀上的刀柄，呼吸有點喘，好像臨盆的女人。「結果這傢伙……老天，我都比他聰明！不對，我真正需要的是像你這樣的人，能賺錢又聰明。在後面支持這個人，我很行的，你懂嗎？」

文斯點頭。

「所以……你覺得怎樣？」

文斯揉揉眉毛，瞥了臥室房門一眼。「嗯，這我瞭解。」

雷也看了看房門，明顯地與文斯想著同一件事……貝絲和兩萬塊。他轉回來。「是吧，好！我們走著瞧，嗯？」

「嘿，雷？」小廉的眉毛被汗水浸濕，擦碗巾將近一半已染紅。「我有點不舒服。」

「閉嘴！」雷命令道，但他還是起身走到廚房，取了一條新的擦碗巾。「拿去！」他把舊的毛巾丟到水槽裡，接著走到窗邊，打開窗簾，望著空蕩蕩的停車場：只有碎石與一排兩層樓的房間，大門上了漆，沒有紗門。即將破曉，但厚重的雲層讓光線迷濛四散，文斯不確定幾點了。雷也盯著窗戶外。「很美。」他說。

這是文斯見過最醜的景色。

雷看看表。「我們現在打給你的郵差，如何？」

文斯朝臥房門口點頭。「你會讓她走嗎？」

「在她領出我的錢後。」雷說。「我說話算話。」雷打開房門，貝絲正在睡覺，蜷縮在床頭板旁，猛然驚醒，眼睛腫得睜不開。「穿好衣服！」雷說。「我們要去銀行。」

雷回到沙發，將電話推過桌面。「打給他。」

文斯望著牆上的畫，那些黑綠色樹正是他此刻的心情：失了焦，不確定該怎麼做。最後，他彎下身，拿起話筒撥號。雷盯著塑膠撥號轉盤撥過的數字。

「嘿！是我，文斯。聽著，我跟你提過的那個人，他想見個面。」

聆聽。

「我改變心意了，就這樣。」

聆聽。

「老地方，九點？」

聆聽。

「不用，別謝我，真的。」

聆聽。

「對，我們九點見。」

他掛上電話。

雷微笑。「那傢伙叫什麼？」

「克萊。」文斯說。

「克萊什麼？」

「克萊・蓋納。」

「所以如果我打這個號碼，我會找到克萊・蓋納？」

文斯沒答腔。

「你最好祈禱我能找到克萊・蓋納。」雷拿起電話，撥了文斯剛剛撥出的號碼。

「喂，你是誰？」雷問道。「克萊什麼？」他抬頭看文斯。「你做什麼的，克萊？」聆聽。

「不是，我是你待會兒要見的朋友，我只想確定我們之間沒隱瞞什麼。我們待會兒在哪兒見？」

雷聆聽。

「沒扯淡？他們的食物很棒？」

他轉動眼珠。「對！我早猜到那裡一定有便宜的東西，你說得沒錯。」

雷對文斯搖搖頭。「好吧，嘿！我們能改到九點半嗎？文斯和我得先去銀行，好，待會見。」

他掛上電話。「他媽的迪克斯漢堡店？這個城市的毛病就出在這兒，每個人都這麼寒酸，不配吃一頓像樣的餐點，如果能買一送一，你們連石粒和樹皮都會排隊搶著吃下去！」

起風了，遮蔭大樹的葉子被吹落，好似把電話線當跳繩般的在上頭躍動。朝車子走去之際，他們迎風而行。這是個充滿活力的早晨，太陽在快速移動的雲朵後閃耀。雷走在文斯和小廉後頭，他的手臂環在貝絲的脖子上，貝絲已洗了澡、換回黑色褲子與牛仔外套，她已試圖在雷給她的瘀青眼睛上撲粉，她的頭髮在臉旁亂飛。「你開車。」雷對文斯說。文斯拿了小廉的鑰匙，坐到方向盤前。

小廉一屁股坐到副駕駛座，捏著圍在肩膀刀子旁的染血毛巾。「可以現在把它拿出來嗎？」

雷看了看傷口。「你把它拿出來會流更多血，別擔心，再等一下。」

「但我很難過，雷。也許你可以送我回家。」

「當然！」雷說。「但是等一下。」

雷和貝絲坐到後座，雷將她拉近，他的手臂仍環住她的脖子，槍則抵在她胸部下的肋骨之間。文斯在後照鏡裡對上她的眼睛，他想叫她放心，但他也不知道能要她放什麼心。

「妳還好嗎？」他問她。

她點點頭。

「開車。」雷說。文斯點頭。

「那間房子在哪兒？」

「什麼房子？」文斯問。

「你們兩個用我的錢買的房子。」

「你想看？」

「對，才八點半，還有點時間。」

文斯往北開，越過河，到達貝絲那可憐小屋的住宅區，屋子的油漆斑駁褪色，大門兩旁的灌木叢不對稱，「售屋」的牌子已換成「售出」，新牌子在風中搖晃，像某人鬆動的牙齒。

「那個？」雷盯著窗戶外。「真他媽破爛！」他轉向貝絲。「我可是在幫妳。那地方簡直就是廁所拉出來的一坨屎。」

「裡面比較好。」貝絲說。

「希望如此，外面看起來他媽的爛透了！妳付多少？」

「他們要價三萬二，」貝絲說。「但我們殺到二萬八千五百。」

雷露出誇張表情，抬頭看文斯。「我根本不會給超過一萬。」

文斯駛離屋子，開進住宅區的一條街，樹葉在車前打轉，他其實滿期待住在這個社區的，他從後視鏡看著雷。「你打算怎麼做？」

「什麼意思？」

「等你掌握到信用卡交易，還有拿了我的錢後，接下來呢？」

雷只是盯著他。

「我是說，你打算留在這兒嗎？找個同夥？你的計畫是什麼？」

「別為我擔心，我計畫好了！」

「什麼樣的計畫？」

雷聳肩。「在這兒避一避，為費城的幾個案子作證，等所有事都搞定，我也賺了點錢後，我會回去，重操舊業。」

「回費城？」

「不是，我不會回費城，我會到紐約。」

「你想他們會讓你回去嗎？」

雷比出開槍的手勢。「嘿！對那些還沒死或還在坐牢的傢伙，我可是什麼事都沒供出喔！紐約那邊的事我什麼狗屁都沒透露，以後也不打算這麼做。」

「他們覺得最後你會把大家供出。一個司法官跟我說，你是重要證人。」

「去他的！」雷望向窗外，咬著嘴唇。「我根本沒同意要透露紐約的事，我會供出幾個費城那已經作古的傢伙，然後我就要回去了。」

「你真的認為他們會讓你回去？」

「聯邦？」

「不。」文斯沒多說。

「誰，那些兄弟？」雷大笑。「幹！我看我回去的時候，兄弟會為我舉辦一場盛大遊行，沒人做得比我好，當他們發現我誰都沒出賣，肯定會給我一場他媽的派對。」

文斯靜靜開車，雷也只是盯著窗外，突然間文斯猛力扭轉方向盤，輪胎發出刺耳聲響，車子停到一所小天主教學校的停車場。

雷慌亂掃視四周，在貝絲背後壓低身體，把槍舉到文斯的耳朵旁。「你他媽的搞什麼？」

文斯熄火，兩手往身側一舉。「投票。」

「什麼？」

「我得投票。」

「你他媽的說什麼鬼話？」

「選舉。要選總統了，我得投票。」

雷瞪了他幾秒後，憤怒轉成好奇。「是嗎？那是什麼？」

「投票？我不知道，我沒做過。」

雷聳肩，用槍指指路面。「嗯……你得等會兒再做。」

文斯看看後視鏡，與雷的目光對上。他微笑。「別這樣，我們都知道，我等不了的。」

雷用槍推了推文斯的腦袋。「別這樣，你他媽的給我開車。」

「不。」文斯兩手一攤，腦袋因為槍抵在脖子的關係往前傾。「除非你打死我。」外頭，一對男女正穿越停車場朝學校走去。

「該死！」雷說。「開車！」

文斯低著頭，抵在頸背的槍管冰冷，他靜靜地說：「聽好了！我不是在哭鬧、乞求或假裝自己是另一種人，但我得先去投票。」

他們一道走下車，這是個奇怪的隊伍，像被痛打過。文斯在最前頭，臉頰上的刀傷鮮紅。雷走第二，手臂環在貝絲脖子上，兩人的姿勢看起來不太像情侶，她的右手捧著左手，左手臂則抵在胸前，像隻折翼的小鳥。最後是小廉，看起來最慘，而且慘很多，他流著汗、臉色發白，左肩上的一團東西被拉上拉鍊的外套緊緊撐住：那是包裹著三英吋刀柄的染血毛巾。

他們站在學校外面的走廊上，一旁有道聖水噴泉，雷以手指沾了沾水，在胸前畫十字。投票所在狹窄走廊的盡頭，那裡是學校的多功能室。貝絲和雷跟在文斯後頭，走廊兩邊掛著主日學校孩童的畫作：兩排小兔子從黏滿樹葉的地方跑出來。當他們經過棉花球尾巴的小兔子時，四人均轉頭觀看，文斯想像那些小手繪出小兔子、黏上棉花球尾巴的模樣，他轉頭看看貝絲，想到肯揚。突然間，讓她逃出這裡是唯一重要的事。

「很可愛。」雷說。「棉花球。」

「我很難受。」小廉說。

多功能室一半是體育館、一半是自助餐廳，木頭柱子頂著天花板，午餐桌已摺起來疊放在牆邊，室內中央擺了一張長木桌，三位年長女士就坐在桌後，面前則擺著厚厚的名冊簿。女士的右邊有四個摺疊投票亭，其中一面垂著布，旁邊有個前方掛了鎖的木製投票箱。文斯站在門邊，一位女子剛投完票從投票亭走出，將選票投進箱子上方的縫隙裡。

雷湊近他耳邊。「你要怎麼做？」

「我不是很清楚。」文斯說。他看看貝絲，她聳聳肩，小廉打開夾克，撥開染血毛巾的前端，檢視一下傷口，然後將所有東西壓回肩膀上。

其中一名年長女士站起來，應有四呎高，頭髮灰白，穿著那種文斯媽媽喜歡的鞋：也就是護士穿的鞋子。「這是你的選區嗎，親愛的？」

文斯翻找皮夾中的選民登記卡。

「沒關係，我不需要它，如果你在名單上，你就能投票。你們也是這個選區的嗎？」

「不是。」雷很快接口。「我們只是在等他……」

她盯了他一分鐘，嘴巴噘起，好像想說什麼卻又忍住了的樣子。「好吧！」她指著遠邊的牆壁。「要是你們願意，可以到那等。」雷、貝絲和小廉一個緊跟著一個地走過去。

年長女士挽著文斯，將他帶到桌邊。「你姓什麼，親愛的？」

「肯頓。」

她把他帶到第一本厚厚名冊簿的前方。「很好。這個清爽的年輕人說他姓肯頓，妳有他的選票嗎，厄琳娜？」

厄琳娜翻動簿子，透過雙片眼鏡由上而下尋找。「文斯J？」

「是的。」

她將本子轉到他面前，給了他一枝筆，文斯簽了名。他們將一張窄長的卡片交給文斯，上頭有幾列數字與相應的註記，文斯盯著它瞧，不確定是否需要記得每個名字所屬的號碼，或當他不在這兒的時候，這裡的報紙曾公布過什麼名單。

原先帶他的女士指了指投票亭。「那是你選擇的地方，文斯J・肯頓。」文斯喜歡她的聲音，那種氣流透過假牙的輕柔哨音。「把卡片滑進本子中，確定你有把它推到底。」

文斯轉頭，雷和貝絲看著他，小廉則倚著牆，盯著天花板上閃爍的燈。

文斯走進投票亭，一個本子連在亭子邊緣，還有一個綁著線的小打洞器。他將卡片滑進本子中，直到卡片上的兩個洞對齊本子上的兩個栓釘。文斯打開第一頁。

動議請願提案

第三八三號倡議案

除非各州簽署協議，否則華盛頓州是否該禁止進口與堆放外州來的非醫療用放射性廢棄物？

他跳到下一個。

人民向立法機關提案

第三十八號公民投票法案

一億兩千五百萬美元的州普通責任債券是否能用於供水設施的規劃、收購、建設與改善？

他掃視整個選票，共有五個這樣的問題。突然間，這好像是他從未唸過的考題般：他是否願意將四億五千萬美元的經費運用在處理公共垃圾上？他是否希望州政府放棄不合理的聯邦用地？他是否支持成立一個法官懲戒委員會？都是什麼鬼？文斯盯著第一道題，讀了第二遍。他轉身走向桌旁的年長女士，她正將一張選票交給留鬍子的男子。頭一開始的女士見到文斯那張臉，和煦地笑了，起身，走過來。

「怎麼了，親愛的？」

「我沒料到是這樣。」

「你指什麼呢？」

「有的東西……我可能沒準備好……」

她歪歪頭。

「像這個放射線的東西，我根本沒聽過。」

她拍拍他的肩膀，臉上垂直的皺紋彎成一個微笑。「唉，親愛的！你覺得什麼是對的就投什麼，如果你想跳過問題，也沒關係。」

她回到桌前，文斯則回到投票亭。他認為把非醫療放射性垃圾帶進來是錯的，因此將指針放進「是」的孔中，就在一號箭頭的旁邊。他往下壓，感覺到卡片被戳了一個洞，是種小小但美妙的感覺。水設施很好，投「是」。但公共垃圾的處理問題，他選擇「否」，因為四億五千萬好像很多，他知道黑幫有插手這個領域，這筆錢將有很大一部分進到他們的口袋。在公共土地和法官懲戒上，他選「是」（有幾個法官，他覺得懲戒一下滿好的）。他翻到下一頁，終於來了：總統候選人。他感到心跳加速。第一個是雷根和布希，然後是卡特和孟岱爾、約翰・安德森和派崔克・露西，接下來是一大堆他沒料到的名字：社會勞工黨的克里夫敦・帝伯里、勞工世界黨的戴爾椎・葛理斯沃德，還有自由主義黨、社會主義黨、以及什麼公民黨的……甚至還有幾個共產黨的：高斯・霍爾與安吉拉・戴維斯。

留鬍子的男子也在投票亭，站在文斯身旁。

「你會在放射線那題選什麼？」文斯悄聲問。

他抬頭。「什麼？」

「我不知道選總統的人這麼多。」文斯說。「有女人有共產黨，什麼都有！」

留鬍子的男子聳聳肩，視線回到選票上。

文斯看看四周，吸了吸鼻子，重新專注在本子上。他待會兒再回來勾選總統。他翻找本子，最後發現了亞倫．格雷比的名字，在州代表那一區，他將指針戳了進去。他看了其他競選州政府官員的名單，一個都沒聽過，所以他找到在酒吧遇到的那個壯碩國會議員：佛萊，將票投給他。剩下的，他不想隨便投，如果選到個混蛋就糟了！因此他跳過這些項目。那麼，只剩下總統了。

文斯回到那一頁，盯著那些名字，想像著這些人……他們的本性為何。他們是怎樣的人？好人？聰明人？堅毅的人？在我們這些人中，他們真的出類拔萃、非選他不可？他想著，哪一種特質最重要呢？是他有的特質，還是他沒有的？你讀報、看新聞，以為自己對這些人有一定的瞭解，但當他們在夜晚獨處時，他們是怎樣的人？當他在他們的處境下會怎麼做？當他們在他的處境下，又會怎麼做？

隆納．雷根、喬治．布希、吉米．卡特、華特．孟岱爾、約翰．安德森、派崔克．露西，他試著將這些名字與自己所瞭解的他們聯結起來，但這些都只是白紙黑字的名字。一股惶恐竄上身子。也許整件事都很蠢，他覺得自己很傻，也許你自己虛構出一件事，相信它與自己的生活有關，相信它頗具意義，但如果這都是自欺欺人呢？如果最後它根本毫無意義呢？

或者，是不是相信這件事有意義就夠了？他瞥了貝絲一眼，吸一口氣，俯身看著選票。這一刻，在投票亭遮布裡，有著全世界。

指針停留在名字上方，接下來就該做決定了，輕輕戳下去，破出的洞好像讓情緒找到宣洩的地方，透過洞口，你似乎也見到買給貝絲的房子，孩子跳著跳繩，貝絲在門廊邊觀看。對於這樣平凡的夢想，你都有點不好意思了。當你盯著選票這樣想的時候，如果沒有意外，在這場短暫且誤入歧途的人生中，文斯．肯頓將投下第一張也是最後一張的總統選票。

小廉倒在副駕駛座的門上，外頭寒冷，他的夾克仍舊緊包著肩膀那團東西。文斯靜靜開車，臉上掛著半個微笑。

「怎麼樣？」雷問道。「跟他媽的許願骨（譯註：鳥禽胸部的叉骨，兩人各執一端，先許願，一起折斷後拿到較長一端者願望能成真）一樣嗎？還是生日蠟燭？說出來就不靈了？」

「不是，我就是不想說，如此而已。」

「你他媽的為什麼不說？有差嗎？」

「對我來說有差。」

「放屁！」

「看著吧，我不會告訴你的！但我也可以隨便說，反正你不會知道我的話是真是假。」槍再度抵到他的脖子後。「我也可以轟掉你那混帳腦袋！」

「好吧！我投雷根。」

「是嗎？」

「不是，我投給卡特。」

「真的？」

「不對，是安德森。知道我說什麼了吧？我怎麼說都行。」

當他們駛過市中心時，雷看著窗外。文斯在貝絲存錢的銀行前轉個彎，那是棟紅磚建築，有對開的玻璃門。文斯把車停在計時器旁，他把排檔打到「P」，伸出手，測測小廉的頸動脈，很微弱，他稍微打開小廉的夾克，看了看流血的傷口：刀柄還插在鎖骨的上方。「我真的覺得該帶他到醫院。」文斯說。「他看起來不對勁。」

「在我捅他前，他就不對勁。」雷說。

雷抬頭看銀行，眼神從對開門、窗戶、移到柱子上。「好吧！」他說。「待會兒這麼辦。」他抓起貝絲斷臂的手腕，她痛得抖了一下。「妳得自己去，我會跟你男朋友站在人行道，如果我看到妳指指點點跟警衛說話，或做任何蠢事的話，有三件事會接連發生。」

雷揚起一根關節突出的手指，指甲修得很整齊，但指節卻因為太常揮拳而彎曲腫大。「一、我會轟掉你男朋友的鳥蛋，就在妳眼前，妳會看著他在人行道倒下，然後瞭解自己原本能阻止這一切。二、我會開到妳家，幹掉那老女人，還會看緊妳的孩子。三、我會把那孩子帶走，妳永遠無法再見他。對了！小姐，我還會成為他惡夢裡的天使，我會像削蘋果一樣扒了他的皮，每次寄給妳一點，會把他折磨到六歲才送他上西天，聽懂了嗎？」

貝絲點頭，雷放開她的手腕，她呼出一口氣。

他們慢慢下車，小廉則喚不醒。當他們走到前門時，文斯試著與她的目光相會：（快跑！）……但她沒有看他。

雷和文斯站在寒冷的人行道上，手放口袋裡，在強風中瞇著眼，口吐白霧，看著貝絲進入銀行，走到一個櫃檯前。

「她不會跑走的。」雷說。「她不會求助的，我知道你覺得她會，但她不會。」

文斯不發一言。

「我很瞭解人。可以說是……天賦。我能從她眼裡讀到訊息，她不會為這種事冒險，她，已經精神衰弱了，她會把我的錢拿出來給我，當最後我朝她眉心開槍時，她肯定鬆了一口氣。」

文斯閉上雙眼。

「知道我相信什麼嗎？我發自內心相信我幹掉的人中，壓根兒沒有人不希望被我幹掉。我真的相信，真的，衷心的！他們都認為我在幫他忙。」

雷挪了挪重心，繼續他的演講：「所以來吧，老大！告訴我，你剛投給誰？」

文斯沒回答。

「你知道嗎？你最好現在告訴我，因為一小時後，當你跪在地上、尿濕褲子、眼窩流血，求我賞你個痛快時……你還是會跟我說的。」

「不。」文斯說。「我不會的。」

雷怒氣沖沖地跨到他面前。「該死的混帳東西！你根本不知道我有多厲害！」

文斯沒回答。

雷瞅了他雙眼一會兒，往後退，好像因為剛剛的失控而顯得困窘。他清清喉嚨，假笑幾聲。「這地方我不討厭的……就是天氣。今天有點冷，但我根本不留戀他媽的潮濕氣候，這點是肯定的。」

貝絲走出銀行，陣風驚動她的頭髮，就像一群鳥兒飛過。她把皮包交給雷，稍微瞥了文斯一眼，他們走回車子，文斯捏捏她的手臂。「前面。」雷說。貝絲來到前座，坐在文斯和小廉中間，小廉仍舊一動不動，倒在窗戶旁。

雷開始數起一大疊的百元鈔票。

「你說過，你拿到錢後會讓我們走。」貝絲說。

雷微笑，搔搔腦袋，似乎被逗樂了。「讓我告訴妳吧！如果妳男朋友跟我說投給誰，就讓妳走。」

「不說。」文斯說。

雷大笑。「我真不瞭解，投給誰到底有什麼大不了的。」

「你真的想知道？」文斯說。

「對。」雷回應。「我想知道。」

文斯調整後照鏡，讓雷的雙眼在正中央，他心想，時機正好。他拍拍貝絲的大腿，她帶著希望地看著他，好像知道他只是在拖延時間，直到他想出下一步。

「我的第一個少年重罪，是在十四歲的時候。」

「我九歲。」雷說。「真了不起！」

文斯繼續：「我的第一個成人重罪，是在十八歲生日前兩週的時候，所以我整個人生都跟重罪脫不了關係。你知道被判重罪時，失去的是什麼嗎？兩件事：擁槍權和投票權。每次總統選舉，我不是在監獄就是在假釋期，但我從沒聽過誰抱怨自己不能投票，誰管它，對吧？」

雷聳肩。

「投票是混蛋做的事，就像繳稅或工作一樣。至於槍嘛，有什麼了不起？你隨時都能在街上搞到一把槍，每個重刑犯都能買到槍！但就只是投票，你做不到。真好笑，你想想，我們唯一**做不到**的事……正好是我們根本不在乎的事！」

「但最近我一直在想，」文斯看了貝絲一眼，她也正看著他，他把視線回到後照鏡的雷身上。「我們整個人生呢，雷？跟金錢、毒品、女人或權力都沒關係，而是那個我們一直試著填補的洞：再征服一個娘們、再完成一個任務……只想更多酒、更多女人、更多錢，這個洞永遠不會填滿。我們以為自己很聰明，因為我們不照規矩來，但告訴我，雷，你見過哪個騙子老了後還快樂的？你見過我們這群裡的**誰**和孫子一起坐在門前？你知道為什麼都沒見過嗎？因為到那時候，剩下的只有空洞。」

雷轉動眼珠盯著文斯。

「當他們把我放到這計畫的時候，我打算重新做人、打算改變，但我還是回到老本行，還是同樣一個該死的傢伙。」文斯掏出皮夾。「不過，一週前，我收到這個。」他把縐巴巴的選民登記卡交給雷。「然後，我想，如果我不**試著**改變的話會怎樣？如果我決定好好做這個傢伙呢？這個卡上的傢伙？」

雷將卡翻到背面，然後還給文斯。

「雷，你拿到錢後要幹嘛？見到郵差後呢？多少錢才算夠？五萬？十萬？百萬？不管怎樣都不夠的，洞只會愈來愈大，你愈投入，洞就愈大。殺了我、殺了郵差、殺了城裡所有人，雷，把他們的東西都拿走，然後呢？」

文斯轉身面對雷。「**他們給我們自由**，雷！不是擺脫監獄的自由，而是我們自己，擺脫從前的自己。他們告訴我們：『重新做人、填補空洞』……你知道這樣的機會有多難得嗎？這件事所需的勇氣，比我們從前幹過的事需要的勇氣都要多，但如果我們要定了，那就是我們的了！雷。我們要做的……就是早上起床、工作，」他抬頭，握住貝絲的手，「晚上回家照顧家人。」他又看了看雷。「我們要做的，就是投票！」

雷撇開視線。

「這事結束後，你不能回紐約。」文斯說。「我剛從那兒回來，我見到強尼・保伊了。」

雷猛然對上文斯的眼睛。

「我去見他，因為我以為他派你來這兒收拾我。」文斯聳肩。「結果他根本沒聽過我。卡麥、安吉、陶多，我都見過了，在勿街跟他們打了一整晚的牌，他們都想採聽你，強尼也想探聽你。」

有一刻，雷的嘴角微微上揚。他悄聲說：「強尼如何？他的孩子……」

「對，我聽說了，你幫他搞定那件事，對吧，雷？殺了他孩子的人，你幫他搞定了。嗯……強尼把我送回來，要我收拾你。」

雷直瞪著他。「放屁！」

「他要我回來殺你，雷。」

雷的臉色僵硬。「我不相信。」

「你不能回去！」文斯說。「永遠都不能回去，雷．史帝克斯已經死了，就像馬蒂．哈根那樣，當被安排進入計畫的那一刻開始，便宣告死亡了！現在我們只有兩種選擇，我們可以當個幽靈，四處晃蕩，以為自己還活著，或重新做人。」

雷揉揉腦袋。

文斯傾身往前。「我們去找司法官吧！雷，跟他們說戈提知道你現在在哪兒，供出所有事，重新來過，看看我們這輩子還能不能做點事。」

雷低頭看著大腿上的一疊鈔票。

「雷，如果你拿錢……如果你去見郵差，你就還是以前那個愚蠢的王八蛋。你將什麼都不是，除了一直做雷．史帝克斯的幽靈之外，然後你會四處晃蕩，以為自己還活著，當每個人看你時，只會看到一個洞。」

雷凝望他，文斯從他的眼裡見到一點希望之光。

「看著我，」文斯說。「我可能是這個國家裡最沒用的人，我三十六歲了，除了這份烘焙工作外，我這輩子沒正正當當幹過一天活，但今天我投票了，和所有其他人的票一樣有效！現在，也許對外面那些白癡來說沒什麼，但對我來說……嗯，是件大事。」

雷用手指在前額上搓了搓，他看看貝絲，然後是文斯。他看看外面，強風正搖晃著人行道上的樹木。當他的眼神再度回到文斯身上時，似乎什麼都沒變。「給我轉過去開車。」他說。

在前座的文斯和貝絲緊握著手，他們靜靜開到第三大道，迪克斯得來速的招牌模糊出現在兩個街區外。文斯在紅綠燈前停下，強風讓車身從一側到另一側輕輕晃動。雷好像有些分心。

「你知道我為什麼不相信你？」他問。「有關強尼那件事？」

文斯抬頭看後視鏡。

「因為你啥都沒做！如果強尼真的派你幹掉我，你可以現在就動手。」

文斯的視線回到路上。「首先，當安吉問我時，我坐在那兒思考該怎麼做，我哪裡可以買到槍，也許我可以遠遠槍斃你，或開車撞你，或出其不意擺平你，我甚至考慮雇個人，但我去哪兒找比你強的人？」

雷聳肩，接受這份恭維。

文斯把車停進迪克斯的停車場。「我也一直在想，自己肯定下不了手，我真的這樣覺得。所以……我告訴他們我做不到。就是那時候，我決定跟你談談，讓你收手，正正當當做人。」

「你對強尼・戈提說不？」雷大笑。「現在我知道你在說謊了！」

文斯把車停妥，關掉引擎，他的視線越過停車場，克萊正在外頭的野餐桌旁等待。

「聽好了！」雷說。「除了我以外，誰都不准開口，瞭解嗎？」他開始將錢塞進褲子口袋，百元鈔讓褲袋鼓脹，多到不像話。「敢輕舉妄動，我就殺了這女孩，然後殺了你！懂嗎，老大？」

雷和文斯下車，看著停車場另一邊，貝絲滑出駕駛座的門，最後一個下車。

停車場對面，克萊獨自坐著。

「就是他嗎？那個黑人？」

「對。」文斯說。

貝絲滿懷盼望地望著文斯……好像在問：**現在該怎麼辦**？對於無法交談，文斯感到高興，因為這樣就不必告訴她，他還沒有一個具體的計畫，剛剛在車上的那場演講，就是他所有的計畫。

「小廉！」雷朝車子大喊：「拜託。」

他動也沒動，雷拍打引擎蓋。「廉，要走了！」

「去帶他。」雷說。

文斯將身子彎進車裡，爬到椅子的另一頭，摸摸小廉的側頸，他的皮膚冰冷，毫無生氣。他摸不到脈搏。他試了小廉的手腕，什麼都沒有，他察看小廉的肩膀，刀子不見了。文斯爬到車外。

「他來嗎？」雷問。

「不來。」文斯邊說邊看看貝絲，她的面容堅定、下定了決心。

雷搖頭，好像早該料到小廉這麼沒用。「那，我們待會兒再說吧！」

他們越過空蕩蕩的停車場，走到野餐長凳前，克萊正獨自坐在那兒。當他們走近桌子時，他起身，手伸進後口袋，拿出他想買的跑車小冊子。「嘿！文斯。」

文斯一一介紹。「克萊・蓋納、雷夫・拉魯。」

雷瞪了文斯一眼。「雷。」他說。「我叫雷。」

你說了算。大家坐下，克萊和文斯坐一邊，貝絲和雷坐另一邊。文斯在桌底下攤開手，希望貝絲能將水果刀交給他，但她只是望著他，一樣平靜的表情。不要動手！文斯心想：老天，不要動手。克萊翻開小冊子，將它滑過桌面。「首先，在我們開始前，我得先問，你對我買這輛車有意見嗎？」

雷拿起小冊子，翻到背面。「你用屁股想都知道我有意見。跟我一起做事，就開凱迪拉克或賓士，有品味一點的！你不能開這種便宜的日本狗屎，這根本不是車，這不過是他媽的廉價手表而已！」

雷把小冊子還給克萊，克萊瞪了文斯一眼，好像說：早告訴你會這樣。

「好吧！」文斯對雷說：「你想要的都已經到手了，現在讓貝絲離開。」

「恐怕得再等等。」雷微笑說道。

就在此刻，貝絲彈起來，突如其來的動作讓雷轉過身面對她，正好給了她一個完美的角度。貝絲用盡百磅身子的所有力氣將小刀刺向雷的胸膛，因為太過震驚，雷動也不動，甚至忘了舉手抵抗。當小刀刺到雷的胸骨時，桌旁的三名男子均倒抽一口氣，往後彈開，文斯花了點時間才回過神來。雷直視前方，毫髮無傷，斷掉的刀片哐啷啷跌到野餐桌上；然後英勇的貝絲、偉大的貝絲，出於本能地，接連以手上除了塑膠刀柄外什麼也不剩的東西朝他刺去。

雷往貝絲的嘴巴揮過去，她從野餐長凳上摔到地上，雷彈起來，腳踩在她的喉嚨，從腰帶裡掏出槍，指著已撿起刀片的文斯。「把他媽的刀片拿過來！」

文斯的視線越過雷的肩膀往後看去。

雷把槍舉高，對準文斯的臉。「把他媽的刀子給我！」

雷踢了貝絲一腳，貝絲雙臂護頭。「妳現在就把刀子吃下去！」他對她說。他再度舉槍對準文斯。「把他媽的刀片給我，老大！」

風停了，好像在期盼什麼，有那麼一刻，周遭變得安靜……文斯的視線仍舊越過雷向後望去。最後，他舉起刀，雷接過，就在他碰到刀時，一道陰影覆上他的手臂，一隻肥厚的手搭上他的肩，另一隻手則熟練地扳下他手上的槍。

雷轉身，與安吉面對面，安吉穿著黑色大衣，和煦地笑著。另一名男子站在幾呎遠之外，戴著太陽眼鏡，文斯不認得他。

雷顯得迷惑。「安吉？」

「雷，過得怎樣？」

「安吉？」兩人站近了些，約一個肩膀寬的距離，每個人都很緊張，風拍動他們的大衣，在地上的貝絲抬頭看著他們。安吉直盯著雷，將槍往後交給另一人，後頭的男子把槍放進自己的大衣口袋。

「你……」雷吞了口口水。「你在這兒幹嘛？」

「做甜甜圈的告訴我們的。」

雷轉頭看文斯，靈光只乍現了一秒。

安吉把手放進口袋裡。「強尼要你回家，雷。」

「是嗎？」雷移了移重心，有些腳步不穩。「哦……那真是……真是……嗯，我的意思是，這鬼地方，嗯，感謝上帝！」他不安地大笑幾聲，轉身面對文斯。「瞧，跟你說過他們要我回去！」

「當然，」安吉說。「我們需要你回去，雷。」

「你是最棒的。」第二名男子說，好像在唸台詞般。「是個傳奇。」

雷仍盯著文斯，下一秒，他的目光移開，聚焦在文斯身後，雷的手停在半空中，樣子奇怪，好像他不知道該拿他們怎麼辦。

「對不起。」文斯悄聲說。

雷回過神，不斷眨眼，然後抹了抹嘴巴。「幹！」他說。接著，他轉過去面對安吉，給了他一個近乎勇敢的露齒大笑。「我在這兒簡直要瘋掉，這他媽的傢伙……」他的拇指對著文斯……「自以為什麼都知道。」他低頭看貝絲，她已經遠遠爬開。「……這裡的賤貨還會從背後刺你一刀……然後這裡半毛錢都賺不到……還有別讓我吃這兒的披薩，你一定不敢相信披薩有多難吃，安吉。」

「哦，你不必再擔心披薩難吃了！」安吉說。

雷想到某事，他手伸進口袋，掏出文斯和貝絲打算買房的一大筆錢。「嘿，我有些錢，安吉，給強尼的。」

安吉微笑。「不必這樣，雷，但我相信這是好事。」他往前一步，接過錢，一把環住雷。

「你是好人，總是想到兄弟。」他將他帶走，好像領著小弟弟走出棒球場般。雷自若地踏步，安吉帶他走過停車場越過人行道至相鄰的另一個停車場，第二名男子在他們後頭幾英呎遠的位置跟著。他們走到停車場後面，那裡停了一輛方形的四門出租車。第三名男子下了車，讓雷上了副駕駛座。

上車前，雷的視線越過停車場看著野餐桌與文斯，他舉起手，好像打算揮手，但手才剛停在半空中，安吉便推了他一把，雷消失在車裡。文斯盯著出租車的擋風玻璃，但除了反射出後方的灰色雲朵外，什麼都沒有。

文斯協助貝絲從地上爬起，讓她坐在野餐長凳上，坐到他的旁邊。「我們能走了嗎？」克萊小聲問。

「不行吧！」文斯說。「最好等一下。」

下一秒，安吉下了車，越過停車場，風吹起他銀黑相間的頭髮，那頭髮像頂白帽。

「你應該在九點的時候帶他到這兒。」安吉說。

「我得投票。」

「真的？做甜甜圈的，你投給誰？」

「別說了吧！」

「當然！」安吉說。「我瞭解。」

安吉環顧停車場。

「安吉，這是我女朋友，貝絲。」

她揮了揮沒受傷的手。

「妳眼睛怎麼了？」他朝出租車點點頭。「雷幹的好事？」

她點頭。「他也把我手弄斷了。」

「抱歉，那傢伙是頭禽獸，我跟妳道歉。」

「然後這是克萊，我的郵差。」

安吉搖搖頭。「做甜甜圈的，你的牙醫也在這兒嗎？」

文斯笑了。「我有個請求，安吉……雷的那些錢……不是他的，是我的，我原打算拿它買房子的，如果……」

安吉舉起手。「拜託，甜甜圈！你知道我無能為力，現在它是強尼的錢了！」

安吉環顧停車場，看見後方通往市中心的高速公路，市中心覆著低矮的赤褐色砂石房，還有幾棟高一點的辦公大樓，外圍兩側是枝葉擴展的樹林山丘，就像個工程才剛開始就被棄置的城市。車輛在看得到的路上緩慢而行；餐廳前，一盞街燈在風中輕輕搖擺。「就是這個？這就是你一直急著回來的地方？」

「對。」文斯說。「這兒就是我住的地方。」

「跟我想的不太一樣，少了點……我不知道。」安吉聳肩。「就是少了點什麼。」他看著停車場另一頭的車，視線回到文斯。「但我相信這兒是個好地方。」

「所以……強尼和我，我們扯平了嗎？」文斯問道。

「對。」安吉扯扯發亮的休閒褲，好像在尋找一些有深度的字眼，最後，他用肥厚的手指指了指文斯。「保重。」他越過停車場，走向出租車，風撩綴了他大衣的外緣，他打開駕駛後方的車門坐進去。

他們看著車開到街上、駛離。有一分鐘，耳邊唯一的音調是風颳過路面的聲音。

「我會去買這輛車，可以嗎，文斯？」

文斯看都不看克萊一眼。「不行。」

他們整個下午都躺在沙發上：文斯盯著天花板，貝絲依偎在他的胸膛。肯揚穿著尿布、汗衫和一雙頂端帶鈴鐺的拖鞋，在咖啡桌旁東倒西歪地走來走去。他叮叮噹噹地走到臥房，每次拿出一樣他的玩具，秀給文斯看。他驕傲地舉起玩具，這次是個填充青蛙。

「青蛙。」文斯說。

肯揚看了看它，丟掉，蹣跚回到臥房，帶回來一個發條火車。

「這是火車。」文斯說。

小男孩扔下玩具，回去，很公式化地，好像有本小小孩手冊教過他：當客人來家裡時，最好的招待方式就是這個。

「橄欖球。」

對於發生什麼事、文斯如何說服安吉到史坡堪親自動手，或雷的下場可能如何，他們隻字未提。他們也沒提到失去的錢、房子，或是現在該怎麼辦：即使文斯覺得她應該有些想法。他們輪流睡覺，醒著的人看著肯揚，肯揚不斷從臥房的巨大幼兒庫存箱裡拿出他的玩具，還有一次停下來碰碰貝絲的新白色石膏。在急診室裡，她對醫生說自己出了車禍，他們似乎相信了。接著，她和文斯到銀行取消了房貸。「喔，好吧！」她從頭到尾只講了這句話。他們把小廉留在車裡，並在銀行裡打匿名電話報警。

「陀螺。」文斯說。

肯揚面不改色，他丟下陀螺，再度踉踉蹌蹌地走回臥房。

文斯感覺著貝絲從他大腿到胸膛均勻分布的重量，他喜歡貝絲用身體的每一個角落摸遍自己的感覺。他看著她起伏的背部，還有她的肩膀，他順著她的頭髮，親吻她的額頭。

她依偎進他的胸膛。「再跟我說一次。」

「這個嘛，」他說。「我會借些錢，然後我們找個地方開間餐廳。」

「我來當服務生。」

他的聲音只比氣音清楚一些。「妳來當服務生，我來當大廚，餐廳叫做『野餐籃』，我們會提供所有在野餐籃裡的食物，牆壁會畫滿樹，一些桌子裝飾得像鋪在地上的毯子；我們會提供冷炸雞、三明治和整盤烤派，到處都能見到孩子，溜滑梯、盪鞦韆……就像座公園，室內的公園。」

肯揚拿了隻玩具熊蹣跚走出。

「熊。」文斯說。

「我們會有一棟房子嗎？」貝絲悄聲說。

「我們會住在一棟很棒的房子裡，有烤肉架和前門廊，我出門後，妳和肯揚可以拿一大杯檸檬汁在門廊上等我。」

當艾倫・杜普立從行李旋轉盤上抓下行李箱時，露出疼痛的表情。費爾普斯笑個不停。「你是我唯一聽過跑到紐約被打劫的警察。」

杜普立讓費爾普斯拿行李箱。

「所以是，那傢伙跳到你身上，出乎意料地，把你眼睛打瘀血又打斷了你肋骨？」

「大致是這樣。」杜普立說。

「別跟我說你沒追他。」

「我追了。」

「他搶走你錢包嗎？」

「沒有。」

「這樣啊，至少不會太糟。要不然滿丟臉的。」

他們步出噴射機時代建造的白色機場，走向費爾普斯的車子。杜普立坐下後哀嚎了一聲。費爾普斯朝市中心開，轉進高速公路，往史坡堪日落小丘下方向駛去。後方的陽光透出雲層，即將日落。費爾普斯對杜普立講述最近發生的事：他們發現社區學院的柴油引擎維修講師被塞進自己車子的行李廂；就在今天，迪克斯漢堡店外車子的駕駛座上，發現音響店的老闆被刺死。加上道格，那個護照店的老闆，八天內就有三具屍體。

「他們之間沒有任何關係嗎？」杜普立問。

「看不出。」費爾普斯說。「別驚訝，菜鳥，有時候就會遇上這種事，天知道為什麼？或許另有隱情。」

杜普立盯著窗外。

費爾普斯說，自從文斯・肯頓在司法官辦公室短短現身後，還沒有他的消息。「可能又出城了！」

費爾普斯出了公路，進入南坡南邊的區域，他轉到杜普立和黛比居住的那條街，上了他們的私人車道。燈都亮著。「明天別上班了？」

「不，」杜普立說。「我會過去。」

費爾普斯跳出車，想幫杜普立拿行李箱，但杜普立擺擺手，自己拿了下來。當費爾普斯叫他時，他已舉起一隻腳準備踏上門廊。「嘿，對了，幹得好！能查出肯頓在證人保護計畫中。你做得很好！菜鳥。不過，總不能指望每次都抓到犯人。」

杜普立沒轉頭。「是啊！」

屋內，他把臉埋到黛比的脖子下，重複講述著自己被打劫的經過，她搓搓他的背部，接著弄點吃的東西。坐進餐廳椅子上的杜普立鬆了一口氣，從皮夾中掏出一個號碼，拿起電話，撥號。

「費爾橡木治療中心。」

「是的，我想問一個病人的情況，我今早幫他辦理入院的。」

「對不起，我們不能洩露客戶的資料。」

「拜託了，我親自開車送他過去的，我只想知道他是否還在那兒，他的名字是東尼・查爾斯，是個警察。」

「對不起，先生，我不能這麼做。」

「拜託，這非常重要。」

「你是他家人嗎？」

「不是，我是……他的搭檔。」

電話那頭的女士沉靜了一會兒，杜普立聽到翻頁的聲音。「他在這兒。」女士說。

他們安靜地吃過晚餐。當杜普立聽到電話鈴響時，他正準備坐進浴缸裡。他聽到黛比說：「抱歉，他在洗澡。」然後他睡著了，等到他驚醒時，水已經冷掉了，黛比站在浴室外的走廊上。「杜普立，我想你最好出來一下。」

杜普立穿上浴袍走出，看見文斯‧肯頓正背對他們，坐在杜普立的沙發上喝著咖啡，看著晚間的選情報導。杜普立看看黛比。「對不起，我不想吵你，但他說有東西要給你。」他安撫似地拍拍她的手，她回到廚房。

電視中，一個方下巴的男子摟著妻子，在市區酒店裡朝滿室的支持者揮手，當他與人握手時，螢幕上的數字解釋了一切：六〇％的選區：格雷比六十一‧四％：湯瑪斯三十八‧六％。

最後，文斯‧肯頓轉身。「嘿！」他握著杜普立先前給他的名片，背面寫著家裡電話。「抱歉，我打了電話，你太太告訴我地址，我不想等到明天。」

「你是……」

文斯‧肯頓點頭。「自首。」

「為了……」

「你知道些什麼？」文斯問道，微笑。「我曾偷竊信用卡，賣大麻。」坐在沙發中的文斯動了動。「我可以告訴你誰殺了道格，就是做護照的那個人。還有小廉，今天在迪克斯外車上發現的人。或許我還可以講更多事。」

杜普立盯著他。

「不是我。」文斯說。「是個叫雷的傢伙。你來我家的那天他就在那兒，是他幹的。」

「你怎麼知道？」

「這個嘛，我看到他殺了小廉，將一把水果刀刺進他的肩膀。」

「你知道這個雷在哪兒嗎？」

「不，」文斯說。「我不知道。他之前待在城西的汽車旅館，但他現在不在那兒，我最後一次見到他，他說要回紐約。」

「他自己回去？」

「我不能說。」

杜普立不確定文斯是不能告訴他，還是不想告訴他。

文斯的視線轉回電視上，杜普立站在後頭，穿著浴袍，不確定接下來該做什麼，或他想做什麼。他累斃了。最後，他在落地電視對面、沙發旁邊的安樂椅中坐下。

黛比從廚房走出，在咖啡桌上放了一盤切片的香蕉麵包，並為文斯斟滿咖啡。

文斯拿了一片香蕉麵包。「杜普立太太，它非常好吃。」

「謝謝。」她看著自己的先生，求助似的。

「噢，抱歉。」杜普立說。「這是……」他頓了一下。「這是馬蒂，或……」

他微笑。「文斯，請叫我文斯。」

「文斯，這是我太太，黛比。」

他們握握手，接著文斯繼續在盤子上方品嘗香蕉蛋糕，他們像家人一樣坐著，看著地方選情；共和黨遙遙領先，即使是重量級的人物，例如華倫・馬格努森與湯姆・佛利都岌岌可危。總統選舉在幾小時前就已見分曉：雷根贏得九個百分點與四百張選舉人票；吉米・卡特因太早承認失敗而招怨：當時西部的投票所還未關閉。新聞主播插播一段卡特認輸的影片：卡特兩旁是紅白相間的巨大星條旗，從講台向左右延伸，羅絲和艾咪像同謀者般羞愧地站在他的旁邊，兩手無力垂在身側，這三人好像流離失所的可憐南方家庭般。他的眼睛又腫又紅……**四年前我跟你們承諾，我不會對你們說謊，因此，今晚我不會站在這裡說，這沒什麼**……他的臉似乎與四年前剛上任時有顯著不同，好像時間與壓力使得活力不再、人們熟悉的特徵也跟著消失……**我希冀新政府能解決目前的問題，讓美國人再次團結一致**。

杜普立轉頭看了文斯・肯頓，他嘴巴微張地看著電視，好像這一切都發生在自己身上。

「我去穿衣服，然後就可以走了。」杜普立平靜地說。

文斯點頭，眼睛仍盯著螢幕。

穿著牛仔褲和毛衣的杜普立走回來，手銬放在側邊，希望文斯沒注意到它，但他自己也不知道為何在意此事。黛比見到手銬，揚揚眉毛。電視上，雷根興高采烈、充滿自信……**我不怕眼前的挑戰，我也不認爲美國民衆害怕眼前的挑戰**……他黑亮的頭髮在右側旁分得很整齊，筆挺的白襯衫袖口鍊釦露了出來，袖子上方的，是一對適合穿著深色西裝的肩膀。他比已被擊敗的對手還要像個總統。在他手肘旁的南西露齒笑著……**同心協力，我們將著手應該完成的事，我們將讓美國重回正軌**……他朝一大群支持者比出大拇指，民眾舉起雷根的標誌，五彩碎紙從酒店的氣球中紛紛落下。

歷史只是你還沒經歷過的回憶，歷史也是傲慢與失落的循環。一旦某事發生，你會想起自己早就知道它會發生，也會想起自己早知道結局是如何。雷根揮手；**即使這場比賽如我們所期望地扣人心弦，還是一樣，這仍是我人生中最謙遜的一刻**。

最後，文斯靠回沙發上，抬頭微笑。

杜普立不太能從文斯的表情中讀到想法：也許是還在為自首的決定而困惑，又意識到這一切如此諷刺。「怎麼了？」

「我剛察覺到，自己會因為信用卡詐欺而遭起訴。」

最後，杜普立陷入思考，但他不希望文斯打消自首念頭，因此他說：「聽著，如果你合作，如果你說你朋友雷的事是真的，天知道，也許你可以一年或兩年就出來，或者更早！」

「不，我知道。」文斯說。「但仍會是重罪。」帶著諷刺的笑容又出現了。

「是，」杜普立說，等待幾秒。「所以……」

「沒什麼……沒事。」文斯仍微笑著。他轉頭看電視：五彩碎紙、氣球和旗幟模糊了畫面。在中央，一個快要七十歲的老人向人民承諾，不再讓他們感到害怕與不安，不讓他們感到自己的渺小軟弱，他信誓旦旦要讓人民重返過去的榮光。

文斯轉身。「所以，我是烏鴉或湖？」

「我不知道。」杜普立說。「或許兩者都是吧！」

「是嗎，跟我想的差不多！」文斯說。「準備好了？」他起身，向杜普立伸出自己的手腕，展開了新的人生。

逆思流

公民文斯

（原名：CITIZEN VINCE）

作　者／傑斯・沃爾特（Jess Walter）　譯　者／柯宇倩
發 行 人／黃鎮隆　協　理／王怡翔
總 編 輯／陳君平　國際版權／林孟璇・林宜錚
執行編輯／王怡翔　美術編輯／李政儀
企劃宣傳／楊仲偉・何璧妤
出　版／城邦文化事業股份有限公司　尖端出版
台北市中山區民生東路二段一四一號十樓
電話：（〇二）二五〇〇—七六〇〇（代表號）
傳真：（〇二）二五〇〇—二六八三
E-mail：7novels@mail2.spp.com.tw
發　行／英屬蓋曼群島商家庭傳媒股份有限公司城邦分公司
尖端出版　行銷業務部
台北市中山區民生東路二段一四一號十樓
電話：（〇二）二五〇〇—七六〇〇（代表號）
傳真：（〇二）二五〇〇—一九七九
讀者服務信箱：sandy@spp.com.tw
中彰投以北經銷／高見文化行銷股份有限公司
電話：〇八〇〇—〇五五—三六五
（含宜花東）傳真：（〇二）二六六八—六二二〇
雲嘉經銷／威信圖書有限公司　嘉義公司
電話：（〇五）二三三—三八五二
傳真：（〇五）二三三—三八六三
南部經銷／威信圖書有限公司　高雄公司
客服專線：〇八〇〇—〇二八—〇二八
電話：（〇七）三七三—〇〇七九
傳真：（〇七）三七三—〇〇八七
香港總經銷／城邦（香港）出版集團有限公司
香港灣仔駱克道一九三號東超商業中心一樓
電話：（八五二）二五〇八—六二三一
傳真：（八五二）二五七八—九三三七
E-mail：hkcite@biznetvigator.com
法律顧問／通律機構
台北市重慶南路二段五十九號十一樓
二〇〇九年十二月一版一刷

■中文版■

郵購注意事項：
1.填妥劃撥單資料：帳號：50003021戶名：英屬蓋曼群島商家庭傳媒(股)公司城邦分公司。2.通信欄內註明訂購書名與冊數。3.劃撥金額低於500元，請加附掛號郵資50元。如劃撥日起 10～14日，仍未收到書時，請洽劃撥組。劃撥專線TEL：(03)312-4212　・　FAX：(03)322-4621。E-mail：marketing@spp.com.tw

國家圖書館出版品預行編目資料

公民文斯 /
傑斯．沃爾特（Jess Walter）著；柯宇倩譯.
—1版.—臺北市：尖端出版，2009.12[民98]
面；公分.—(逆思流)
譯自:Citizen Vince
ISBN 978-957-10-4193-3(平裝)

874.57 98020129